師説与说师

从韩愈《师说》解读师德

庞守兴 张靖 王颖鑫◎编著

山东省教育学一流学科建设著作出版基金资助

中国文史出版社

图书在版编目（CIP）数据

师说与说师：从韩愈《师说》解读师德 / 庞守兴，张靖，王颖鑫编著 . -- 北京：中国文史出版社，2024. 9. -- ISBN 978-7-5205-4845-8

Ⅰ. G451.6

中国国家版本馆 CIP 数据核字第 2024ZE1924 号

责任编辑：戴小璇

出版发行：中国文史出版社
社　　址：北京市海淀区西八里庄路 69 号院　邮编：100142
电　　话：010-81136606　81136602　81136603（发行部）
传　　真：010-81136655
印　　装：廊坊市海涛印刷有限公司
经　　销：全国新华书店
开　　本：787mm × 1092mm　1/16
印　　张：15.75
字　　数：220 千字
版　　次：2025 年 2 月第 1 版
印　　次：2025 年 2 月第 1 次印刷
定　　价：48.00 元

导言

“你是一部厚厚的书，我愿用一生来读；你是一棵参天的树，永远牵着我的路；……美好心愿的全部，是燃烧生命的红烛……”这是中央电视台《师德启示录》的片头曲，旋律恢宏悠远、意味深长！听了使人心潮澎湃，感人肺腑，也让人感慨教师职业的崇高与伟大！

百年大计教育为本，教师的肩上承担着多么重大的历史使命啊！作为一个教师，不仅要有丰富的科学文化知识，还要有为人师表的职业道德和素质修养。“如有周公之才之美，使骄且吝，其余不足观也已。”这句话出自《论语·泰伯》，意思是：即使一个人拥有周公那样的才能和美好的资质，一旦骄傲吝啬，其余的一切便不值得一提了。无论在生活中还是在工作中都要以道德作为基础，只有品德高尚的人才能获得真正的成功。每个事业有成的人都有自己的机遇。这种机遇是偶然的。但它落在谁身上都有必然性。不仁爱者，最终不会被人爱戴；贪财者，最终会被财伤身。偶尔的成功，不能称为真正的成功；永久的成功，才是真正的成功。做任何事，都需要道德的指引，只有塑造过硬的道德品质，才能赢得根基牢固的成功。

师德的养成自然是有赖于社会环境，有赖于学校和家庭的支持，有赖于教师自身的努力。本书从韩愈的《师说》入手，探寻传统文化对师德养成的影响与启发，这也是为师德的养成提供一个新视角吧！

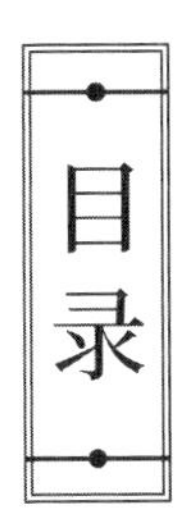

目录

第一章 韩愈与《师说》

韩愈在中国文化传承中的地位有目共睹，“文起八代之衰”绝非苏轼信口阿谀之词。他在教育史上的地位也是千百年来“弥高弥坚”、赞誉不止、难以逾越的里程碑式的人物。其一句“师者，所以传道受业解惑也”，更成为对教师职责的一种规范界定。所以，研究教师道德，必然也要从他的经历及《师说》说起。

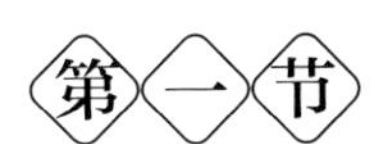

第一节 韩愈其人其事

韩愈（768—824 年），字退之，河南河阳（今属河南省孟州市）人，自称“郡望昌黎”，世称“韩昌黎”“昌黎先生”。但实质上，韩昌黎与河北昌黎一毛钱的关系都没有，这是因为河北昌黎设县是在北宋，而遍览唐代属郡，也没有昌黎这个名字。昌黎作为郡名出现在三国时期，那时的昌黎属地大约在现在的辽宁省义县一带。北魏时期，昌黎的韩姓人逐渐繁衍成当地的土著大姓。打那时起，昌黎就成了韩姓人的郡望。韩愈经常把昌黎挂在嘴边，但昌黎韩姓与韩愈这一辈人关系到底多深就不好说了。试想，唐代连昌黎这个地名都没有了，韩愈家即使与昌黎韩氏有些渊源，怕也是涓涓细流了。而且韩愈的父亲自称郡望为南阳，父子郡望竟然不同。韩愈去世不久，从他的学生兼侄女婿李翱记录的韩愈家世的历史可以看出，其七世祖韩耆在北魏时代曾任常山太守，六世祖韩茂曾任尚书令，五世祖韩均任定州刺史，高祖韩晙任唐朝银青光禄大夫，曾祖韩泰任曹州司马，祖父韩叡素任桂州都督府长史，父亲韩仲卿曾任武昌令。从韩愈出生在河阳，他的父亲及兄长去世后也归葬河阳韩家的坟茔可以看出，他们早

韩愈画像

已与昌黎韩氏没什么来往。这一点韩愈本人也说不清楚，而一直自称昌黎人士。其实，这也没必要说清楚，因为那个时代还是讲究出身门第的时代，这既是时代的风气，也是一种传统文化心理的遗存。尽管教科书上一再给学生宣传科举制从唐朝开始，彻底改变了魏晋时期“上品无寒门，下品无势族”的社会状况。但实际上，真正把科举抬到很高社会地位的是宋代，只有到了宋代才真正废止了推荐和请托。在唐代，主考官听取王公大臣和亲朋好友的建议推荐考生是一件很平常的事情。韩愈自报家门为“昌黎韩愈”，一方面是虚荣心作祟，但根本原因还是当时门阀的社会风气太重。

韩愈虽出生在世代为官的官宦之家，但他出生的时候已经家道中落，他三岁丧父，母亲不知所踪（韩愈有纪念其恩嫂和乳母李氏的文章，但绝口不提其生母，反而说“愈生未再周月，孤失怙恃”，可见他对生母是没印象的）。他由哥嫂抚养，但他十一岁时哥哥又病逝，只能跟寡嫂来回奔波。韩愈自念是孤儿，从小便刻苦读书，无须别人嘉许勉励。他七岁时读书，言出成文。唐贞元八年（792 年），韩愈登进士第。在那个时期，能考中进士的极少，大致每年全国考中进士的只有十几个人，而且考中进士并不一定授予官职，还要经过吏部考核。韩愈在这方面就吃了大亏，“三试吏部而不就”，蹉跎许多年，找熟人才得以出任幕僚之职——两任节度推官。直到贞元十七年（801 年），他终于通过吏部铨叙，次年春被任命为国子监四门博士，才真正走上仕途。隔年他就升任监察御史。

在监察御史的位置上，他勇于担当，对当时关中大旱而当政者隐匿不报的事上书朝廷，写出了著名的《御史台上论天旱人饥状》疏，对当时的灾害以及当权者的做派进行批判，矛头直指京兆府尹，捎带着对德宗皇帝和百官的批评。这个行为反遭诬陷，上疏十日之后他就被贬为阳山令。由于他自身勤谨且有所作为，很快被赦免并升任江陵法曹参军、权知国子博士、国子博士、都官员外郎，终因他耿介直言，再度被贬为河南令。其后几年几乎每年都有职务变化，历任尚书职方员外郎、复任国子博士、史馆修撰、考功郎中、知制诰、中书舍人及太子右庶子等。元和十二年（817 年），出任宰相裴度的行军司马，参与讨平“淮西之乱”。同年因军功被提升为刑部侍郎并按照皇帝要求撰写《平淮西碑》，又因对平淮西战役中谁的功劳大的问题有争议，他撰写的碑文被磨去。他本人倒没受到太大影响，只是引起后人为他感到不平，以至于宋代陈珦又把后者的碑文磨去，重新写上韩愈的碑文。直至清代，韩愈的碑文仍然被认为是对平淮西最好的纪念碑文。但韩愈本人在此事上从没争辩过什么，反而是因为谏迎佛骨一事被贬至潮州。韩愈的《论佛骨表》已经作为历史文献记录在案，其在排斥佛道、重振儒风方面的贡献多为人们称道。当然，他自身受到的打压也是有目共睹，他因为这篇文章差点被杀头，是在众多人的劝说下，皇帝才把他贬为潮州刺史的。在潮州刺史的任上只有八个多月，但在这八个多月里，他奋发有为，为潮州的发展开辟了新天地，打下了良好的文化基础。后来又任袁州刺史、国子祭酒，及至晚年，他官至吏部侍郎，人称“韩吏部”。长庆四年（824 年），韩愈病逝，年 57 岁，追赠礼部尚书，谥号“文”，故称“韩文公”。元丰元年（1078 年），追封昌黎伯，并从祀孔庙。

韩愈是唐代古文运动的倡导者，被后人尊为“唐宋八大家”之首，与柳宗元并称“韩柳”，有“文章巨公”和“百代文宗”之名。后人将其与柳宗元、欧阳修和苏轼合称“千古文章四大家”。他提出的“文道合

一”“气盛言宜”“务去陈言”“文从字顺”等散文的写作理论，对后人很有指导意义。当然，现在人们用他创造的一些成语还是比较多的，例如，“业精于勤”“刮垢磨光”“贪多务得”“含英咀华”“佶屈聱牙”“同工异曲”“动辄得咎”“俱收并蓄”“投闲置散”“提要钩玄”“焚膏继晷”“闳中肆外”“啼饥号寒”等等，都已传为流行的成语，成为中华词库的重要部分。有人统计，韩愈是中国文学史上创造成语最多的一个人，大概创造了 331 个成语。

韩愈字退之，但说起这名和字，倒有一段野史佳话。韩愈从小就由哥嫂抚养，到了入学的时候，嫂嫂郑氏一心想给弟弟起个又美又雅的学名。有一天，郑氏翻开字书，左挑一个字嫌不好，右拣一个字嫌太俗，挑来拣去，过了半个时辰，还没有给弟弟选定一个合意的学名。韩愈站在一旁观看，见嫂嫂为他起名作难，便问：“嫂嫂，你要给我起个什么名呢？”郑氏道：“你大哥名会，二哥名介，会、介都是‘人’字作头，象征他们都要做人群之首。会乃聚集，介乃耿直，其含义都很不错，你的学名，也须找个人字作头，含义更要讲究的才好。”韩愈听后，立即说道：“嫂嫂，你不必再翻字书了，这人字作头的‘愈’字最佳了，我就叫韩愈好了。”郑氏一听，忙将字书合上，问道：“‘愈’字有何佳意？”韩愈道：“愈，超越也。我长大以后，一定要做一番大事，前超古人，决不当平庸之辈。”嫂嫂听后，拍手叫绝：“好！好！你真会起名，好一个‘愈’字！”韩愈怎么会给自己起了一个这样又美又雅的名呢？原来他自幼聪慧，饱读经书，从三岁起就开始识文，每日可记数千言，不到七岁，就读完了诸子百家之书。那超凡的天赋和文化素养，使他早早就抱定了远大志向，这个“愈”字，正是他少年胸怀的表露。

众所周知的韩愈买蜡烛的故事，也是韩愈自幼聪慧的体现。这个故事是说，韩愈小时候在家乡读书，有一天，老师给每个学生一枚铜钱，让每个学生买一样东西，看谁买的东西能把整个屋子填满。放学以后，学生们都拿着铜钱到集市去买东西。第二天上学，有的学生买来了树苗，有的买来了竹竿。可是，他们买来的东西都不能把教室装满，老师只能微笑不语。过了一会儿，韩愈来了，他不慌不忙地从袖子里拿出一样东西交给了老师。老师竖起大拇指连声说："韩愈真聪明！韩愈真聪明！"原来，韩愈买来的是一根蜡烛。把蜡烛点着了，它的光照亮了整个屋子，它的光装满了整个教室。时至今日，这个故事仍然是中国古典聪慧教育的经典。

韩愈 19 岁时，已经历过丧父丧兄，服丧归里，在河南与河阳奔波，为避乱，又多次往返河阳与宣州。世事的艰辛促成他由早慧向早熟的转变。贞元二年（786 年），科举开选，其嫂郑氏为他打点行装，送他进京去应试。他在后来写的《赠徐州族侄》中说，"我年十八九，壮气起胸中。作书献云阙，辞家逐秋蓬。"那时的他还是心高气傲、睥睨万物的。到京城后，他自恃才高，以为考取功名是手到擒来的事情，在与他人交往的时候，也从未把其他考生放在眼里。结果是别人考中了，他却名落孙山。

后来，他在京中一连住了几年，连续考了四次，直至贞元七年（791 年）再次参加科举（次年放榜）才终于中了第十三名。之后，连续三年参加过三次吏部的博学鸿词科的考试，也没得到一官半职。由于银钱早已花尽，他由京都移居洛阳去找友人求助。在洛阳，友人穿针引线，他与才貌双全的卢氏小姐订了婚。卢小姐的父亲是河南府法曹参军，甚有尊望，韩愈就住在他家，准备择定吉日与卢小姐结婚。据传，卢小姐天性活泼，为人坦率，一方面敬慕韩郎的才华，一方面又对韩郎那自傲之情有所担忧。她曾多次思忖，要使郎君日后有所作为，现在就应当规劝他一下，可是如何规劝他呢？这天晚饭后，花前月下，二人闲聊诗文。畅谈中，韩愈提起这几年在求官途中的失意之事，卢小姐和颜悦色地说道："相公不必再为此事

叹忧，科场失意乃常有之事。家父对我总是夸你学识渊博，为人诚挚，我想你将来一定会有作为的。只是这科场屡挫，必有自己的不足之处，眼下当找出这个缘由才是。”韩愈听后，频频点头，心中暗道：卢小姐果有见地，接着说道：“小姐讲的甚是有理，俗话说自己瞧不见自己脸上的黑，请小姐赐教。”卢小姐一听，随即展纸挥笔，写道：人求言实，火求心虚，欲成大器，必先退之。韩愈捧着赠言，一阵沉思：此乃小姐肺腑之语啊！自古道骄兵必败，自己身上缺少的正是谦虚之情，这个“愈”字便是证据。于是，他立即选用卢小姐赠言中的最后两个字：退之，作为自己的字。

关于韩愈的传说还有很多很多，例如，韩愈被贬为潮州刺史，初到潮州时，正逢大雨成灾，心里十分焦急，顾不得长途劳累，随即到城外巡视灾情。韩愈登山眺望，只见洪水像凶猛的野兽一样四处流窜，波涛汹涌，无论从哪里看，都像凶猛的猛兽扑面而来。湫池沿岸一片茫茫洪水，人畜被冲走，良田被淹没，灾难威胁着全城百姓的安全。韩愈心想：如不尽快地堵住洪水，后果将不堪设想！韩愈冒雨看罢水势，又仔细地察看了一番地形，然后吩咐身旁侍从：“我从山上下来，跨马涉水前行，汝等要记准我走过的路线，并要插竿作为标记，我要率众按路线筑堤拦水。”几位随从不敢怠慢，紧跟在韩愈马后，插上了一根根竹竿。韩愈回府后，立即发签告知百姓，全力以赴按照标记修筑堤坝。潮州百姓听说筑堤拦洪，人人兴高采烈，纷纷赶来参战。谁知到城北一看，凡是插下竹竿的地方，变成了一条山丘，山上还长满了青翠的竹子，不但堵住了洪水，使水顺江南去，还把这里变成了潮州风景最美的地方。从此，潮州免除了水患，百姓纷纷传说：“这是韩公骑着马将北山牵过来了。”后来，潮州人民为了纪念这件事，还特意为韩愈立了一个“功不在禹下”的大石碑。至今，那里还流传着“走马牵山”的故事。

传说归传说，实际上，总结韩愈一生可以想见，韩愈的一生是奋进的一生，是不甘平庸的一生，也是想作为且有作为的一生。恰如苏轼在《潮州韩文公庙碑》中所言：“匹夫而为百世师，一言而为天下法。是皆有以参天地之化，关盛衰之运，其生也有自来，其逝也有所为。……文起八代之衰，而道济天下之溺；忠犯人主之怒，而勇夺三军之帅：此岂非参天地，关盛衰，浩然而独存者乎？”至今，我们仍然能在潮州感受到韩愈的千年影响：潮州的山叫韩山、潮州的水叫韩江、潮州的街叫韩街，潮州的学校古代有韩公祠，现在有韩山师院。在思想史、文学史、哲学史、教育史上，韩愈永远是里程碑式的人物，是仰之弥高、钻之弥坚的中国脊梁。

韩庙内景

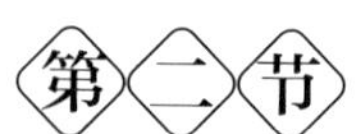

第二节 韩愈的教育思想与教学之道

韩愈的教育思想是作为思想家的韩愈的思想体系中的重要组成部分，也是其儒家思想在教育实践中的重要体现。由于韩愈多次做国子监祭酒，在教育教学方面有独到的见解。所以，韩愈的教育思想是历代研究中国教育史时不可或缺的重要组成部分。

大致说来，韩愈的教育思想可以从以下几个方面分析。

一、崇尚教育的社会教育目的观

中华民族自古尊师重教，并将这一传统视为社会文明进步之基。传说尧帝和舜帝在位的时候，曾经任命契这个人做“司徒”。“司徒”这个称谓，后来演变为一种官职，推其本义，就是管理和教育学生的意思，也就是现在的教师。尧、舜为什么要任命一个“司徒”呢？因为当时“百姓不亲，五品不逊”——社会风气不正、天下大乱，这是很严重的问题，所以要找个人出来管一管。怎么管？当时的说法是“敬敷五教”。

"敬敷五教"在中国教育史和文化史上是一个很重要、很值得研讨的命题。首先，这里面提出了实施教育的目的，即"五教"。"五教"是针对五种主要的社会人际关系来实施教育。古人认为，父子、君臣、夫妇、兄弟、朋友，是构成社会最重要的五种人际关系，称为"五伦"。"五伦"是自然而然的，既是人的天性，又是自然的规律。顺应着人的天性可以建构起社会伦理基础，遵循着自然的规律可以建立起社会道德标准，这既是教育的应有之义，也是文明社会的开端、和谐社会的基础。后来孟子又进一步将"五教"表述为"父子有亲、君臣有义、夫妇有别、长幼有序、朋友有信"，使之成为儒家教育思想的核心内容，亦成为数千年中国社会的主流价值观。

由此我们可以了解，中国教育的源头活水是做人教育，而非知识传授。古代圣贤相信，只有教育学生学会理解和处理好这五种社会人际关系，学会做人，才能够"修身、齐家、治国、平天下"，实现个人人生幸福、家庭美满、事业成功，促进社会的和谐进步。韩愈正是继承和弘扬了儒家这一"修齐治平"的思想，提出通过教育使得社会各类人等各安其位、各尽其职，则天下太平。他说："夫所谓先王之教者，何也？博爱之谓仁，行而宜之之谓义，由是而之焉之谓道，足乎己无待于外之谓德"。(《原道》) 也就是说，韩愈把先王之教概括成仁义道德四个字，"仁"就是博爱，"义"就是从"仁"心产生的适当的行为。"道"就是沿着仁义的理想向目标前进。"德"就是心安理得地不假外来的帮助和安慰。换句话说，"道德"是"仁义"的外延，"仁义"是"道德"的内涵。他不仅把"仁义"与"道德"紧紧地联系起来，而且还把道德和政治紧紧联系起来。他认为，君臣各有其道德。君王的道德就是发号施令；臣的道德就是一切按照君王的号令去落实到老百姓的身上；老百姓的道德就是生产粮食、财物以供应君臣的需要。从而把儒家所倡导的道德观念伸展到君、臣、民三者的等级社会的政治关系上，借此巩固封建秩序，为维护皇权和唐王朝的统治服务。所以，发展教育才是治国之本，这是儒家思想中一贯的主张，也是

韩愈竭力倡导与弘扬的。

如果仔细分析传统的儒家思想，我们会发现，尊师重教是其学说的核心内容。中国传统社会“以德育代宗教”实质上是一种优良作风，这种作风的落实就要“尊师重教”。众所周知，儒家是不谈怪力乱神的，也不谈前生后世的，注重的是当下的社会实际生活。而在引导人们向往更理想的社会生活方面，儒家思想也有其深刻独到之处。儒家学者一方面强调社会秩序的构建，主张以“尊尊亲亲、爱有差等”构建等级森严的大一统的封建社会；另一方面又主张圣贤君子入世，积极投入社会实践，勇于承担社会职责，所谓要有“悲天悯人”的社会关怀和担当。我们对儒家的积极入世精神已经有深刻把握，但如何入世？用孔子的话说是：“志于道、据于德、依于仁、游于艺”(《论语·述而》)。“志于道”，可以解释为立志要高远，希望达到的境界能符合“道”的要求。这个“道”就包括了天道与人道，形而上、形而下的都有。这是教我们立志，最基本的，也是最高的目的。至于是否做得到，是另一回事。正如大家年轻时刚出社会做事，都立志取得功名富贵，但不一定都能实现。那么还要不要立志呢？当然要立，而且要立更大更长远的志向。只有这样才能不被眼前的物质利益所吸引，才能做出更大贡献，也才能看淡眼前的利益得失，从而达到内心的平和。“据于德”，立志虽要高远，但必须从人道起步。所谓“天人合一”的天道和人道是要从道德的行为开始的。换句话来说，“据于德”就是为人处世的行为要符合道德规范，要有所本。古人解说“德”就是“得”，有成果即是德，也就是要得于心，从内心里感到有所得，感到内心的舒坦

孔子

与平和。显而易见，儒家思想就是志于道，行为是依据德而行。“依于仁”，仁有体有用。仁的体是内心的修养，所谓性命之学、心性之学，这是内在的。表现于外的则是爱人爱物，“君子爱人”，相通于墨子思想的兼爱、西方文化的博爱。“依于仁”，是依傍于仁，也就是说道与德如何发挥，在于对人对物有没有爱心。有了这个爱心，爱人、爱物、爱社会、爱国家、爱世界，扩而充之爱全天下。以“悲天悯人”的情怀反观民情民意，不故作高深，不把许多自己未必真懂的所谓思想道理强加给老百姓，而是积极引导老百姓走向更理性更富足的社会生活。这里应该有个特别强调之处，儒家思想中有个良好的传统就是绝不愤世嫉俗，也不杞人忧天，更不做维护你好我好大家好的“乡愿”，而是强调责任、良知与操守。进而言之，儒家“尊师重教”思想深深影响了传统中国社会，对社会及历史文化的发展起到了不可替代的重要作用。其对中国传统社会的稳定、发展起着独特的积极作用。这在儒家经典《大学》中有集中体现：“大学之道，在明明德，在亲民，在止于至善”中所展现的“修齐治平”，以及与之相配套的“三纲八目”成为儒家思想中实现平天下理想的具体步骤。它们相互联系、前后衔接，共同构成了儒家完整的理论体系。而通过社会教化，达到社会整体的修齐治平的目的则是儒家教育思想的核心，也是韩愈一再为之奋斗的目标。

历史上韩愈曾亲自到叛军营地里招降，这是典型的“苟利国家生死以，岂因祸福避趋之”，是把自己的生死置之度外的体现。唐长庆二年（822 年），镇州发生了一件那个时代人们都熟悉的事情——兵变。当时有个叫作王廷凑的成德军都知兵马使，把新上任的节度使田弘正全家都杀了，然后自立为节度使留后，也就是代理节度使。这个代理节度使名义上是个临时的职务，于是王廷凑就给朝廷上表索要节钺，简单来说就是要求组织予以转正。上级部门肯定不能随便给他转正。因为这不仅违背了正常的升迁程序，自己立自己不说，还把上级本来派过去的人给杀掉了，并占领了冀州，围攻深州，这简直就是谋逆。于是朝廷就再次派了几年前曾经

平定淮西节度使兵变的宰相裴度过去，想要以武力镇压。但当时天气极度恶劣，这仗实在是打不下来，最后只能被迫承认王廷凑这个节度使的职位。然而，承认之后整个河北地区并没有得到安定，特别是军心不稳，甚至主帅也不能完全控制大将，且有士兵鼓噪哗变的可能。主要是因为朝廷开始的时候用大军征讨，无果后才用安抚政策，当时的人们普遍不相信朝廷的诚意。朝廷就想找个人过去安抚一下，让他们知道既然朝廷已经承认了事实，就不会再追究他们的责任了。但这个时候，谁来担负这个宣抚的责任就是个难题。唐穆宗选择了当时的兵部侍郎（大致相当于国防部副部长）韩愈任这个宣慰使。

韩愈这个宣慰使可没有那么好做，当朝堂上宣布这个决定的时候，满朝文武都觉得他是凶多吉少了。要是别的节度使也就算了，可能打归打，对朝廷的使节还是留面子的，但是王廷凑这人不一样，他的性格不是一般的残暴，动不动就杀人全家，他是一种以杀人为乐的反社会人格。就在韩愈上路的时候，中国文学史上的名人元稹就说了一句话："韩愈可惜。"那意思很明显，是说这个任务太危险，很可能有去无回。

韩愈出发没多久，唐穆宗突然缓过神来，觉得这个任务确实是不太好完成，如果损失这么个重臣那就太不划算了。于是他赶紧派人去追韩愈，告诉韩愈到了当地边境巡视一下，并不是非进镇州不可，别真的跑到王廷凑的地盘上面去，否则有可能是死了都不知道怎么回事。但是我们知道，韩愈一直是一个儒家文化的忠诚捍卫者，他对使者说，天底下哪有已经接受了君主的诏令，然后却拖拖拉拉只顾自己性命不顾君主所托的？他把使者打发走之后，继续前行去完成这个几乎不可能完成的任务。

到了镇州的韩愈没怎么休息，就到了王廷凑的军营里面。之前说了，王廷凑这个人有点反社会人格，别人接待朝廷来的使臣，尤其是像韩愈这种文官，绝大多数还是客客气气的，反正不论最后结果怎么样，面子上的和气不能伤。但是王廷凑不一样，他在大营里面布满了刀斧手，就等着韩愈说错一两句话就把他剁了。

这个时候的韩愈已经是五十多岁的人了，虽然性格还是那么直率，但是经过这么多年的宦海沉浮，在行为处事方面比起当年圆滑得多了。他一上来不是先指责王廷凑作乱，而是说你作为一个节度使，你没有把手下人管好是失职，他们要是反叛了，你也不好办。这个话就很有艺术了，意思是朝廷已经承认你的地位了，你就乖乖在这里待着就好了，你现在有过错，但不是大错，赶快改过来就好了，别等以后手下人不好管就麻烦了。

王廷凑被韩愈这么一说，一时半会儿也接不上话，而且一开始他也是说不是自己叛乱，是士兵们逼他的。这个时候有士兵听了就不高兴了，有代表就站了出来，拿着刀子就对韩愈说："我们这些人以前都是听从朝廷命令的，还帮朝廷平叛过别的叛军，到现在这些血衣都还在，怎么现在你们说我们是叛军我们就是叛军了？"

韩愈一听，就用自己的一套办法继续说道理："你们还记得先太师就好，他叛乱之后又归顺了朝廷，后来加官晋爵这事情你们也知道吧？朝廷对待那些有过叛乱经历但是后来归顺的人，一直都是友好对待的。你们倒是看看安禄山、史思明、吴元济、李师道这些人，以为自己在地方做土皇帝了就了不起了，最后哪一个有好下场的？"

士兵们听韩愈这么一说，觉得确实有道理，自己也不过就是从军混口饭吃，养活家人，说白了不叛乱就能保住一条性命反而是好事。韩愈看这些人的神情开始变了，又说："那个被你们杀了的田弘正，他们家还活着的子孙里面就有在朝廷做官的，而且还做得不小，你看朝廷对忠心的人总是不错的。"士兵们本来都不说话了，听了这话之后就不满了，说田弘正那个家伙可能是对朝廷忠心的重臣，但是他对我们不好啊，天天对我们刻薄至极，我们也是被逼无奈，军心乱了才杀了他的。

韩愈看了看这些士兵，知道他们其实也就是一群普通人，也不是什么大奸大恶的人，就对大家说："现在田弘正反正死了，你们把他家里人也杀得

差不多了，这还不够吗？”士兵们自知理亏，就不再说什么了。倒是本来在一边想要看热闹的王廷凑等不及了，再这么让韩愈说下去，恐怕这满营的将士都要被说动了，于是他把士兵们都解散了，单独和韩愈聊了起来。

韩愈的意思很简单，你现在被朝廷正式任命为节度使，以前的事情过去就过去了，朝廷不再追究你的责任。现在你把被包围在深州的牛元翼放了，这事情我们就算是两清了。大家好聚好散，我回去复命，你好好做你的地方节度使。王廷凑实在找不到什么理由不答应，就请韩愈喝了顿酒，然后就让他回去了。

韩愈活着回到朝廷，让所有人都很是振奋。虽然他这次宣抚并不能真正解决镇州的问题，但至少解了深州之围，缓解了当时的紧张局势，保全了朝廷的颜面。他回来后向他的学生李翱详述了事情经过，被载入史册，成为他一生最为自豪的事件之一，也是后人仰望的事情。后来宋代大文豪苏轼评价韩愈的这件事，用了这么一句话：“勇夺三军之帅。”

作为对比，我们可参阅中国历史上著名的书法家颜真卿（709—784年）的经历，就没那么幸运了。颜真卿比韩愈早出生几十年，是处在安史之乱后期，也是军阀割据比较严重、各地军阀拥兵自重的时候。当时有个地方官叫李希烈，为实现个人野心，发动叛乱，四处烧杀抢掠，使百姓遭难、国家蒙羞。在这困难之际，由于颜真卿的刚正不阿得罪了当权者卢杞，卢杞建议让颜真卿去劝说李希烈归顺朝廷。皇帝同意了，就让年过七十的颜真卿去诏抚李希烈。其实，这是宰相卢杞出的害人的坏主意。因为颜真卿为人正直，不肯巴结讨好他，相反曾当面指责

颜真卿

卢杞不能容人，得罪了卢杞。这个卢杞明知道李希烈不会归顺，却让颜真卿去，实质上是想借刀杀人。颜真卿也深知此去凶多吉少，但为了国家安宁，更是为了儒家社会担当精神和为君主分忧的情怀，他毫不犹豫地去了。果然，李希烈见到颜真卿，立刻让部下拔出刀，围着他破口大骂，说要吃他的肉。颜真卿挺身屹立，怒视叛贼。李希烈等人劝他投降，他说："我来劝你们投降，你们反来劝我，我岂能受你们的利诱威胁？我快 80 岁了，还怕死吗？"李希烈命人挖了坑，要活埋他。颜真卿冷眼以对说："我既然敢来，就不怕死，要杀就杀！"他为自己写好了祭文和墓志，做好了死的准备。李希烈自我膨胀，曾经自己称帝，他为拉拢一批贤人给自己脸上贴金，就任命颜真卿为宰相，遭到颜真卿严词拒绝，绝不与他们为伍。过了些日子，李希烈又叫人堆上柴草，点着火，对颜真卿说："不投降就烧死你！"颜真卿视死如归，毫不犹豫地向火堆走去，倒是那伙人吓得赶紧把他拉住。李希烈见颜真卿软硬不吃，决定杀了他，便派人把他勒死了。颜真卿就义前，仍大骂不止，表示自己为国捐躯绝不屈服的意志。

通过这两则历史故事，我们可以看到中国古代历史文人的担当与节操，同时也反映了儒家思想中"为国家舍小家，为大义忘生死"的节操。这个思想落实到教育中，就是贯穿儒家教育思想的一个根本：教育要为社会服务，要为社会的整体发展培养人才。通过教育培养社会有用之才，这种人才要能承担国家、民族大义，要能在祖国需要的时候挺身而出，敢于任事、勇于作为。

二、立己树人的教育人才观

韩愈在教育方面一个代表性的思想就是对教育的重视、对人才的强调。韩愈继承儒家思想的核心表现之一就是认为发展教育是为政之本，并由此提出了统治者应该重视人才的思想。作为脍炙人口的名篇，韩愈的

《杂说·马说》早已编入中小学教材，其中的“千里马常有，而伯乐不常有”的说法已经深入人心。他提出这一观点的核心是针对封建社会统治者对人才的不重视，常人不擅相马，故不能满足千里马施展才华的种种条件，无法保证其发挥才能。千里马的悲惨遭遇是“祇辱于奴隶人之手，骈死于槽枥之间，不以千里称也”。这是暗指人才被不识货的领导埋没。事实上，由于缺少识才之人，社会上很多人才被埋没。韩愈主张不拘一格选拔人才，推荐选拔各种人才。“可举而举焉，不必让其自举也；可进而进焉，不必廉于自进也。”（《上宰相书》）反对不公正地选拔人才。既然是人才，就应该有特殊的待遇。不幸的是，千里马虽然有日行千里的能力，但是由于总是不能吃饱，所以力气不足，无法表现出才能。“策之不以其道，食之不能尽其材，鸣之而不能通其意，执策而临之曰：‘天下无马。’”（《杂说四》）还有《杂说一》说道：“然龙弗得云，无以神其灵矣。失其所凭依，信不可欤。”龙需要云，才能腾云驾雾。韩愈以龙比喻圣君，以云比喻贤臣。其中“龙嘘气成云”，说明贤臣与圣君互相依附的关系。人才需要有利的条件才能施展才华。人与人的区别取决于机遇。他多次感叹，生不逢时的人，即使有很多美德，也不会被容纳。

韩愈非常重视亲情友情，在奖掖后进方面也是殚精竭虑、不遗余力。他的《马说》不啻是对当时社会普遍存在的对人才不重视的反思与批判，同时他还举荐了一大批德才兼备的寒门人士，如孟郊、贾岛、李翱等。他以师道自居，多次教育学生如何阅读、如何作文，充满了历史使命感和社会责任感，也逐渐形成了弟子盈门的壮观局面。《新唐书·韩愈传》中记载他：“与人交，终始不少变。凡内外亲若交友无后者，为嫁遗孤女而恤其家。”说明韩愈是个重情义、重承诺的人，否则就不会有那么多亲友托孤于他。

韩愈写《师说》，其根本目的就在于反对当时耻于从师的不良社会风气，主张通过学习达到成人成才的目的。那么要学什么才能成才呢？韩愈认为：

首先，人才要精通经书。“士不通经，果不足用。”韩愈在《潮州请置乡校牒》中写道："赵德秀才，沉雅专静，颇通经，有文章，能知先王之道。"韩愈在《荐樊宗师状》中说："勤于艺学，多所通解，议论平正，有经据……谨洁和敏，持身甚苦，遇物仁恕，有材有识。"韩愈在推进潮州教育的时候聘请赵德秀才出任老师，他认为赵德能通经书，也就是能通先王之道，所以才堪重用。有个说法是：韩愈对潮州文化的最大贡献，在于他大胆起用当地人才，推荐地方隽彦赵德主持州学。相传赵德是唐大历十三年（778 年）进士，早于韩愈 14 年登第。唐代登进士第者还要通过吏部主持的"博学鸿词"科考试，合格方能授官。但赵德未能顺利通过此考试，所以韩愈任潮州刺史时，他还是一个"婆娑海水南，簸弄明月珠"的庶民。但是，赵德"心平而行高，两通诗与书"的品行学识，终于被韩愈发现，于是毅然举荐他"摄海阳县尉，为衙推官，专勾当州学，以督生徒，兴恺悌之风"(《潮州请置乡校牒》)。起用当地人才主持州学，这是一项意义重大、影响深远的决策。树一代之新风，斯有万世之太平。苏轼因此在《潮州韩文公庙碑》中感喟不已："始潮人未知学，公命进士赵德为之师，自是潮之士皆笃于文行，延及齐民，至于今，号称易治。"

这里有必要说到韩愈在古文运动中对儒家经典的推崇。韩愈认为魏晋以来的骈体文实在是以辞害意，过分追求华丽的辞藻而忽视了论文本身的主旨。所以，他高扬"文以载道"的大旗，明确提出要学习先秦古人的写作风格，以"古文"来挑战骈体文。他所说的古文，实际是指先秦散文，只要言之有物、言之有据，就可以写出来，而不必拘泥于对仗或排比的骈体性质。进而言之，他认为古人在写作的时候已经把天道、人道写入文章之中，"文"本身就是用来承载"道"的，所以，学习就是要学儒家经典，首先就要读经通经。

当然，更重要的是人才应有"道义"。道义的含义是道德和正义。韩愈在《争臣论》中写道："彼二圣一贤者，岂不知自安佚之为乐哉？诚畏天命而悲人穷也。夫天授人以贤圣才能，岂使自有余而已？诚欲以补其不

足者也。”纵观韩愈的散文和诗，韩愈一生忧国忧民，发愤作为，而鄙视那些逍遥自在、只图自己安逸的所谓隐士。虽然他曾经在要离开阳山时，因为对宦海生活的烦恼，也产生过归隐思想。但是，他一生总体上是贯彻了他在《争臣论》中的主张：忧虑时势不安定，人民得不到治理，自己掌握了道义，不敢只是修养个人的品德，而一定要为天下人民谋利，哪能贪图自己逍遥自在呢？

还有，人才要勇敢。韩愈自己智勇双全。他曾经在平定淮西的战役表现出过人胆识，而且在镇州只凭口才，就突破王廷凑包围，解救了深州之围。他在《答吕毉山人书》中提到“恐不复振起，务欲进足下趋死不顾利害，去就之人于朝，以争救之耳”。同时，人才要有技艺，韩愈在《进学解》中提出：“名一艺者无不庸。”还有，他在《送高闲上人序》中说：“尧、舜、禹、汤治天下，养叔治射，庖丁治牛，师旷治音声，扁鹊治病，僚之于丸，秋之于奕，伯伦之于酒，乐之终身不厌，奚暇外慕？”韩愈将才艺与治国之术相并列，可见“艺”在韩愈心中的地位。

当然，在道德修为方面，还有很多具体要做的，首先要做的是：抵御诱惑——每个人都会面临各种诱惑，如何克服诱惑一直是儒家思想的核心命题之一。从孔子的“不义而富且贵，于我如浮云”，到孟子的“富贵不能淫，贫贱不能移，威武不能屈”、董仲舒的“正其义不谋其利，明其道不计其功”。这是儒家一贯的主张。韩愈也是，主张以天下道义为己任，高树“文以载道”的大旗，他的那种济世的热忱与悯世的忧患集于一心，匡扶天下与悲天悯人的情怀使得他能够抵御暂时的诱惑。历史上曾经有个好玩的例子，说明在诱惑面前人很难抵御：五代十国时，闽国军阀李仁达想自立为帝，又怕众人不服，于是拉来雪峰寺僧人卓岩明做皇帝。军阀原本是借个道具来演戏，但这位和尚却当真，脱僧衣，换皇袍，又派人从老家将老爹接来封为太上皇。然而不久，“道具”不需要了，李仁达便找了一个机会杀了这“皇帝”父子（《资治通鉴》卷 284）。假如不是飞来的“洪福”，哪会引来如此惨祸？与韩愈同时代的唐文宗时宰相王涯有个远房堂弟叫王沐，听说堂兄做了高官后，便骑着毛驴从江南赶到了长安，想弄个官当当。但王涯对他十分冷落，一直让他等了两年，之后才同意给个小官做。于是王沐就常去宰相家里等待。然此时正逢甘露之变，可怜王沐被作为其兄的“同党”，与王涯一起被腰斩（《资治通鉴》卷245）。历史就是这样以它不可捉摸的阴差阳错，戏弄苍生，向人们展示着一幕幕令人惊叹不已的悲喜剧。人们读完上面的文字后，或许感叹人生命运无常。这种感叹之最有代表性的恐怕就是曹雪芹的《好了歌注》了，那是为人的命运的“无常”而发出的一声声无奈而又凄苦的长叹。不过人们不妨想一想，假如社会是一个民主和法治的社会，假如公权的运行必须沿着公开、公平、公正的轨道，假如社会有一套先进科学的运行规则，而这套规则崇尚和保护的是诚实、勤奋和才能，而惩治和淘汰的是欺诈、堕落和平庸，那么，芸芸众生命运的“无常”大都会成为“有常”，每一个人都能把命运牢牢地掌握在自己手中。所以，在现实面前，抵御住眼前苟且的诱惑，能以国家前途、民族大义作为自己行为处事的立足点、出发点，就一定能在为社会做出自己贡献的同时，在历史上留下清名。历史毕竟是人写成的。

其次，改过迁善——不要以为圣人先贤都是天然而成，自己没能抵御诱惑自然就不会成为圣人先贤，成贤成圣都与自己无关。实际上并非如此，韩愈年轻的时候也曾游玩和赌博，也曾为当官奔走献媚，也曾怕死在华山投书。但这并不妨碍后人纪念他，甚至一千多年后，我们仍然在谈论他、仰慕他。韩愈在年轻时为追求名利，放下了读书人的架子，也放下了自己的傲世才华，挖空心思、削尖脑袋，汲汲于功名利禄，尝尽世态炎凉。他为了求见当时的副主考梁肃，数次登门。开始梁肃闭门不见，后来次数太多，才接见他们几位考生，并推荐韩愈中了进士。韩愈对当年低声下气、曲意奉承、摇尾乞怜的屈辱感终生难忘，反过来激发了他后来着意

提携后辈的善行。

最后，学做真人——讲到做人，我们就想到庄子提到过“真人”这件事，《庄子》把有道的人叫“真人”。唐宋以后，人们对神仙、得了道的人叫“真人”。譬如现在苏州神仙庙里供奉的吕纯阳叫“吕真人”。如今的人听到“真人”这个名称，就好像带有宗教色彩，相当于西方的上帝，中国的仙、佛一样。实际上过去道家所谓的“真人”，是指学问道德到了家的人。取得了“人”的最高成就，在道家就称为“真人”，孔子认为这就是学，就是学而之人。其实，真人是纯真的意思，是真诚的人，是恢复了人的本性，能认真对待社会、他人及自身的人。也就是能与社会圆融，又能发自内心的自洽，“从心所欲不逾矩”与这名词对应的叫假人，假人还是人，不过没有达到做人道德的最高标准。所谓真人，本质上应该是指做事从自己的本心出发，能自觉符合社会需求和规则，没有内心的矛盾与冲突，良心坦然。做事太虚伪，不是发自本心，内外不一的人都是假人。

总之，韩愈的教育思想集中体现了儒家传统的教育思想。他一方面积极入世，以拯救万民于水火的姿态投身社会建设，用教育唤起人类良知；另一方面，对社会秩序做合理化解释，竭力维护大一统的封建秩序，这仍然需要教育。当然，由于他片面强调教育的社会功效，所以，他在人才观方面就有所偏颇，特别强调进仕才是人才的最高体现。

道之所存 师之所存也

道之所存师之所存

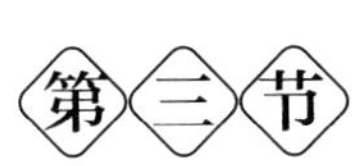

第三节 《师说》的写作背景与目的指向

本部分主要讲两方面的内容，第一，《师说》的写作背景与目的。第二，对《师说》在现代背景下的更深思考，即道德与社会生活之间的关系到底是怎样的。

韩愈生活在唐中叶以后，唐王朝国势日渐衰微，藩镇割据，地方势力越来越强大，许多权贵豪强、僧侣阶层，利用他们的特权兼并土地，侵吞税户，造成了“国赋散于权门，王税不入天府”“天下之财而佛有七八”的混乱局面。在精神方面，作为封建统治的精神支柱的儒学文化受到佛教的巨大冲击，汉代以来的儒家思想独尊的地位发生了动摇，尤其是佛教的盛行，使得寂灭、虚幻、痛苦、无奈、无助等思想广为传播，在民间造成了思想的散离与不定。这些在一定程度上削弱了封建中央集权制度。

我们都知道唐朝是我国历史上佛教文化比较盛行的朝代，我们熟知的《西游记》就是以唐太宗李世民时期为历史背景，唐僧玄奘曾冒死去西天取经，取经归来唐朝皇帝亲自到城外迎接，并修建大雁塔以为翻译佛经之

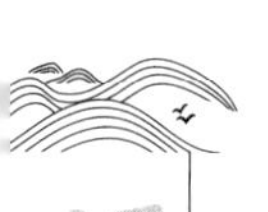

用。其实唐太宗李世民并不是唐朝最信仰佛教的皇帝，最信仰佛教的是唐宪宗。在唐代非常流行迎佛骨，就是所谓的供奉舍利子，唐宪宗时期每年要举行 30 多次迎舍利子的仪式。公元 819 年唐宪宗曾命令宦官持香花去法门寺迎接佛骨舍利，迎接舍利的队伍浩浩荡荡地从广顺门进入皇宫，前后绵延数十公里。佛骨舍利在宫中供奉三天后再送到京城各大寺院，当时的王公贵族都争先恐后地施舍，有的百姓甚至倾家荡产地去供奉。由于当时国家历经内战，徭役日重，人民多借寺院为逃避之所，寺院又乘均田制度破坏，扩充庄园，驱使奴役，并和贵族势力相勾结，避免赋税，另外还用放高利贷等多种方法牟利。这样在经济上便和国家的利益产生了深刻的矛盾。佛教敛财意识又特别强烈，甚至有过唐德宗时杨炎奏称的“凡富人多丁，率为官为僧”，官与僧是富家子弟的两条出路。这种僧自然是上层僧徒，有些可以得到大富大贵的地位。会昌五年（845 年）唐武宗灭佛，还俗僧尼 26 万人，当年全国户口账为 495 万余户，按十户养一僧计算，则全国受僧害的民户在半数以上。辛替否《谏（唐中宗）兴佛寺奏》里说，“十分天下之财而佛有七八”，并非夸大之语。佛教当时无疑是社会的大祸害。自从佛教传来以后，它的神不灭说、因果报应说，以及有关天上人间，唯我独尊的无数神话，把人们催眠成昏迷状态，理智丧尽、贪欲炽盛、厌弃现世，或者贪得无厌，一心求来世更大的福报，当时整个社会普遍弥漫着这些不良的思想。

儒家礼教向来是统治阶级维持政权的基本工具，任何佞佛的帝王，礼法刑政总得依据儒家，凡明经进士两科出身的官吏，多半算是儒家中人。他们谋富贵的主要途径——仕途，不愁僧徒来夺取，因此儒佛间的冲突比佛道两教间要和缓些。所以，自古就有儒佛协调的努力，尤其在与韩愈同时代的柳宗元身上表现明显，但韩愈则不同，他从国家治理的角度强烈认为佛教是儒学的敌人。

韩愈作《师说》的时候，一般认为是在唐德宗贞元十八年（802 年）。

这年韩愈35岁，刚由洛阳闲居进入国子监，任四门博士，这是一个“从七品”的学官。但他此时早已有文名，他所提倡和不断实践的古文运动在那时正走出少数爱好者的范围，有了一个更广泛的群众基础，他自身俨然成为这个运动的年轻领袖。他用古文来宣传他的主张，维护先秦儒家的思想，反对当代特别盛行的佛老思想；提倡先秦两汉的古文，反对“俗下文字”，即魏晋以来“饰其辞而遗其意”的骈文，这就是古文运动的内容。这个运动之所以逐渐形成于唐德宗统治的后期，是有现实的社会条件的，它是为维护唐王朝的统一、反对藩镇割据的政治目的服务的。而这正是除军阀、大地主外，当时各社会阶层的现实利益的要求。韩愈的积极努力，对这个运动的形成与开展，起了不断促进的作用。就古文来说，他不仅自己刻苦努力，从理论到实践，展示了他优秀的成绩；更重要的是他不顾流俗的讥笑，努力提倡，特别表现在给青年们热情的鼓励和指导中。《师说》正是这种努力所引出的一篇具有进步意义和解放精神的文章。

可以说，《师说》是韩愈为对抗当时耻为人师的社会风气而进行斗争的政争檄文，是他古文的典范文章之一。韩愈是在面对佛教盛行、当时人们“耻学于师”和为了科举考试只“习其句读”的情况下，首倡师道，弘扬儒学道德文化精神。言之有物，持之有故，他的这种直指核心主的文风成为后世学习的楷模。比如，他起篇一句“师者，所以传道受业解惑也”，几乎成为千古绝句。他的这种文风与骈体文截然不同，他不特别讲求语言的对仗、行文的工整，而是通过直接点题的方式，直抒心胸，让人感到振聋发聩、耳目一新。之所以至今《师说》一篇仍广为传诵，本质上是因为这篇文章是可以作为古文典范来阅读的。

韩愈这篇《师说》既是说师，也是教师对学生说。其本意自然是抒发心中块垒。韩愈在此之前就提出并阐述过“不平则鸣”和“文穷而后工”的理论观点。韩愈认为“不平则鸣”是一个普遍的现象，不论自然界还是

人类社会，不管是“物”还是“人”，概莫能外。他说：“大凡物不得其平则鸣。草木之无声，风挠之鸣。水之无声，风荡之鸣。其跃也，或激之；其趋也，或梗之；其沸也，或炙之。金石之无声，或击之鸣。”“物”如此，“人”也不例外。当人“不得已”的时候，即才能受到压抑，理想和抱负不能顺利实现，就必然发之于歌，形之于言，以“鸣”的方式来发泄胸中的郁闷和不平之情。他将古往今来的许多思想家和文学家都看作“善鸣”的人物，既肯定伊尹、周公和孔子、孟子等儒家先圣善鸣，也承认不是儒家学派的杨朱、墨翟、老子、庄子等也善鸣。韩愈提倡的“古文”，不仅是传播儒学的工具，也是鸣不平、反映社会现实的工具。他还认为，只有反映人生和社会不平的文学作品才是有生命力的上乘之作。在韩愈看来，那些过着锦衣玉食生活、仕途通达的“王公贵人”，他们“气满志得”，没有不平之事，没有不平之感，他们不会有不平之鸣。即使有，也不过是舞文弄墨的肤浅之作，无病呻吟的强说之辞，不会产生什么重要影响。只有那些志趣高远，才识过人之人，才能写出反映社会不平，表达个人真情实感的不朽之作。《师说》正是他不平则鸣的体现，他认为当时社会普遍存在的歧视从师的行为是儒家正统思想的死敌，应该给予抨击和批判。而只有高扬尊师重道的大旗，才能完善自我，凝聚人心，调理社会，弘扬理想，达到治理社会的目的。

从韩愈倡导古文运动的出发点而言，是借此来宣扬儒道，缓解社会矛盾，从而挽救由安史之乱造成的唐王朝由盛转衰的现状。韩愈等古文派认为，社会衰落的根本原因是人们违背了儒家传统的社会规范而导致礼仪沦丧，道德水准下降，因此需要重新树立儒学权威，并以此重整社会秩序。

那么，怎样才能大力弘扬儒家道统呢？韩愈提出了“弃诗赋重古文”这一文学主张。大家都知道，“诗言志”，自古以来，诗赋就是中国的传统文学样式。到了唐代，统治者以诗取士对推动诗歌的兴盛更是起到了至关重要的作用，是中国诗歌发展史上的黄金时代。但韩愈等人却在盛况之下看到了诗赋的功能缺陷。韩愈认为，时下流行的诗赋已经不能胜任宣扬儒家道统思想的任务，在他看来，要消除这些社会矛盾，“文以传道”、宣扬儒家道统是当务之急。而宣扬儒家道统，只有通过倡导古文运动才能得以实现。为此，韩愈从儒家道统的立场出发，从文学的社会功能角度提出了为教化而兴“古文”的主张，并明确了“文以传道”这一古文运动的核心思想。韩愈为古文运动提出了首要任务，就是改革文体，大兴古文之风。他的这个古文运动有点类似20世纪初的新文化运动，用胡适在《文学改良刍议》中的话说，就是“要有话说，方才说话。有什么话，说什么话；话怎么说，就怎么说。要说我自己的话，别说别人的话。是什么时代的人，说什么时代的话”。

韩愈之所以认为唐代骈体文已经不能适应社会发展，而要以古文运动去刻意改变已有的骈体文化秩序，这一点，韩愈门生李汉在《唐吏部侍郎昌黎先生韩愈文集序》中概括为：“文者，贯道之器也。不深于斯道，有至焉者不也！”什么意思呢？韩愈认为要继承古人之道，恢复“道统”，明白易晓的古文才是最佳工具，才是载道之器，在宣传儒家思想方面，古文的重要性是其他任何文体都无法替代的。古文运动从一开始就不是一种单纯的文学运动，而是一种为政治服务的文学运动，韩愈提出的“文以传道”完全是出于当时政治上的需要。“古文”，是相对骈文而言的，指先秦两汉时期的以散行单句为主的散文。先秦和汉朝的散文，特点是质朴自由，以散行单句为主，不受格式拘束，有利于反映现实生活、表达思想。“骈文”，是与散文相对而言的。其主要特点是以四六句式为主，讲究对仗，因句式两两相对，犹如两马并驾齐驱，故称骈体。在声韵上，骈文讲究运用平仄，韵律和谐；修辞上注重藻饰和用典。由于骈文注重形式技巧，内容的表达往往受到束缚。六朝时期，骈文鼎盛，散文中衰。到唐朝时，以诗赋取士的制度更是促进了骈文文体的大发展，以至国家公文“俱

用骈体”。初唐四杰即以骈文知名，人们津津乐道的王勃之所以雄冠初唐四杰之首，就是因为他的骈体文写得好。其代表作《滕王阁序》就是骈体文的代表。骈文固然有其形式美感，但骈文的逞才使气也给创作带来了不便。那种追求声律、辞藻华丽和句式整齐的形式主义风尚，华而不实，不便于应用，这让骈文在其演变发展中越来越走向僵化，为文而文，背离了文字的原始职能，甚至成了反映现实生活和表达思想感情的桎梏。特别是后来由于梁陈宫体诗的崛起，骈文开始脱离比兴寄托的主旨而只追求艺术形式的典雅华美，而且用典剧增，导致晦涩、雕琢之风畅行，甚至专意于“淫靡”的描写。骈文这种社会表现功能的“衰颓”，开始受到一些人的责难。到中唐，当时文坛领袖韩愈针对骈文浮艳空洞的流弊，以恢复孔孟儒学为号召，以学习先秦两汉散文为目标，在文体、文风和语言诸方面进行了旗帜鲜明的大变革。韩愈认为，骈文其辞藻的绮丽和艺术层面的严格要求不足以担负起宣传道统的职责，要求废除骈文，恢复先秦、两汉的古文，主张思想回到古代儒家，文体回到朴实明畅的散体。为此，他发起了主张“文以载道”“文以明道”“以道贯文”的古文运动，坚决反对华丽不实的文风，强调文章要以表现现实为宗旨，以“古文”表现“古道”，干预现实，“不平则鸣”。

应该说，这是一次名为复古，实为革新的文学运动。韩愈不仅提出了一套完整的古文理论，并写出了相当数量的优秀古文作品，当时追随者很多，如李观、欧阳詹、刘禹锡、白居易、元稹等人。韩愈倡导的古文运动，在一定程度上压制了骈文的浮靡文风，把散文的发展推向了一个新阶段。同时，韩愈身体力行，创作了很多散文，为后学提供了不少典范作品。《师说》正是其中的一篇。

当然，韩愈在倡导古文运动过程中过分追求创新，也会从一个极端走向另一个极端。韩愈及其追随者们后来的文风过于奇崛，而且仅仅以奇险为胜，这恰恰是“古文运动”在唐代并没有完全发展起来的一个重要原因。现在，我们一直说韩愈是旗手，是第一个高擎古文运动大旗的人。但实质上，直至北宋，古文运动被欧阳修、苏辙等人发扬，成就所谓的唐宋八大家，“古文”这种写作方式才真正深入人心，成为文人习作的榜样与标杆。尽管韩愈在其中起到了别开生面的作用，但真正把这项运动推向深入并被人广为接受，却是在北宋，其中北宋的欧阳修、王安石等人功不可没。历史上有这样一个故事：北宋嘉祐年间，士人刘几多次在国子监考试中得第一名。因他文章中诡谲险怪的文句迭出，学子们纷纷仿效，一时形成了怪异浮华的风气。欧阳修很讨厌这种文风，总想整肃一下。这年，欧阳修主持进士考试，规定凡是写艰涩险怪文章的考生一概不取。有个考生在文章中这样写：“天地轧，万物茁，圣人发。”意思是：天地初分时，万物始生长，伟人方问世。欧阳修想：“这个人一定就是刘几！”于是戏谑地在其后续写道：“秀才剌，试官刷。”意思是：你秀才的文章违背事理，考官就把你刷掉！还用大红笔把文章从头到尾横涂一道，称作“红勒帛”，

欧阳修

王安石

批上“大纰缪”三个字张榜公布。后来发现这个人果然就是刘几。考场文风因此发生了改变，大家都学着写内容充实、朴素的文章了。过了几年，欧阳修担任廷试考官，发现刘几又来参加考试。欧阳修说：“清除邪恶一定要彻底，今天一定要狠狠斥责这些个轻浮学子，以便铲除文坛祸患。”他发现一个考生写的《尧舜性仁赋》，其中一句：“故得静而延年，独高五帝之寿；动而有勇，形为四罪之诛。”意思是：所以能得宁静就可以养生，可以比五帝还高寿；如果易冲动而莽撞，就会受到意想不到的惩罚。欧阳修便将这个考生定为第一名。等到张榜公布时，发现考生叫刘辉。有人告诉欧阳修，刘辉就是刘几，为了彻底改变文风，他连名字也改了。欧阳修很感动。欧阳修通过大力改革文风，发现了许多人才，经过他的提拔，一个个都成了名家，其中就有王安石、苏洵和苏轼。

无论怎样，重视教育是历代统治者所强调的，但又是难以真正落实的。比如现在人们总在传诵古代帝王的家庭如何重视教育，宫廷学校大概

苏洵

苏东坡

是历史上开设最早的学校。但实质上，史书记载是一回事，实际情况可能是另一回事。古代皇帝真正读书的并不太多，尤其是那些皇子皇孙，娇生惯养、纵情犬马的不在少数。透过黄仁宇写的《万历十五年》，人们可以看看那个做木匠的皇帝平时在做些什么。举个现实的例子来说，大家都知道美国的高等教育引领世界潮流，世界著名大学或者叫世界一流大学也以美国的大学为标杆。但实际上，美国的留学生到韩国，发现韩国的教育一点不比美国差。而且正是由于韩国特别重视教育，才形成韩国“二战”后经济的崛起。经济合作与发展组织的报告称，20 世纪 60 年代韩国的国民收入水平同阿富汗相近。由于重视教育，该国年轻人在学术成绩上取得飞跃，超越了不少老牌工业国家。但这样的成就伴随着高昂代价。《每日邮报》称，自杀是韩国年轻人死亡的首要原因。“正是以结果驱动的学习方式造就了这一切。在这里，如果你学习不够优秀，你就会被无视。”同样，日本“二战”后能迅速崛起的原因很多，但人们普遍公认的原因还是日本在战后仍重视教育。“二战”后期，日本本国国土几乎被反法西斯联盟炸成废墟，战争结束后，社会亟待从战争体系转向社会建设，这个时候民不聊生。但战后的日本能迅速恢复且很快超越战前的国民生产总值，归根结底是那时候的日本国民普遍有一种教育信仰：教师每天只能吃一顿饭还在坚持教书，学生每天饿肚子还在坚持上课，家长勒紧腰带也要把孩子送到学校。正是这种坚持，才有后来的腾飞。

更深入讨论：1. 为何韩愈的《师说》强调教师的职责是传道解惑，而没有提及教师道德？

很多人可能会有一个疑惑，明明韩愈强调教师的职责是传道授业解惑，并未强调教师或学生的道德问题，为何我们仍然要通过《师说》学习探讨教师道德问题？其实，这里面并不矛盾。首先，韩愈《师说》起首的那句名言：“师者，所以传道受业解惑也”是他根据当时的社会背景做的教师职

责的论断。它强调的是教育的核心功能是“传道、授业、解惑”。韩愈认为，教师的首要任务是传授知识和技能，帮助学生理解道理和解决问题。这种观点强调了教育的实用性和知识传递的重要性，本质上是为凸显教师在社会发展中的地位与作用。在韩愈所处的时代，一方面是社会的长治久安，国内外的广泛交流，人们在安定的环境中积累了大量知识，这些知识的传播传承显然十分重要，教师不仅是知识的传播者，更是文化和思想的传承者。另一方面是社会处于动荡的前夜，封建统治变得风雨飘摇。长期的门阀士族统治与封建割据相配合，严重窒息了士人成长的空间，拜门子、投名状、逢迎巴结是社会常态，这也造成了士人面临很多很具体的现实问题——没人心甘情愿地委屈自己巴结别人，但除此之外别无选择的情况下，人们往往会“曲己逢迎”，心有不甘却又无可奈何。但恰恰是这种“心有不甘”给当时士人留下了太多的想象空间。有些士人干脆顾影自怜、自命清高，以拜师学艺为耻，认为拜师就是投门子，就是巴结逢迎。这种扭曲心理也反映到社会上来。韩愈认为教师的职责不仅是传授技艺，更有解惑的作用：教师的职责不仅是教授知识，还包括帮助学生解答疑惑，启发学生的思考。这种解惑的过程是教育的重要组成部分，是培养学生思维能力和独立判断的重要步骤，以此来强调教师在学生成长中的引导作用。

其次，道德教育的间接性。虽然道德教育也是教育的一部分，但韩愈认为，教师的道德影响更多是通过其传授的知识和为人处世的方式潜移默化地影响学生，而非直接的道德灌输。尽管韩愈首倡教师的职责是“传道”，但关于“道”的解释人们普遍认为不是道德，而更多的是知识、真理或者道理。具体来说，可以从以下几个方面理解：（1）知识的传授：这里的“道”涵盖了教师所教授的学科知识，包括经典、哲学、科学等内容。教师的职责是将这些知识传授给学生，使他们掌握相关的理论和技能。（2）人生哲理：除了学科知识，“道”也可以指人生的道理和哲学。教师通过传授这些道理，引导学生理解生活中的各种问题和挑战，帮助他们形成正确的价值观和世界观。（3）道德与伦理：虽然韩愈强调“道”不仅仅是道德，但道德和伦理仍然是“道”的一部分。在教育过程中，教师通过自己的言行和所传授的知识，潜移默化地影响学生的道德观念。（4）思维方式：在某种程度上，“道”也可以理解为一种思维方式或方法论。教师通过教导学生如何思考、分析和解决问题，培养他们的独立思考能力。韩愈所说的“道”是一个多维度的概念，既包括具体的知识和技能，也涉及更深层次的思想和价值观，强调了教师在学生成长过程中的重要引导作用。韩愈之所以在《师说》中没有特别强调道德或者师德，本质上还是因为他认为品德的养成有其间接性。他并不反对直接的道德灌输，但他认为，教师的职责是传授知识和道理，而知识的学习能够促进学生的思考和理解。通过对知识的掌握，学生能够在面对道德和伦理问题时，做出更为理性的判断和选择。换句话说，品德的养成并不是单纯依靠道德教育，而是通过知识的传递和理解，间接影响学生的品德。在这一教育过程中，教师的言行举止在潜移默化中影响学生。教师通过自身的品德和行为，展示了什么是正确的价值观和行为规范，这种榜样的力量往往比直接的道德教导更为有效。而且，品德的养成需要实践和反思。在韩愈的教育观念中，学生在学习知识的过程中，能够通过实践和反思来内化道德观念。教师的引导和知识的传授为学生提供了反思的基础，进而促进品德的提升。同时，教育的环境和氛围也对品德的养成有重要影响。良好的学习环境和积极的师生关系能够激励学生向善，促进品德的自然养成。这种影响往往是间接的，通过提供一个积极的学习氛围，使学生在潜移默化中受到影响。

当然，韩愈作为儒家思想的代表人物，其知识与道德合一的思想是根深蒂固的。在儒家看来，教育的根本目的不仅是传授知识，更重要的是培养学生的道德情操，知识与道德是相辅相成的。通过对儒家经典和道理的学习，学生不仅能够获取知识，还能够理解其中蕴含的道德意义。这种知识的学习与道德的教化是相互关联的，体现了儒家思想的整体性。特别是

通过传道强调培养学生的社会责任感，这使得学生不仅要加强个人的道德修养，还要关注社会的和谐与发展，承担起对社会的责任。这是儒家思想的重要组成部分，也是儒家教育思想中最为出彩的地方。

总的来说，韩愈的《师说》通过对教师角色的重新定义，在一定程度上重新梳理了教师的职业角色与担当，使其更为职业化、专业化。教师不仅是道德的模范，更是知识的引导者和思考的启发者。这体现了他对教育实质的重视，同时也反映了他对当时教育现状的思考与批判。

更深入讨论：2. 为何要特别强调教师道德？

关于这个问题，人们普遍从以下几个方面理解：（1）榜样作用：教师是学生的重要榜样，良好的道德行为能够影响学生的人格发展和价值观形成。（2）教育环境：教师的道德水平直接影响课堂氛围和学校文化，良好的道德风范有助于营造积极向上的学习环境。（3）信任关系：学生和家长对教师的信任建立在教师的道德基础上，教师的诚信与责任感能够增强这种信任。（4）职业责任：教师不仅传授知识，还承担着培养学生品德的责任，教师的道德素养是履行这一责任的重要保障。（5）社会影响：教师的道德行为不仅影响学生，也对整个社会产生深远的影响，良好的教师道德能够促进社会的和谐与进步。这些理解固然不错，但我们认为仍有很多可以更深入讨论的内容。

首先，当前的教育改革需要教师具有高尚的职业道德。目前，我国不仅面临世界新技术革命的挑战，而且围绕着经济建设这个中心，有步骤地进行着政治、经济、教育、科技等体制的全面改革。随着改革的日益深入，社会主义市场经济和现实利益的某些原则必然会进入学校教育的管理过程，并对教育发展起推动作用。与此同时，也出现了利益的调整和再分配问题，这无疑会触动某些教师的利益。如何正确看待和应对这种新情况，也是教师职业道德需要解决的一个重大问题。一方面是教育强国的落实造成教育是目前就业人口最多的行业，也是影响社会整体和每个具体的个体最为深刻的行业；另一方面是随着现代化进程的加快，工业化、城市化已成为社会发展的导向并逐渐落实。社会结构的变革必然带来教育结构的变革，义务教育向城市集中，农村教育普遍萎缩，农村中小学教师也被迫卷入这一潮流，农村学校布局调整，教师面临着各种考核、筛选与流动。在这一过程中，强化教师道德有助于帮助教师理解自身定位，看淡各类具体利益、问题与纠结。随着社会分配机制的变化，社会成员的流动性增加，教师的流动性也在增加，在此之前全国教师的区域差别没有那么大，而现在随着区域发展不均衡，教师的收入差距也在增大，教师收入的区域差别造成了教师流动性猛然增加。稳定教师队伍的一个基本方法就是强化教师职业道德，通过强化教师的社会责任感和使命感，让教师看淡外在的物质诱惑，而专注于内在精神境界的修为与提升。更现实的是，随着社会的发展与进步，我国教师职业道德观念也必然发生某些变化，例如功利统一的观念、艰苦奋斗的观念、教育竞争与合作的观念、教育的自觉性与民主平等的观念、教育的服务观念、教育的时间观念等。这些新的道德评价观念冲击着原有道德准则，只有通过强化教师职业道德，才能使教师适应新形势下的社会新要求。

其次，从教师集体的内部关系看，按劳分配原则正在教育劳动中得到贯彻，按劳计酬、多劳多得的做法，在相当程度上调动了教师劳动的积极性，绩效考核、各类津贴等直接的物质利益成为教师追求的目标。但由于教育劳动成果评价的复杂性，加上利益分配可能存在的一些片面性，各类矛盾在教育界普遍存在。通过强化师德来调节教师与教师、教师与集体之间利益关系的重要性比过去显得更加突出。通过强化师德，可以使之成为调节教师与管理者之间、教师之间、教师与教辅人员之间利益关系的重要手段。

再次，从教师与学生的关系看，随着市场经济的扩张，师生之间的利益关系日益突出。过去教师教育学生还强调“师生如父子”“一日为师终

身为父”之类的亲情关系。随着市场化的推进，教育产业化的概念也大行其道，教育改革逐步涉及市场问题。在利益面前，教师与学生的关系不再那么单纯，教师能培养哪些可以适应社会需求的知识与技能、教师选择哪些学生培养、如何培养学生能带来更直观更显现的效果，诸如此类的问题都与个人利益有了直接的联系。而随着教育产业属性的强化，“一切为了学生，为了学生的一切”，甚至“没有教不会的学生，只有不会教的教师”等口号被人接受，教师的服务意识也在增强，由此带来了现任教师普遍感到困惑的一个问题——教师越来越不敢管学生，也就越来越“佛系”。克服教师佛系思想的首选办法就是强化教师的职业道德。因为只有强化教师的职业责任感、使命感和荣誉感，才能把教师从当前的佛系思想中解救出来，勇于承担教化学生的重任，不怕误解、不怕委屈，强化诚心必有善果的属性。这样也能解决师生关系过分利益化乃至物化的困局，以道德标杆的方式重塑在社会主义现代化建设过程中的新型师生关系。

最后，从克服教师职业倦怠的角度看，强化教师的职业道德有助于帮助教师判明方向、生发前进的动力。教师职业倦怠是教师职业生涯中普遍存在的现象，通过强化教师的职业道德，可以让教师充分认识自己的职业价值，感悟生命之趣味。教师是人类文明的传播者，其工资、福利待遇都可以视为间接满足，而工作本身所带来的乐趣和成就感则是一种更直接的满足。在教育活动中，师生之间的精神交流、情感交融和得到的相应的尊敬都是别的职业难以得到的享受。看到学生的进步与成长，看到一批批学生在自己的帮助下获得成功，若干年后偶遇某学生还能尊敬地称呼一声“老师”，那真是教师最大的幸福。“得天下英才而教育之”之所以能成为人生三大乐趣之一，便在于师生之间的互动过程中，教师得到的那份尊重与成就感。这种对职业的认同感和自豪感有助于克服教师自身的惰性和倦怠。

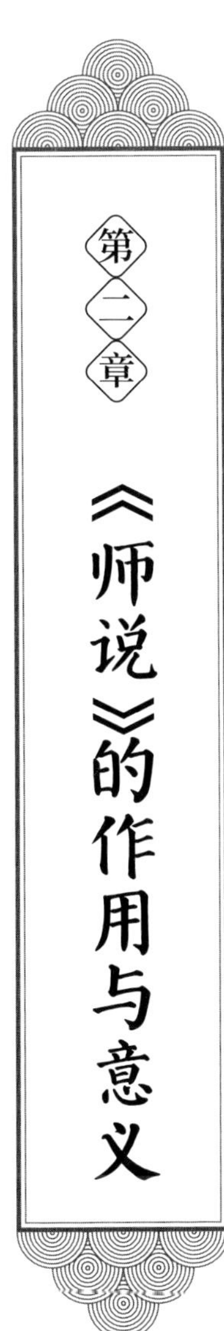

第二章 《师说》的作用与意义

“天空没有留下翅膀的痕迹，而我已经飞过。”每次读到泰戈尔的这句诗，我心里总会受到强烈的震撼。在人类所有的爱中，最高尚的便是师爱。因为它无私，只讲付出，不求回报；因为它智慧，严慈结合、刚柔相济。师爱，如花一般灿烂美丽，也是人生起飞背后最坚实的力量。

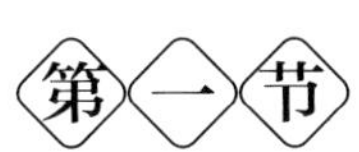

第一节

对教师地位的重新回归

《师说》的写作首先是对教师社会地位的倡导与重视，是儒家思想中的“重儒兴学”的回归。《师说》这篇文章开宗明义地指出，“师者”在“传道、受业、解惑”，直接点明“师”的价值，或者意义。师者，所以传道受业解惑也。道之所存，师之所存。简而言之，就是人存于世，必然要有老师来引导前进的方向。老师是来传授人生道义的，是教授专业知识和生存技能的，是来解决生产生活中遇到的困惑的。所以没有固定的老师，任何人、物、事，只要能够传授你知识，解决你的困惑，使你从中受到启发，那都是你的老师。而且教师也不过是为师者的一个部分，“圣人无常师”，只要能向他学到知识、从他那里获得启发的人都可以称为老师。这是从韩愈《师说》之后人们对教师的普遍理解，几乎成为“常识”。但在当时，忽视教师的作用确乎是社会生活中普遍存在着的一个严重问题。

这是因为，当时是士族解体、庶族将兴之际，传统的士族势力依然猖獗，而庶族子弟进阶仍然十分艰难。尽管我们从教材中得知隋唐的科举制使得读书参加科举成为当官唯一通道，但实际上，这种说法是很不严谨的。隋朝实施了数次科考不假，但终因国祚短暂而导致科举并未深入人心。唐代科举开始时举步维艰，有人统计，唐高祖时，平均每科录取仅 4.4 人，唐太宗时平均每科录取 10.25 人，而且即使科举高中，也不见得就能授予官职。实际上，当时的学校并不是获得高官爵禄的主要阶梯，学生并不重视学校学习，最终导致唐代的师道之不严。当时的情况就如时人柳宗元所描述的："由魏晋氏以下，人益不事师。今之世，不闻有师，有辄哗笑之，以为狂人。"世人皆不以相师为荣，反而以求师为耻。在这种风习下，韩愈不仅著《师说》，提振"师道"，而且毫不含糊地招收生徒，传道、授业、解惑，践行其"师道"。当然，这并不为世风所容，每每受到人们的讥讪。与韩愈同时代的柳宗元说："独韩愈奋不顾流俗，犯笑侮，收召后学，作《师说》，因抗颜而为师，世果群怪聚骂，指目牵引，而增与为言辞。愈以是得狂名，居长安，炊不暇熟，又挈挈而东，如是者数矣。"就是说，当时韩愈作了《师说》一文不说，还真当起了老师，当时人们对韩愈不停地指责，并且引以为反面的典型，由此韩愈也得了个狂人的名声。在长安期间，饭都吃不饱，没办法才去了东京洛阳继续当国子监教师。由此当可想见韩愈以师道传授儒学所承受的沉重的社会压力。唯

柳宗元

其如此，柳宗元虽亦重视“师道”，却一再拒绝收徒为师，并坦言自己才能、胆气均不如韩愈。

韩愈提倡尊师不仅是对历史经验的总结，也是出于现实的需要，更是对亲身体验的提炼。当时官学衰落，耻于从师现象在社会上普遍存在，韩愈却积极地投身于“诲人”活动之中，热情地鼓励与指导年轻一代。韩愈文集中的《答窦秀才书》《答李秀才书》《答尉迟生书》以及《答李翊书》等都充分体现了他对学生不辞辛苦的教诲。韩愈在任职期间，积极整顿学风。他在任四门博士时，曾请求恢复国子监的生徒制度；在任国子监博士时，曾写作了《师说》《进学解》等名著；在任国子监祭酒时，主张严选教官，坚持每日会讲的制度，积极整顿国学。他在接任国子监祭酒后，首先做的就是提高教师的地位。曾经有这样一个记载：当时国子监的学官有不少人出身于势要之家，他们自视高贵，风气不正。有位直讲（品位较低的教员），很善于讲授礼学，但他的相貌比较丑陋，其他学官就轻视他、排斥他。在规定的中午集体用餐时，都远远地躲着他。韩愈获悉这一情况后，在用餐时吩咐一名吏员说：“你去把直讲请来，我要与他共同进餐。”韩愈以自己的行动提高了这位直讲的身价，教育了其他学官。此后，再没有人欺侮这位直讲了。这些事例都充分体现了韩愈身体力行着尊师重教的思想。

李翱

《旧唐书·韩愈传》中说：韩愈“颇能诱厉后进，馆之者十六七，虽晨炊不给，怡然不介意”。韩愈一生学生很多，凡是经

过韩愈指导教诲过的士人，都以“韩门弟子”自居，韩愈也不自谦，直接说某某就是“韩门弟子”。早在汴州时期，韩愈就结识了两位学生。一是比韩愈小四岁的陇西人李翱，他偶尔从徐州来到汴州，开始与韩愈有了接触。当李翱听到韩愈“讲文析道”之后，大为叹服。从此他一生追随韩愈，不久又娶韩愈堂兄韩弇之女为妻。李翱后来成为唐代有名的教育家，其在教育史上占有一席之地，特别是他对人性的分析，把理与情结合而论，成为中国思想史上的重彩一笔。另一个是比李翱稍大的张籍，贞元十三年（797 年）冬，张籍到达汴州后，韩愈派车将张籍接到家中，二人互致倾慕之情，并给张籍安排了住处，以便就近读书、交流和指导。韩愈与张籍建立了一种在封建时代很少见的师生朋友关系，张籍一方面接受韩愈的悉心教诲，尊重崇拜老师，逐渐结下终生的深厚友谊；另一方面张籍不仅有自身的文名，而且对韩愈也能指摘批评，可以说是亦师亦友。李翱和张籍经韩愈的教导，进步很快，成为韩愈后来领导的古文运动的重要骨干。在他赋闲洛阳时，身边就聚集了侯喜、李翊等一批后进。韩愈教导弟子，热情认真，循循善诱。他要求从学的人首先要树立正确的学习目的和态度。他要求学生脚踏实地、打好基础，要排除各种干扰。由于韩愈的教育目的比较明确，所以，凡是诚心求教的后学，他都以诚相待。他曾热情地接待过一个狂生，事后此生又以信陵君礼贤下士之风要求并责难韩愈，韩愈非但不怪，反而复信给以解释和安慰，表现了他奖掖后进的殷殷之心。韩愈憎恶那些为谋取官职才去读书习文的官迷和禄蠹。他曾严厉地回绝过一个姓陈的不肖子弟，此人向韩愈请教入仕的捷径，韩愈告诉他：向我求取做官的诀窍，就像向盲人问路一样。

韩愈不仅热心地教导弟子，也积极地为他们谋求出路，向各级官吏推荐自己所指导过的学生，也为学生寻找更合适的职位出谋划策。

由韩愈的故事我们可以想到，当前人们对师德问题关注较多，直白一点儿说，“师德”主要是指为师者业务能力的强弱和工作态度的好坏。虽说人的能力有大小之别，学校的层次亦有高低之分，况且国家对教师又有严格的要求，因此，大凡获得了教师资格的人，就多能达到教学能力的要求，也可找到与自己能力相当的位置。当然，即使他们胜任中小学教育教学，但如果其心不在教育，而只一心想得便宜、谋私利、图轻松，这样的工作态度必然导致教育效果的不尽人意。所以说，“师德”应更多地体现在工作态度的一面。可以说师德问题的核心是对教师职业的态度问题。

假如当老师都能是出于自身的兴趣和爱好，那么“不待扬鞭自奋蹄”，“响鼓”又何需“重锤敲”，我们就没有必要来做有关“师德”的文章了！然而“教书只为稻粱谋”，教师作为一种职业，天经地义地成为许多人谋生的手段。因此，脱离现实生活，一味地要求教师注重提升自身的精神、情操，讲奉献、谈责任心，提倡崇高事业胜于物质追求，则犹如香烟盒上“吸烟有害健康”的劝诫，并不见得起作用。有人曾提出一个设想，如果已经实现了财富自由，出于兴趣，还继续做老师，那么这个人定将全身心地投入教学工作，为每位学生建立起教学档案，以便随时了解情况，针对性地进行因材施教，努力使每个学生都变得出色，在肯定自我存在价值的同时，也获得些许心理上的满足。但现实是，广大中小学教师还在为了课酬，每周要上二十几节课，天天得跟自行车较劲，还要去菜市场讨价还价。但无论如何，作为教师首先要的仍然是生存，“仓廪实而知礼节”，教师的生存还成问题的时候谈师德是奢侈的。但现实是，教师收入已经成为社会中上层，如何从师德角度引导教师更好地热爱这个职业，成为当前迫在眉睫的话题。

“师德”更多地来源于内心的自尊，比如羞于被学生诘问的窘迫，于是努力钻研、认真备课。来自学生的压力，是师德行为的最好约束，学生的敬佩则是对“师德”最好的维护。学生的好坏老师最了解，老师的优劣

学生也最清楚。孟子说："得天下英才而教育之，不亦乐乎！"然而，天下虽大，"英才"终究不多，在教育普及的今天，一般学校的生源素质不足以对教师业务能力构成压力，在"只要把学生管理好、不出事，就是好老师"的现实面前，学生往往成为教师和学校要挟家长的"人质"！在这样的情况下，倘若仅仅恪守于"不误人子弟"的道德底线，再不愿过多付出，结果就只能导致自身的平庸，而甘于平庸是否也应界定为有失"师德"呢？

中国有句古话："做经师易，做人师难。"意思是授学生以知识容易，给学生以人格影响比较困难。在多年的教育教学实践中，我们每个人都能亲身体会到在当今这个时代"做经师不易，做人师更难"。在人师与经师的关系中，涉及言教与身教的关系问题。最好的教师应该是言教与身教的统一。就做经师而言，我们今天所处的信息社会和知识经济时代，知识的发展日新月异，在知识教育方面，不仅要求赶上时代，而且要高瞻远瞩、有超前意识，因而，做好经师也实属不易。就做人师而言，在传授知识的过程中，包含着丰富的思想道德教育内容。教学是进行思想教育和道德教育的基本途径。一个教师如果在传授知识的过程中，不能在学生中建立起威信来，在进行思想教育和道德教育时，也必然是软弱无力的。因此，做好经师，是做好人师的必要条件。一个好人师必然是一个好经师。如同前面所讲的，像韩愈那样成为师表。古今中外，在学生中德高望重的教师，无不有高尚的师德和厚实的知识作底蕴。国家对教师职业道德的规定，既包括了对人师的要求，也内含着对经师的要求。要做好一个当代的教师，其要求是多方面的，但就其最主要的基本修养来说，大致有师德、文化和教育三大方面。就师德来说，包括了政治思想和道德行为等方面的要求。在专业方面，要有扎实的专业修养、多方面的知识储备和创造性运用知识的实践能力，以及组织学生学习和活动的技能与技巧等。在教育方面，要有一定的教育理论修养和从事教育工作的技能，要有从事科研的基本知识和技能，要善于总结教育经验，不做教书匠，争做教育家。

在这点上我们应当学习韩愈，他在自己地位很低，甚至吃不饱的情况下，仍然义无反顾地高扬复古大旗，以古文为标的，团结了一批志同道合之士，共同奋斗，掀起波澜壮阔的古文运动。他的甘做人师、勇于奋斗的精神值得我们每个人学习。

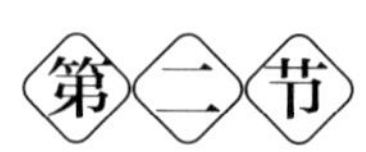

第二节 对时代风气的直接批判

一个社会，如果好人活得安心而滋润，坏人活得动荡而焦虑，就会不断有坏人选择做好人；反之，如果好人活得动荡而焦虑，而坏人活得安心而滋润，就会不断有好人选择做坏人。世上没有无缘无故的爱，也没有无缘无故的恨。社会制度不公平，合理诉求长期得不到解决，正义无法伸张，当容忍超越了极限，忍无可忍之时，极端的人就会选择报复社会。近年来，社会戾气似一股阴霾，悄然笼罩在我们生活的各个角落，刺痛着人们的心灵，侵蚀着社会的和谐。为解决这一社会难题，各类对策、措施纷纷出台，但效果褒贬不一。我们认为此时的"理解万岁"绝非空洞口号，而是化解戾气的关键密码。生活中多换位思考，方能感知他人的不易。永远不要对他人的苦难无动于衷，因为谁也无法保证下一个不是自己！教师承担着社会的未来，你想要什么样的社会，就要看今天实施什么样的教育。

当前，人们对师德问题十分关注，对师德问题产生的根源众说纷纭。一种说法是，长期以来教师社会地位的低下带来师道尊严的失落，造成优秀人才的流失，导致师资队伍素质低劣，这又进一步促使教师地位的滑坡。这种恶性循环不被打破，“师德”就无从谈起。只有将尊师重教落到实处，吸引高素质人才回归教师队伍，则不思进取者、平庸无能者、滥竽充数者，才会在竞争中消亡。

而实际上，教师社会地位问题是一个十分复杂的社会问题。一方面，我们承认职业收入对个体社会地位的影响，近年来，教师职业地位大大提高，教师成为一个热门职业，原来的“家有三斗粮，不做孩子王”的说法已经远去，其中重要的原因是教师的工资水平有了较大提高且有法律保障。另一方面，职业收入仅仅是社会地位的一个方面而非全部，社会上很多职业的工资收入可能比教师高，但社会地位远远不如教师。比如火葬场的工人，尽管其个体实际收入比教师收入高，但社会地位显然不仅仅是收入那么简单。社会地位与整个行业的工作状态、人际关系、各类社会资源等都密切相关，而且该职业的道德风貌是其社会地位的一个重要组成部分。

讲到这里，我们有点感慨了，中国的文化，师生之间有如父子，过去有“一日从师，终身若父”的说法，而老师对于学生，也负了一辈子的责任。一个学生纵然中了状元，官做得很大了。回到家乡，看见老师，而老师既没有功名，也没有地位，学生对他一样要跪拜，和当年从师一样。

方孝孺

明朝的方孝孺，永乐帝要杀他的时候，他为了要做忠臣，不怕死，他说充其量灭我的九族，而永乐帝偏偏要杀他的十族，加上的一族就是他老师的家

族，认为老师没有教好。从这件事情，我们可看出过去中国文化中的一种精神，那就是“师道精神”。谈到过去的道，在人文世界的“道”中，就有这三道：一个是“君道”，讲究如何当领导，如何当家长，如何当国家的领袖，乃至如何当一个班长，这都是“君道”。其次是“臣道”，就是说我们怎样做一个忠实的部下，怎样帮助人完成一件事。再其次是“师道”。中国过去文化中，这三道是合一的，所谓“作之君”“作之亲”“作之师”。换句话说，那时的教育、行政、司法和教化（教育与教化，应该有其不同的意义，我们将来再讨论）集于一身。那么师道的精神就形成了中国人尊师重道的观念，老师称学生为弟子，弟等于兄弟，有朋友之间的友情，又等于自己的孩子，所以学生称弟子，再传称门人，这个观念和习惯是这样来的。

当年孔子曾将弟子冉求逐出师门，并表示众弟子可“鸣鼓而攻之”。孔子之所以如此，是因为冉求根据战争形势需要，帮助鲁国权臣季康子推行赋税改革，与孔子他老人家的“敛从其薄，以德为政”主张相悖。这里不探讨谁对谁错，只探讨孔子的态度，其实他老人家的潜台词就是：“你小子是我徒弟，你就得按我说的做，你居然敢背道而驰，那我当然要将你逐出师门！”这种意见分歧导致的师徒决裂，其实印证了中国传统教育中的“尊师重道”真相：“尊师”在前，你必须做到，“重道”在后，得视情况而定。也就是说，所“重”的“道”必须得是老师的那一套，如果跟老师不一致，那就是旁门左道，不但不能“重”，还得划清界限。后来就有了“天地君亲师”这一套。敬天畏地理所当然，毕竟人类得尊重自然，即使古人的敬天畏地往往变成了敬畏鬼神，那也是蒙昧时代的朴素认知，实属正常。但后面的“君亲师”三者，可就成了制造奴性的根源。“君”就不用说了，尽管中国的皇权并没有想象中那么强大，士大夫多半时间都举足轻重，“君要臣死，臣不得不死”纯属评书里糊弄人的玩意儿，但毕竟皇权体制根深蒂固，即使是士大夫能与皇帝共治天下的时代，皇帝仍然是寄托士大夫理想的象征。至于“亲”，孝心不是坏事，但那种“你不听父母话就是不孝”的话，直到今天仍在残害中国人。“师”列于最后一项，但危害一点不比“君”和“亲”小，孔子时期尚能与弟子探讨，可后世不知不觉就变成了“填鸭”，老师怎么说，你就怎么来。在这样的过程中，独立思考成为不折不扣的奢侈品。“一日为师终生为父”的说法，让许多人失去了自我。所谓尊师重道，往往成了弃道重师。

韩愈对当时的社会也有他自身的认识，他曾说道：“一时劝人以口，百世劝人以书”，所以可以把我们一生当中的经验智慧写成书利益后人。凡是对历史、对社会抱有拳拳之心的义士，当以进取社会为己任。“山林者，士之所独善自养，而不忧天下者之所能安也；如有忧天下之心，则不能矣。”（韩愈《后廿九日复上宰相书》）尤其当下，中国知识分子所处的是一个需要创造和苏醒的史诗时代，任何以萎缩自我为代价换取的苟安地位都不应当切合当代中国知识分子的心灵，在退隐中实现的参与和超越，应当为积极的参与和超越所替代，从而知识分子才能扮演他们千百年来所梦寐以求的与宗教性使命感相称的史诗般的角色。换句话说，教师作为典型的知识分子，应该时刻注意自身的社会使命，只能作为社会发展的引领者，而不能作为社会的尾随者乃至拖延者。教师不应以落伍于社会为荣，而应以引领社会积极向上为荣，应该高扬理想主义的大旗，终生引领，积极仰望星空。

这里我们有必要引述于丹妙语：“我之所以提倡在大学里要做一个坚持不妥协的理想主义者，而不做现实主义者，是因为进入社会后你就会被不断修正。年轻的时候，在大学校园里就把自己定位成一个现实主义者，那么走到现实中以后，你就仅仅是既定规则的顺应者和妥协者；而一个人在大学里把自己界定成一个理想主义者，将来到现实中你就有可能成为那个修正规则的人。你可以运用自己的力量，让规则离理想更近一点。你比

别人多一份不会泯灭的英雄情怀、多一份不轻易妥协的理想主义，那么在苍凉的现实中，你会比别人活得更独立、更舒畅。所以我不提倡大学只给学生传授专业技能和生活技巧。我相信一个坚持做自己的人必然能成大器，而一个永远顺应标准答案、随大流的人，怎么去面对更多的残酷压力呢？如果从一开始就妥协，你内心的自信和抵抗挫折的力量在哪里呢？你的一生可以分为三个层面：生命、生存和生活。生命是自我的认识，了解了自己，在大学里完善生存技能，然后带着独一无二的意识和能力投入生活，这样你才能做一个好公民。所以我想说，让我们从大学校园出发，带着你的大气磅礴，还有你的大眼界、大梦想，坚定不移、不计成败地往外走，坦然走。”（2016年于丹在南京工业大学作的演讲《大学之道在明明德》）

教育不能片面地强调适应社会，而应引导社会风尚，教师在其中的作用更是明豁。民国时期，几名学生去看望清华大学校长梅贻琦先生，谈到至纯至真的本性，在社会上往往枘凿冰炭，格格难容。梅先生告诉学生："由于各人的机遇、环境和人生观不同，看起来好像成就差别很大，其实向远一点看，并没有什么差别。赤子之心必须保留，凡是能做的和应当做的，好好去做就行了！"然而，今天的先生却一味地告诉学生，你要去适应社会。单向的"适应"是一条危险之路，它有可能意味着无条件的妥协、不平等的交换，在这一套价值体系里，"赤子之心"是没有重量的。一味地适应只能导致精神的枯萎和心灵的麻木。梅校长所激赏的"赤子之心"，今天却被千夫所指，指斥为"不能适应社会"。

教育应当是为善的，教人为善、教人做人，教人为公众服务，教人具有文明人的基本素质。但实际上，我们的教育目前不缺少知识的灌输，缺少的是对善的理解与正视。江苏卫视在全国有影响的《非诚勿扰》节目中，曾经有个"疯狂男生安田"的故事在网上流传一时。这个安田刚刚上来的时候，那些女生们很看不起他，言语中颇带轻视的意思，后来他把大家镇住了，倒不是他的身份、他的学历——哈佛本科、牛津硕士、伯克利博士——全世界最顶尖的三大名校，而是最后安田问女嘉宾一个问题：有了一千万以后你怎么办？他最后没有选择那个他本来已经心动的漂亮女生，而是选择了放弃，因为他觉得这些漂亮女生缺乏的是在他看来最重要的精神：为人民服务的精神。为人民服务，今天好像已经被人们忘记了，但是竟然被这个哈佛的男生重新又拾了起来。当然哈佛大学校训不是讲“为人民服务”，它讲的是“为公众服务”。实际上也不仅是哈佛，这是美国从基础教育就开始的。比如说，你要考进哈佛耶鲁这些顶尖名校，你不能仅仅成绩好，你 SAT 考满分也没有用，很多华人的小孩 SAT 考满分的，考了满分你以为能进啊？不行。SAT 满分，只是说明你成绩好而已，再看看你，要看什么？看你有没有为公众服务的精神。为公众服务精神看什么呢？要从你中学时期起就看表现。这个表现分为两个部分，有一个记分卡。一方面看你有没有到养老院去给老人做服务，你有没有到医院去做义工，你有没有到社区去服务，这张卡记录你去服务过多少小时，给你记分，这是个很重要的表现；另一方面看你的领导才华，所谓领导才华就是你的特殊的才华，比如说你有没有在各种比赛中得过奖，你有没有在中学里面担任校报的主编，你有没有组织策划过某一个活动，这也是非常非常重要的指标，也记录分数。衡量下来，它最后进行一个综合的考评，既读书好，又有为公众服务精神的，同时具有领导才华的人，哈佛才会录取。这是一个世界名牌学校最看重的一种精神，而不像我们只拼一个硬成绩。所以那年，上海复旦大学附中，有一个女孩被哈佛大学以全额奖学金提前录取。提前录取的都是“优秀到不能再优秀的人才”，全亚洲只有两个，她是其中一个。而这个女孩在复旦附中排名多少？成绩排名百名之外，百名之外在复旦附中就是一个中等生。后来这个事情很轰动，大家就讨论：为什么？原来哈佛更看重的是她的组织才华和服务才能。因为这个学生到美国一个高中交流过一年，她在美国的高中里面组织过几次学生的活动，

充分展示出她的领袖才华，哈佛很看重这个，所以把她提前录取。（许纪霖：《文明养成，富裕之后的国民考题》，《新华日报》2012年2月15日第3版）

而且教师如果能自觉承担起教书育人的职责，学生自然心存感恩。大学里之所以出现师生形同陌路乃至对峙，根本原因是教师不能坚守自己的操守，仅仅把大学教师当作职业和饭碗。

进而言之，教师的师德表现在多方面，人们常见的问题有：

1. 如何善待差生？

大概所有教师都遇到过差生问题，如何对待差生是考验教师职业道德最重要的标尺。如何善待差生是教育工作者的基本功和一项重要责任，浏览众多教育书籍或资料我们会发现有太多太多的建议或操作，举其荦荦大观者大抵以下都是一些必备的有效方法：

（1）理解与包容：认识到每个学生的学习能力和背景不同，尊重差生的个体差异，避免贴标签或歧视。

（2）建立信任关系：与差生建立良好的师生关系，让他们感到被关心和支持。倾听他们的困惑与需求，给予情感上的支持。

（3）因材施教：根据学生的特点和能力，制定个性化的学习计划。提供适合他们的学习材料和方法，帮助他们在适当的难度下逐步提升。

（4）积极鼓励：及时表扬差生在学习和行为上的进步，即使是微小的进步。鼓励他们树立自信心，激发他们的学习兴趣。

（5）创造积极的学习环境：营造一个宽松、友好的课堂氛围，鼓励学生之间的互助与合作，减少竞争压力，让差生感到安全和放松。

（6）提供额外支持：为差生提供额外的辅导和帮助，比如课后辅导、学习小组或一对一指导，帮助他们克服学习上的困难。

（7）关注心理健康：关注差生的情绪和心理状态，必要时提供心理辅导或建议，帮助他们调整心态。

（8）家校合作：与家长沟通，共同关注差生的学习与成长，了解他们在家庭中的情况，寻求家长的支持与配合。

（9）引导自我反思：鼓励差生进行自我反思，帮助他们认识到自己的优点和潜力，引导他们设定合理的目标。

（10）培养兴趣：通过多样化的教学方式和活动，激发差生的兴趣，帮助他们找到适合自己的学习方式和方向。实际上，差生的教育是一个复杂的整体工程，需要更多的耐心、毅力和坚持不懈，而教师的首要是控制好自己的情绪，能以平常心看待每一位学生。

2. 如何掌握师生沟通技巧？

教师与学生沟通的技巧对于建立良好的师生关系、促进学习和提高课堂氛围至关重要。以下是一些有效的沟通技巧：

（1）积极倾听：教师应注意力集中，避免打断学生的发言；还可以通过点头、眼神交流等非语言方式表达关注。也可以通过复述或总结学生的观点，确保理解准确。

（2）使用开放式问题：教师应提出开放式问题，鼓励学生表达自己的想法和感受。例如："你对这个问题有什么看法？"而不是简单的"你明白吗？"

（3）提供具体反馈：教师应给予学生具体、建设性的反馈，帮助他们了解自己的优点和需要改进的地方，并避免模糊的评价，确保反馈具有可操作性。

（4）使用积极语言：尽量使用积极、鼓励的语言，增强学生的自信心。例如，替换"你做错了"成"我们可以试试另一种方法"。

（5）建立信任关系：教师应通过真诚的关心和支持，建立与学生的信任关系。同时，教师应保持一致性和公平性，确保每个学生都感受到被尊重。

（6）调整语气和语速：教师应根据学生的理解能力和情绪状态调整语

气和语速。在传达重要信息时，放慢语速以确保学生能跟上。

（7）非语言沟通：教师应注意面部表情、肢体语言和眼神交流，确保与语言信息一致，也利用适当的手势和姿态增强表达效果。

（8）创造开放的环境：教师应鼓励学生提出问题和表达意见，营造开放的课堂氛围。从而能够让学生感到安全，不怕犯错。

（9）适时使用幽默：教师可以通过适当的幽默来缓解紧张气氛，提自师生之间的亲和度。当然，教师也需注意幽默的内容和时机，避免冒犯。

（10）关注情感需求：教师应关注学生的情感状态，及时给予支持和理解。教师可以通过询问学生的感受，帮助他们表达情绪。

（11）鼓励合作与讨论：教师应当促进学生之间的合作与讨论，增强他们的参与感。教师可以通过设计小组活动，让学生在互动中学习。

（12）定期反馈与反思：教师应当定期与学生进行一对一的反馈与反思，了解他们的学习进展和需求，并能让学生参与到自己的学习计划中，增强责任感。

通过运用这些沟通技巧，教师可以有效地与学生建立良好的互动关系，促进学生的学习与成长。

3. 教师的态度决定学生的态度吗?

网络上有句名言：如果嚎叫能解决问题，驴早就统治了世界！当前教育中师生关系最容易出现的问题是师生都不冷静。我刚刚调入一所新学校的时候，高中历史又快到了会考的时候，由于带的是理科班，学生本身对会考的重视程度不够，所以有的学生上课也是在半玩半学中度过的。班上有一位男同学，特别活跃，上课经常随便说话，搞小动作，注意力十分不集中。开始我采取了容忍的态度，所做的最明显的批评方式也就是上课时用微怒的眼神提醒他。他的回应也很快，在他看到我的神态后，他会收敛一些，但用不了十分钟他就又管不住自己了。在以后的两个星期里，我发现我的这种做法并没能使他明白我的用心良苦，反而他违反课堂纪律的现象愈演愈烈。可想而知，他这样的听课效果会带来怎样的学习成绩。的确，他的成绩越来越差。我想，是该找他谈谈的时候了。这一天，我像往常一样拿着书，走进教室。他呢，还是像往常一样，吊儿郎当的一副漫不经心的样子，偶尔还想张开嘴，又要和别人说话的样子。我心里很生气，心想，就这个样子怎么过会考？即使再聪明，不学习也过不去呀！正当我讲到一半在黑板上写字时，突然，只听后边的同学“啊”一声，我回过头，正想发火，发现那个爱说话的男生吐了满地的东西。周边的其他同学恶心得只想找个地方躲起来。我走上前去，摸了摸他的额头，并不烫。然后快速地走到黑板前，把簸箕和扫把拿来，扫了起来。其他同学见我这样，也都纷纷抢过来，主动帮助，将呕吐物扫除。然后我轻声问了一句：“还难受吗？能坚持上课吗？”他说：“行！”这一节课是在很安静的氛围中上完的。接下来的日子里，他像变了个人似的，再也没有像以前一样随便说话，而且周边的同学也像受他的感染一样，根本不用我再做任何的思想工作，就能轻易改掉坏毛病，学习成绩也一路飙升，最终他在会考中取得了 A 的好成绩。

4. 如何保守秘密？

在唐朝时期，有个小国使者来到中国，进贡了三个一模一样的小金人，皇帝非常喜欢，可是这小国的使者出了一道题目：这三个小金人哪个最有价值？皇帝和当时在场的一些大臣想了很多办法，甚至还请珠宝匠检查，称重量、看做工，结果都是一模一样。最后，有一位老臣说他有办法。皇帝将使者请到大殿，老臣拿着三根稻草，插入第一个小金人的耳朵里，这根稻草从另一边的耳朵出来了，再插入第二个小金人的耳朵里，稻草从嘴巴直接掉了出来，而插入第三个小金人的耳朵后，稻草直接掉进了肚子里。老臣说：“答案出来了，第三个小金人最有价值！”使者表示答案正确。老臣之所以认为第三个小金人最有价值，原因是这样的：第一个小金人显然是一个把别人的话当作“耳旁风”的人；第二

个小金人则是一个“传话筒”式的人；只有第三个小金人能够把听到的秘密烂在肚子里。

在学校生活中，教师往往是学生最信任的人，也往往会把自己的秘密告诉教师，甚至要求教师保密。这是建立师生信任关系的良好契机，这时候的教师应该认真倾听学生的心声，表现出对他们所说内容的理解和关心，让学生感到被重视。同时，教师应该以友好和开放的态度与学生交流，鼓励他们分享自己的想法和感受。在与学生沟通时，教师可以明确告诉他们，所说的内容会被保密，除非涉及危及自身或他人安全的情况，强调尊重学生的个人隐私，让他们知道老师会认真对待他们的秘密。教师在没有学生同意的情况下，不与其他人分享他们的秘密，包括同事和其他学生。当然，最重要的是在保守秘密的同时，适时引导学生思考如何处理他们面临的问题，帮助他们找到解决方案。如果情况严重，可以引导学生寻求专业的心理咨询或其他帮助，确保他们得到适当的支持，同时保持对他们秘密的尊重。当然，如果学生的秘密涉及自我伤害、他人伤害或其他法律问题，教师有责任向上级或有关人员报告相关情况，在需要报告的情况下，也应尽量与学生沟通，让他们了解情况，尽可能保护他们的感受并获得理解和尊重。

5. 不做毫无主见的“滥好人”，尤其在学生面前应当树立适当的权威。孔子反对滥好人式的“乡愿”，现实中“乡愿”仍大量存在。“老师等于老实，人善受人欺”等社会现象应当引起教师对自身角色和教育环境的深刻思考。“不能让别人为难，一切以别人的利益为先”式的思维方式造成教师的“老师 = 老实”的社会刻板印象。但是现实结果却是在旁观者看来，教师皮糙肉厚耐抗，很好利用。仅仅是很好利用就额外加了许多工作。滥好人们可能也很为自己的这些表现感到生气，但他们无法改变自己。因为不够自信，太在乎在别人心目中的形象。甚至学生欺负教师的事件时有发生。据说，朱自清在清华大学做图书馆馆长的时候，就曾有学生要求他去图书馆帮忙借阅某本书，尽管他确实帮忙找到了，但他自己在跟旁人说起时仍感到气愤不已。作为教师，确实需要在善良与自身权威之间找到平衡。以下是一些应对策略：

（1）树立明确的界限：确定和维护课堂规则，让学生知道什么是可以接受的行为，什么是不可接受的。

（2）保持专业性：在教学中保持专业态度，避免过于亲密的关系，以维护教师的权威性。

（3）建立信任关系：通过真诚的关心和支持来建立信任，但同时要让学生明白，尊重和纪律是相互的。

（4）有效沟通：清晰地表达期望和要求，确保学生理解课堂的行为规范。

（5）适时使用权威：在必要时，果断地采取措施维护课堂秩序，确保学习环境的严肃性。

（6）培养学生的责任感：鼓励学生对自己的行为负责，帮助他们理解行为的后果。

（7）寻求支持：在遇到困难时，及时寻求同事、学校管理层或心理辅导员的支持和建议。

（8）自我反思：定期反思自己的教学方法和与学生的互动，寻找改进的空间。

（9）学习冲突解决技巧：增强冲突解决能力，学习如何处理与学生之间的矛盾。

（10）保持积极心态：保持乐观和积极的心态，面对挑战时不轻易放弃。通过这些策略，教师可以在保持善良的同时，维护自己的权威和课堂秩序，创造一个积极的学习环境。

第三章 教师任务论

“师者，所以传道、受业、解惑也。”

——韩愈

“第三条（职责使命） 教师是履行教育教学职责的专业人员，承担教书育人，培养社会主义事业建设者和接班人、提高民族素质的使命。教师应当忠诚于人民的教育事业。”

——《中华人民共和国教师法》

第二十八条　教师享有法律规定的权利，履行法律规定的义务，应当为人师表，忠诚于人民的教育事业。全社会应当尊重教师。

第二十九条　教师在教育教学中应当平等对待学生，关注学生的个体差异，因材施教，促进学生的充分发展。教师应当尊重学生的人格，不得歧视学生，不得对学生实施体罚、变相体罚或者其他侮辱人格尊严的行为，不得侵犯学生合法权益。

——《中华人民共和国义务教育法》

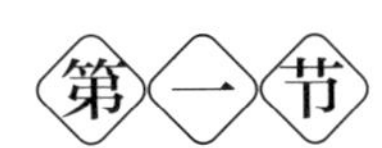

第一节 “道”与“传道”

本部分还是讲三点：第一点，关于“道”到底怎么解释。第二点，“道”和“理”的关系。第三点，教师为何要充当“传道”的角色。

首先，第一点，什么是“道”。如果我们关注到儒家思想中的“道”的深刻含义，就能知道，韩愈对“道”的理解是相当深刻的。“师者，所以传道、受业、解惑也”成为教师职业的标尺。一般认为“传道”是传授教育道德观念，也就是时下的思想教育。但有人说把“道”理解为思想道德的“道”失之偏颇，因为《道德经》中所指的“道”的含义是事物发展变化的规律。在他看来，“道”首先是作为儒家思想本质和理论核心的仁义道德，其实质是具有普遍意义的道德原则，即以仁义为本的天下公言。因而，“道”超越一切具体知识特别是异端思想，处于优先于一切的根本性地位，是提供一切合理性与合法性的根据与本源。“道”不仅是以仁义为核心的精神价值，也包括儒家的典章制度、社会阶层与分工、伦理秩序、社会风俗，这实际是韩愈所了解的整个儒家文化——社会秩序。就经验层面而言，“道”体现于社会各个方面，发挥着巨大作用；就

超验层面而言，道存乎古今、贯通天人。孔子说："朝闻道，夕死可矣"，"君子谋道不谋食，君子忧道不忧贫"。显然，在孔子看来，"道"指人的理想和高尚道德情操，是人成为"君子"的必备条件。孔子还说，当"道"与个人的生命冲突时，志士仁人应毫不犹豫地牺牲个人生命，以维护"道"的尊严。这是可以做到的，因为"人能弘道，非道弘人"，意思是：人有认识能力，有道德自觉，有使命感，能提升自己的精神境界。

自古至今，道的传承有一历史过程，这便是统。即"尧以是传之舜，舜以是传之禹，禹以是传之汤，汤以是传之文武周公，文武周公以是传之孔子，孔子传之孟轲，轲之死，不得其传焉"。圣与道合一，所谓的道统就是儒家思想的历史传承谱系。据陈寅恪先生讲韩愈的道统说，一是由孟子篇章所启发，二是由禅宗祖统说摹袭得来。其真正目的并不在于单纯确立一种人物的外在谱系，而在于借此梳理思想的内在传承，通过道统的构建使儒家思想（道）具有连续性、普遍性、根本性和超越性，从而能够凌驾一切异端思想，成为绝对真理与唯一权威而重新占据思想文化领域的主流，最终实现儒学的复兴。

孟子

依据孔子的解释，这种使命感建立在对百姓的关怀上。这被后世称为"民本论"。子路问孔子："愿闻子之志。"孔子回答："老者安之，朋友信之，少者怀之"，又把能够广泛地有利于百姓而解除他们患难的行为称为"圣"。在他看来，即或是尧、舜也没有完全做到。战国中期，孔子的《民本论》为孟子继承、发展，他提出"民为贵，社稷次之，君为轻"，认为百姓最重要，社稷

（土神和谷神，象征国家）次之，君主又其次。

韩愈在《原道》一文中阐述儒学的传承谱系：尧传之舜，舜传之禹，禹传之汤，汤传之文、武、周公，又传之孔子，孔子传之孟轲，“轲之死，不得其传焉”。韩愈自信他有责任接续这个传承谱系，称之为“道统”。韩愈“道统”论阐述了儒学的“先圣明君”，既是治国理政的典范，又是正宗思想的传承者，宣传“君”和“师”的统一，体现“内圣外王”的融合。韩愈借此说明：中华人士应尊奉儒学而非其他。韩愈在理论上还有一大贡献，就是为士子们学习研究儒学指出了言行统一的道路，他推崇《礼记》中的《大学》，认为其中的“正心—诚意—修身—齐家—治国平天下”，从个人立志修身到治国平天下，一脉相承，有序可循。北宋时期儒、释、道融合趋于成熟，理学成为儒学的新形态。理学中的关中学派开创者张载（1020—1077 年）在凤翔府（今陕西省眉县横渠镇）授徒讲学，提出儒者应有文化的担当精神，这就是：“为天地立心，为生民立命，为往圣继绝学，为万世开太平。”今天我们重温张载的上述名言，仍然感受到强大的精神鼓励。中华民族历来重道崇德，这是优良传统。“道”与“德”在不同的历史时期有不同内涵，但也有共性，由此反映出中华民族最深沉的精神追求。

张载

第二点，“道”和“理”的关系。稍微细看一下，“道”和“理”的流行又有先后之别。孔、孟、老、庄不大讲“理”。从宋朝起，讲“理”胜过了讲“道”。分界线是在五代十国之时。（当时有位名人叫冯道。）这以后，“道”便主要属于“道家”“道教”。“道学”只沾点边，此后“讲道”“布道”在基督教会里，而在中国，“讲道理”也简化为“讲理”了。魏

晋南北朝时佛教进来，佛“法”化进了中国原来的道理，和尚早期也称为“道人”。但“法”（达摩）始终没有代替“道”和“理”。那时是变化的开始，大变化是在晚唐五代。这以后中国社会的许多方面便和以前有很大不同了。也许全部过程是从三国到五代，但那太长了。或者可以说，南北朝是一变，五代十国是二变。孔子说过：“齐一变至于鲁，鲁一变至于道。”（《论语·雍也》）中国读书人中流行的思想却是“道”一变、二变，至于“理”。这和不读书人的思想也是相通的。天师道或五斗米道后来变为天理教。不过“道”字的势头好像还是比“理”字大些。“替天行道”“天道好还”，比“天理昭彰”通俗些。但是到末了，“理”字大占上风。真理、理论、理智、理性等词流行，“道”字不见了，“理”字也不是原来的了。

从什么时候起不讲“道”甚至不大讲原先的“道、理”了？我们可以追溯到清朝道光年间。“道光”的“光”本是光辉，变成了“精光”。清朝从满族入关建立大帝国到“亡国”共有十个皇帝。一帝一个年号，很好记，是顺（治）、康（熙）、雍（正）、乾（隆）、嘉（庆）和道（光）、咸（丰）、同（治）、光（绪）、宣（统）。道光正在中间，承上启下，从讲“道、理”到不讲“道、理”。确切些说是在这以前，大家一直讲了几千年的大“道、理”，从这以后，越来越不讲，也不爱听那一套大道理了。为什么道光年间起了变化？背景很容易说，是有了两件大事。第一件是，从遥远的欧洲经过印度（东印度公司）运来了越来越多的鸦片，终于在道光二十年（1840 年）引起了东方天朝大国和西方蕞尔岛国英吉利的一场大战。所谓无所不能的天朝竟然稀里糊涂被打败。赔了大量的白银还不算，又开了五个海边口子，名为“通商口岸”。“口岸”上有“租界”地归外国人管。还割让出去一个小小的没有几户人家的小岛。这岛当时无名，现在大大有名，就是香港。这一仗打完了，全国上上下下都是鸦片烟，到处都是洋人加洋货，还有洋书、洋学、洋思想。这与此前的印度佛教传入中国不可同日而语。第二件是，在这以后不过十年，道光三十年（1850年）爆发了标榜拜上帝教的太平天国运动，其实是反对清朝以及孔子的长期内战，少算是十几年，多算有二十几年。中间还夹着外国军队（英、法联军）打进北京（1860年）。从此，玉皇大帝、元始天尊，加上阿弥陀佛，都化为一个上帝。“德配天地，道冠古今”的“至圣先师”被指为“妖”。这一仗打得天昏地暗。太平天国亡了，捻军亡了，但孙中山从洪（秀全）、杨（秀清）的传说故事得到启发，将上古的“汤武革命”进行了现代转化。武昌起义，一仗就打掉了几百年以至几千年的皇帝。从此“革命”成为至高无上的好事。“造反”有“理”，几千年的大道理仿佛冰消瓦解了。在春秋战国时代的大乱之中，有很多人思考如何解决这种乱哄哄的局面，于是出现诸子百家，道家就是其中之一，其创始人老子又名老聃，是周王朝的史官兼图书馆管理员，老子有福气，那个时候周王室存书全中国最多不说，很多还是前朝遗存的孤本，是堆积如山的竹简和木简，他又是勤奋好学之人，他的知识之丰富，可以说无人能匹敌，所以孔子才认为老子博学，慕名而来向他请教。老子说：“天下的事物都是道，先有道然后再有宇宙。”至于道是什么？老子说：“只可意会，不可言传”，玄之又玄，才能称为道。后来这就被人们称为神秘主义。其实西方也有很多神秘主义学派，神秘主义这个词还是舶来品，这里不谈。现代人的解释是：道家思想的核心是“道”，认为“道”是宇

老子李聃

宙的本源，也是统治宇宙中一切运动的法则。汉语中的“道理”也就是这个意思。怎样产生世界呢？老子说：道效法自己的本性运动，产生万物前先有了畜养之德，有了畜养，物才能成为物，物既为物，自然就有了各种形式，物既成形，则形形相生，产生了无穷无尽的万物，这一切的形式，乃是由于一个名叫“势”的力量在其中操纵。老子的意思是说，世界没有诞生前先有道，道产生万物，即所谓“道生一，一生二，二生三，三生万物”。老子还说：万物的生成就是毁灭，有就是无，无就是有。从没有形体到有形体叫作生，从有形体到没有形体叫作死。人之所以生是因为“气”的积聚，气聚便是生，气散便是死，生死是互相循环的。道家对每个人说：生命不是你的，是天地借给你的冲和之气；本性也不是你的，是天地借给你的自然法则。应该怎样看待生死呢？庄子说，古时候的真人不喜爱生也不憎恶死，不迷恋生前也不追求死后；仅仅把生死看作物的变化。人只有安于造物者的安排，忘却生死，顺应事物发展的规律，才能进入虚无的境界，做到天人合一。

道其实是很简单的，这个简单怎么理解？它有双向含义。一个方向的含义是说复杂的现象可以用简单的逻辑来说明。中国有句古话叫作“大道至简”，就是这个意思。中国古人普遍相信大道理（基本原理、方法和规律）是极其简单的，简单到一两句话甚至一两个字词就能明白。所谓“真传一句话，假传万卷书”。在现实社会中，追求“大道至简”成为人们的普遍心理。学过物理学的人都知道，爱因斯坦是“大道至简”的突出代表，他一直认为，假如你不能用简单的公式来描述世界，你就一定没有抓住本质。理论上，从微观层面，宇宙间所有现象都可以用电磁力、万有引力、强相互作用力、弱相互作用力这四种作用力来解释。通过进一步研究四种作用力之间的联系与统一，寻找到统一说明四种相互作用力的理论或模型，人们称之为大统一理论。对大统一理论的研究成为历代数学家、物理学家的不懈追求。而大统一理论似乎也适用于所有科学，包括社会科学。当然，不能用方程或者公式高度概括、不能经过实验验证的学问都不能称为科学。

另一个方向的含义是，简单的逻辑能够说明很多不同的现象。简单的道理能够说明很多不同的现象，这才叫好的理论。如果第一个方向是说简单才能深刻，那么第二个方向就是说简单才具有一般性。英文说“A little knowledge goes a long way”，就是说一点点知识，能走得很远很远。

当然，对这个话题我们也可以作更深入的讨论，比如仅仅“传”道还是不够的。特别是在当下社会，崇尚主体性成为教育的主流，而传道最大的缺憾是忽视了教育过程中，受教育者的生理和心理的发展变化以及各种需求。教育者如果不了解学生的这些变化，仅仅是传道授业解惑，只是希望学生按照教师设想的路线发展，必然失之偏颇。教师如果不能完全了解自己的学生，那么学生对教师的印象必定也很模糊。如此，师生关系就犹如路人，而人格感化、个性教育等理想，自然也无从实现。有心理学者以为，学生青春期是一个“逆反期”，这个名词太容易让人误解。“逆反”就是孩子变得不那么听话，由听话变得不那么听话其实是一个非常正常的过程。随着年龄的增长，孩子有了自己独立的思维、思想，必然会出现与成人不一样的看法，而这些看法不能说全错，也不能说全对。于是在教育过程中就需要有一个了解、疏导或鼓励的过程，需要教师和家长做许多功课，深入了解学生的真实诉求。孩子独立思考一定要受到鼓励，心里的疑惑一定要得到释放，这都需要教师和家长的帮助。简单地用“逆反”一词定义这个过程，说明教师和家长并不真正了解孩子。这就是不少教育者常挂在嘴边却不能在行动中坚持的儿童立场，与传道授业解惑的缺憾如出一辙。譬如孩子本来对许多事情都有浓厚的兴趣，教师和家长却逼孩子埋头应试，强迫他们超负荷学习，时刻内卷，力图成为“人上人”；譬如孩子对某一个事件提出独立见解，教师便判定其胡思乱想等。难道我们不是应该站在孩子的立场上仔细思考、认真甄

别，然后做出积极鼓励或耐心疏导吗？

第三点，教师为何要“传道”？教师当然是传道的先锋和主力。教师培育着社会的未来，所以，教师首先要能“传道”。但如何“传道”确实值得注意。韩愈强调要在根本问题上下功夫，即要在学习立场、学习方向与信念上下功夫，也就是他一再强调的“道”。他多次说要明先王之道，要通过学习儒家经典，在掌握儒家经典精髓的前提下，博学广见，在吸取各家各门学派思想观点的基础上，综合实践、勇于探索，才能真正掌握影响社会运行的根本之道，也才能顺势而为，为社会发展做出应有的贡献。

说到我国传统的“德育文化”，其实我们的先人中早就有人对“德育目标过高”提出过质疑。战国中期，孟子的学生公孙丑就曾向他的老师提出：如今的“道”，很高很美，只是人们修道就好像登天一样，似乎不可以达到。为何不能使人容易达到，以便于人们天天去努力呢？孟子不以为然，他举例说，高明的木匠并不因为木工的笨拙而废弃操作的规矩，神射手后羿也不会因为有些射手笨拙而改变拉弓射箭的技术标准，所以，“道”作为标准、规矩，是不能改变的。那么，教师该怎么办呢？“引而不发，跃如也。”也就是传道像拉满弓，却并不发箭，而作出跃跃欲试的姿态，让学生按照既定的标准自己去修养身性。当然，学生的修养水平参差不齐，他们未必都能按照既定的标准去修养，那也没关系，学生中总有人能按照标准自我修养，这就是所谓君子“中道而立”，无过无不及，学生中“能者从之”。其实，孟子在这里偷换了概念。因为中国先秦古籍中的“道”是抽象的理念，而手艺工匠的规矩则是操作程序和规范，“道”和“规矩”是不同的概念。如果“道”真的可与操作程序比，那么，它就应该像操作程序那样，分成许多步骤，使人们能够一步一步练习，也就不至于造成连公孙丑那样的大弟子都会有不可及的感觉。本质上，是从孔子以来，关于德育，都是只考虑其必要性，而没考虑其可能性，这才导致“德育目标陈义过高”现象的发生。由于现代社会远较古代社会复杂，现代学生的精神世界更与古代儒家弟子的价值观不可同日而语，所以，现代德育的必要性要比以往更突出。唯其如此，“德育目标过高”现象在中国可以称得上“古已有之，于今为烈”。

白居易

白居易有诗云：“古琴无俗韵，奏罢无人听。寒松无妖花，枝下无人行。”这四句诗可以说对今天仍然是很有启发意义的。我们过去说，阳春白雪，和者必寡，下里巴人，满街的人都跟着你唱。这种现象，大概不是时间流逝就能改变的，这是基本的社会形态。古琴因为没有俗韵，所以奏罢没人听。这种现象可以说是“古已有之，于今为甚”。当前，在互联网和社交媒体迅速发展的背景下，信息传播的方式和内容发生了剧变，娱乐内容的消费成为人们日常生活的重要组成部分，娱乐至死说法不胫而走，成为现实社会中普遍存在的一种现象。这当然与网络技术的发展造成的信息过载有关。数字化时代的信息量巨大，社交媒体和短视频平台的兴起使得人们容易接触到大量的娱乐内容，社交平台通过算法推送吸引每个人眼球的娱乐内容，进一步加剧了对低俗和浅显内容的依赖。与此同时，人们的文化消费也悄悄发生变化，人们在文化消费中越来越倾向于快速、即时的满足，导致对深度文化和高雅艺术的关注度下降，浅尝辄止成为大多数人的消费习惯。而且，现代社会似乎更强调物质享受和感官刺激，娱乐内容往往被设计成快速吸引注意的形式，而忽视内涵和深度。当然，也有人以此逃避现实，试图通过娱乐来逃避

生活中的压力和困扰，过度依赖娱乐内容来获得情感上的慰藉。这种世俗文化的流行必然带来批判性思维的缺失，在娱乐内容泛滥的环境中，人们往往被动接受信息，难以进行深度思考，更容易缺乏批判思维。“娱乐至死”现象反映了当代社会中对娱乐内容的过度追求和对深度文化的忽视。片面的娱乐至死、片面的心灵鸡汤已经严重扭曲了普通人的价值观。“选择大于努力、方向大于勤劳、马无夜草不肥、天生聪慧大于后天拼命、努力一辈子才达到别人的起跑线、某些人出生就在罗马”，类似的极端说法铺天盖地，把原本朴素的勤劳致富、一分耕耘一分收获等都碾于尘埃。人们在追问为何如此的时候，就会注意到工业化导致的个体原子化与传统文化信仰的弱化，是产生这一现象的根本原因。这恰恰是我们应当从韩愈的“传道”思想中汲取营养的理由。

韩愈的“道”不仅指出儒家关于社会政治和思想文化方面的主张，还强调了礼乐教化的重要性，其本旨在构建一个秩序井然、雍熙和睦的人文社会。韩愈之所以能在社会普遍流行的思想面前反俗而行、逆时而动，虽被目为狂人而不改悔，是因为韩愈认为，宇宙的本源、人世的规则其实是有一些最基本最简单的法则的，这些法则尽管不一定时刻彰显，但一直在影响着人们的思想和社会的运行。这些或可称为“道”。大道至简也是指这些道其实是可以掌握、可以由人来运作、可以落实到个人行为的。因此，在韩愈那里，教师传授的“道”，是以儒家仁义思想为核心的行为处事的规则，是通过教师的传授，让学生悟到或学到的社会生活经验。正是人类社会生活经验的积累才造就了社会的进步。

与“大道至简”类似，中国传统社会也不是那么“讲道理”的。俗语说“公说公有理，婆说婆有理”，理是相对的，不存在一个绝对的道理。中国还有一个有些让人费解的说法，叫作“不要得理不让人”，意思是说，虽然“道理”是某种根据，但绝不是最后的、最高的依据。相反，在许多情况下，你就是有“道理”，也不能只照着道理来做事情。为什么呢？因为人际关系的因素往往要起更大的作用。中国人当然不是根本不讲法律，也不是不讲道理，但是，法律和道理都在一定的范围内有效，超出这个范围就无效了。比如中国有一句常用语叫“法不责众”，意思是说，如果多数人都不遵守某个法，那么这个法就没有社会效用，这个法就可以当作不存在。所以，法律和道理总是相对的，不是绝对的。

在中国哲学中，“道”通常指的是事物的本质、规律或原则。它不仅仅是一个抽象的终极价值的概念，更是指引人们行为和思考的准则、方法。现实社会中的“道”是一个多维度的概念，体现在法律、道德、经济、文化、科技等多个方面。理解这些“道”能够帮助个体更好地适应社会、参与社会，推动个人与社会的共同发展。具体说，社会运行的“道”就是社会规范与规则，体现在法律、道德规范和社会习俗之中。这些规范和规则帮助维持社会秩序，促进社会的稳定与发展，促进个体之间的文化认同、和谐相处，增强社会凝聚力。

目前仍然在推行的素质教育与社会运行规律的“道”之间是高度契合的。素质教育旨在培养学生的创新能力、实践能力和社会责任感，这些都是现代社会所需的基本素质。它与社会价值观的对接，与社会的核心价值观相一致，也就是帮助学生理解社会运行基本的“道”，如勤奋、诚信、责任和合作。同时，素质教育通过培养学生的公民意识，使他们更好地理解社会规则和道德规范，从而促进社会的和谐与稳定。而且素质教育鼓励学生参与社会实践和志愿服务，增强他们对社会的责任感和参与意识，使他们在社会运行中发挥积极作用。从另一方面说，素质教育的推广有助于实现教育公平，促进社会流动。教育的公平性是社会运行中最重要的“道”，只有实现教育公平才能够减少社会矛盾，增强社会的稳定性。也只有通过素质教育，学生才能够意识到自身在社会中的角色和责任，理解个人行为对社会的影响，从而更好地遵循社会运行的“道”。

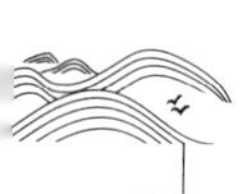

当前素质教育中一个重大问题是不具体明确地告诉学生，哪些是人人可做也是人人应做的具体事情，而是用一种大而无当、空泛模糊、富有煽情意味的文学性语言来教育孩子，也就使得他们长大成人后，面对具体问题仍然手足无措。龙永图先生在央视节目中，说起过他在瑞士遇上的一件小事。一次，龙先生在瑞士的一处公园如厕时，听见相邻的那一间响个不停，龙先生好奇地推门一看，原来是一个七八岁的小男孩在满头大汗地修理抽水马桶。当他上完厕所冲水时，发现马桶坏了，便手忙脚乱地修理起来。是什么促使这个孩子做出如此举动呢？是一种责任意识，就是上完公厕要冲水这样一种义务观念。这当然也是教育的结果。这种教育并不要求人们遇上坏了的抽水马桶都要想办法修好，只是要求自己上完公厕要冲水。冲水是一个公民应尽的义务，而修马桶却不是。但当这个孩子发现抽水马桶坏了，令他无法尽冲水这种应尽的义务时，他就自然地想先修好马桶。龙永图先生说，这个孩子遵守公共规范的举动令他非常感动。他说，加入 WTO 以后，中国人必须学会遵守公共规范。

深言之，职业道德修养是一个从业者头脑中进行的两种不同思想的斗争。用儒家的话来说就是“自省”，也就是自己同自己斗争，正是由于这种特点，必须随时随地认真培养自己的道德情感。充分发挥思想道德中正确方面的主导作用，促使“为他”的职业道德观念去战胜“为己”的职业道德观念，认真检查自己的一切言论和行动，改正一切不符合社会主义职业道德的东西，才能不断提高自己的职业道德水平。当外部世界的诱惑和压力将你拖离道德底线时，有的人很容易偏离自己的航道。但如果能够清楚认识自己，道德指针会帮助你返回到正确的轨道上来。当你的价值观与组织的价值观相互冲突，你需要对自己的人生有一个清晰的定位。我们每一个人都必须在一定的职业中工作生活，职业不仅是教师谋生的手段，也是自我的需要。一个人的职业生涯几乎就是他的人生，而没有职业道德的人是不可能干好任何工作的，当然也就不可能取得成功。一个具有良好职业道德的人，也一定是一个人格高尚、忠诚可信的人，这样的人一定会有所成就的。

总之，儒家之道聚焦于人间秩序，是以“仁、义、礼、智、信”构建的为人处世准则。“道也者，不可须臾离也；可离，非道也。”这意味着日常言行，须臾不可背离正道。在道德教育层面，重新审视“道”与“逆德教育”关联更是现实意义。一方面是告诉我们，道德教育不应该是违背人性、生硬灌输的过程，而是顺应人的天性、引导其成长，如同顺应自然规律去播种、耕耘，方能收获品德的硕果。另一方面，领悟“道”能为道德教育困境破局。“道”所蕴含的坚守本心、不为外物所扰，重义轻利、让心灵重归澄澈，以道导德，才能真正让儒家之“道”在心灵扎根，并成长为真正有道德厚度、精神高度的一代新人。

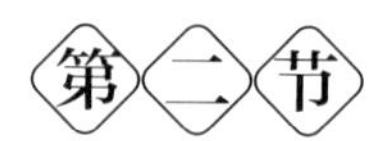

第二节 “授”者何“业”

本部分也是讲三点主要内容，第一点，韩愈在“授业”上的理解。第二点，授业的多面性。第三点，如何看待儒家所授之业。

第一点，韩愈对授业的理解。

中国文学史上，“韩柳”一向并称。韩愈是唐代古文运动的领袖，他倡导的这个改革文风、文体和文学语言的运动有着划时代的意义。他力求创造一种融合古人词汇语法而又适合于反映现实生活的文学语言，并以此创造一种自然流畅、直言危行的文学新形式。他的“古文”表现了全新的风格面貌，在文学史上产生了极其深远的影响。柳宗元是古文运动中仅次于韩愈的核心人物，而且与韩愈相交深厚，在当时影响也甚大，但从唐代到北宋却一直没有得到应有的重视。人们一直以为韩愈才是这场运动的领袖人物。之所以如此也与韩愈的不顾俗流、勇做人师有密切关系。

在韩愈 24 岁的时候，再次参加了进士考试。主考官是侍郎陆贽，他是德宗时期的名相。出的试题为“不迁怒不贰过”，大意为自己不高兴不要转移到别人身上，不犯两次同样的错误。韩愈看后，挥笔成章。当时还是骈体文盛行的年代，陆贽是中唐时期最有名的骈文改造家，他将古文笔法融入骈文，使得他的作品既具有骈文的规整，又具有古文的疏散。韩愈是学古文的，但为了适应科举考试，他也违心地兼学了骈文。而古文的风貌不易去除，所以韩愈的试卷恰投陆贽所好。主考官陆贽看后，感到此卷似曾相识，他反复看了几遍，拍案叫绝，说道："好文章！完全是古文风格，没有一点骈体文的味道，若不细看，差点埋没人才了。"恰恰辅助陆贽主持这次考试的就有古文家梁肃，他与韩愈的哥哥韩会是多年的好友。韩愈的中举也与他的力荐有直接的关系。就这样，韩愈考中了进士，当年上榜的共 23 人，韩愈排在第 13 名。而在这一榜中有李观、李绛、崔群、王涯、欧阳詹等，都是已经有相当名望的文人，所以此榜被当时的人称为"龙虎榜"。从此以后，韩愈更加积极倡导古文运动，从事古文写作。无论是给皇帝上书、给亲友写信，还是写各种体裁的文章，他都是按先秦、两汉的古文要求精心撰写。韩愈说："惟陈言之务去。"这固是至理名言，然而猎取古语、另铸新词、纵横捭阖、运用裕如，亦是他艺术上取得成功的重要门径。

韩愈从青年时代起，就以一个传道的古文家自命。这也是他在科举和仕宦的阶梯上十年不能得意的一个重要原因。但是他并不懊悔，还愈来愈有自信。最初他到汴州进入宣武节度使董晋幕府的时候（796—798 年），先教李翱学古文。由于孟郊的介绍，不久又教张籍学古文。后来逃难到徐州（799 年），徐泗濠节度使张建封安置他在符离，又教一个青年人张彻读古书、学古文。张建封死后，韩愈仕途不通，到洛阳闲居（800—801 年）。向他请教的青年愈来愈多，他对青年们非常热情，奖励有加。他在《重答李翊书》中说："言辞之不酬，礼貌之不答，虽孔子不得行于互乡，宜乎余之不为也。苟来者，吾斯进之而已矣，乌待其礼逾而情过乎？"为了"广圣人之道"，他以热情的、有礼貌的态度对待一切向他请教的青年，他

认为这并不是什么“礼逾”和“情过”的问题。他回复许多青年的信，指示怎样做人、怎样作文。在韩愈看来，文章是作者的人格修养的表现，做人与作文应该是一致的。他进了国子监后，对待青年依然非常热情，也就有《师说》这一名篇的问世。

韩愈在《师说》中开宗明义地指出，“师者，所以传道受业解惑也”。但关于授的业是何业的问题实在值得深思。众所周知，中国古代教育基本上是道德教化。《大学》开宗明义：“大学之道，在明明德，在亲民，在止于至善。”教育本身在于明“明德”，亲“民”，最终使人达于“至善”。《中庸》有“天命之谓性，率性之谓道，修道之谓教”之说。“教”即“修道”，把整个教育归结为德育的意向，再鲜明不过。在教育方面，韩愈提出“传道、授业、解惑”之分，实质上并非指工作分工。“授业”旨在“传道”，“授业”本身虽然含有某种知识成分，毕竟不是科学知识，或者说，主要不是科学知识。把它视为“智育”，有些牵强。但从另一方面看，韩愈强调教师要“授业”，显然是指“业务”“职业”“志业”。“业精于勤，荒于嬉；行成于思，毁于随”，教授的“业”是“学业”，是学生未来赖以生存和发展的基础。尽管儒家传统思想中，对具体的行业知识，如能工巧匠的器具知识是不屑一顾的，但其立志高远、淡泊名利、社会担当等奋发有为的精神却是有目共睹的。孔子的“君子谋道不谋食，君子忧道不忧贫”、孟子的“富贵不能淫，贫贱不能移，威武不能屈”、董仲舒的“正其义不谋其利，明其道不计其功”、顾炎武的“国家兴亡，匹夫有责”，一直到林则徐的“苟利国家生死以，岂因祸福避趋之”，这一脉相承的精神传承中，确实有儒家指点江山、奋发作为的崇高境界。而且往深处说，儒家教育并不是说只有当官做老爷才是光耀门楣，实际上，早在南北朝时期颜之推就提出“但守一职，便无愧耳”。儒家教育中早就有因材施教，对具有不同资质的学生给予不同的引导，培养他们兴趣的同时也引导他们向社会需求的方向发展。所以，授业本质上还是传授给学生未来在社会生活中求生存、谋发展的能力。所以，把授业理解为传授知识并不能算错，只是对知识的理解有所不同。

第二点，授业的多面性。

如果把“授业”理解为课堂教学，甚至提出：“课堂重‘授业’，扎实打好‘双基’基础。为了给学生更多的发展空间，我们并不能将学生置于文山题海中，这就要求教师选择‘精讲精练’策略。首先，它体现在教师与学生要共同清楚每一堂课的学习目标（特别是双基目标）；其次，要精心设计教学流程，让课堂的每一分钟都呈现生机；最后，教师要精心设计问题、精心设计教学活动，尽自己所能创设轻松、愉快的学习气氛，抓住组织管理的缰绳，让学生的学习既有意义，又能落到实处。特别要做到扎扎实实，步步为营，双基目标‘日日清、周周清、月月清’。”（钟启泉等：《为了中华民族的复兴，为了每位学生的发展——基础教育课程改革纲要（试行）解读》，华东师范大学出版社 2002 年版）这样的理解对小学教师也许够用了，尽管我们每个人看到这样的理解都会觉得有点太俗或者太过实用化。韩愈说的授业实际上仍然强调的是“道”，强调学生的自我修为。中国古代讲求进德修业是学生自己的事，这个道理即便放在现在也不过时。问题是在古代，教师讲的学生听不进、跟不上、学不通，则“舍之可也”。这在古代社会认为是理所当然，现代则不同。如今是一个教育普及的时代，教师有义务使所有学生达到规定目标，对于不自觉、不上进的学生，教师不能轻言放弃。教师面对这等困难学生时，必须坚持不抛弃、不放弃的信念，努力寻找解决问题的方案。教师应通过建立信任关系、个性化教学、积极沟通等方式，帮助学生克服困难，实现成长与进步，而不是单纯地忍耐与纵容，更不可以毫无作为地放弃那些困难学生。

具体说，教师作用的大小与学生自身条件、能力的大小是互为消长的。古代教育的主要内容是儒家经典，属于纯书本知识，只要达到一定

的文化水平，即能读得懂书之后，完全可以通过自学来掌握。早期的教学材料为竹木简册或者丝帛，书籍制作不易，一般人难以获得，书本知识的传播只能是以口授为主，辅之以传抄，只能拜师求业，自学几乎是不可能的。而且口授、传抄的准确性难以保证，只能靠权威的师承关系和恪守师法家法来维持较高的可信度。所以，汉代学者言必称师，师承关系特别明晰，尊师之风日益兴盛。随着造纸术的发明和使用，大大充实了书籍的来源，也大大改善了自学条件，出现了不必随师学习的“著录弟子”（当然蒙学阶段还是要有教师）。此时拜师仍然十分必要，通过拜师可以获得权威的经籍原本和教师指导，加入一个有影响、有地位的师承派系，也有利于增加名望，获取举荐。唐代采取科举选士制度，并颁布了《五经正义》作为官方的经典、选士的依据，学者只要自己去啃这部书就行了，这样一来，求师的意义就大大减弱。韩愈正是因为深感“师道之不传也久矣”，而作《师说》以昌明其道，文字虽然流传千古，但造成不事师的现象确实有客观原因。宋代以后，印刷术普遍推行，书籍更易获得，官学的学生更不愿坐在学校读书。只在临近考试的时候蜂拥而至，为的是争取获准参加科举考试的资格，即所谓的“取解”，等报考阶段一过，则是“诸生散归，博士倚席”，学校完全成了空架子。当局为解决这个问题也采取了不少对策，如规定取解必须在学校 300 天以上等，但都不可能从根本上解决问题，既然没有在学校学习的必要，谁愿意到学校接受约束呢？想想这其中的肯綮在于教师对学生所授何业。在当时读书为做官、做官只考经书知识的背景下，教师所授之业对学生来说可有可无，那么，学生自然没有从师的必要和积极性。韩愈在这点上有所突破，在于他的授业往往是在指导学生学习古文和先秦散文的同时，着力于提升学生作文论证的表达能力和驾驭文字的功力。他通过师生共同研究，致力于提高学生的文学水平。

众所周知，韩愈倡导的古文运动在中国文学史乃至思想史上占有重要地位。他本人就站在古文运动的最前列冲锋陷阵，以他的“浩然正气”大声疾呼，鼓舞其追随者。他作为这一运动的领导者，指出明确的写作方向并提出具体要求。他的女婿李汉在《韩昌黎集序》中说岳父“摧陷廓清之功，比于武事”。他和柳宗元一同培养了不少青年作家，使古文在群众中树起威信。虽然他受到的阻力和打击不小：“时人始而惊，中而笑且排，先生益坚。”但柳宗元坚决支持，说韩愈才高他数等，只有司马迁才能相比，连大文学家扬雄也没他的“猖狂恣睢（气势旺盛），肆意有所作”（柳宗元《答韦珩示韩愈相推以文墨事书》）。所以韩愈在教授学生学业方面，主要是传授学生一些古文知识，鼓励学生以文载道，抒发心胸。可以说，韩愈对文学技巧的掌握和运用都达到了古代散文作品的顶峰。其作品可分为杂文、书信、序文和碑志四大类。杂文包括政治和哲学论文、读书札记、传记、祭文、杂感、小品文等。政治论文如《原道》《原毁》《原性》《原人》《原鬼》，世称“五原”，都是儒家正统观念和哲学思想的发挥。就是在这些政治性强烈的作品中，韩愈也显示出他的文学技巧。文章中有波澜起伏的结构，也有形象性的用语，用笔精练，描写生动。而《师说》倡导“无贵无贱，无长无少，道之所存，师之所存也”和“圣人无常师”，“弟子不必不如师，师不必贤于弟子，闻道有先后，术业有专攻，如是而已”。既提出教师的责任，也批评当时士大夫之族“耻相师”的狂妄自大。《进学解》是《师说》的续篇，韩愈写出自己

柳宗元

的勤劳和困厄。《送穷文》以五个穷鬼对主人的嘲笑侮弄，表达了对世俗社会的谴责和对自己遭际的不满。如此等等，众多文章成为千古范文。

韩愈还是韩孟诗派的代表人物，他与孟郊并称的韩孟诗派作为中唐诗史上一个极富个性特征的艺术创新流派，在对诗歌艺术的创新上，更是表现出异常的自觉性和主动性。综观韩愈的数百首诗作，主要表现还是韩愈关心民间疾苦。韩愈自幼孤苦，半生坎坷，了解下层百姓，体察民生的艰难，他的诗歌有不少直接反映了这种社会现实。他在《赴江陵途中寄赠王二十补阙李十一拾遗李二十六员外翰林三学士》一诗中，追忆了昔日关中旱灾中的所见所闻。他在诗中说：虽然“是年京师旱，田亩少所收”，但官府不管百姓的死活，“未免烦征求”。在谈到天灾人祸造成人民破产逃亡、卖儿弃子、饿死道畔时，又说：“传闻闾里间，赤子弃渠沟。持男易斗粟，掉臂莫肯酬。我时出衢路，饿者何其稠！亲逢道边死，伫立久咿嚘。”面对饥民遍地、抛尸荒郊的惨象，韩愈“归舍不能食，有如鱼中钩”，表现了他对挣扎在饥饿死亡线上贫苦百姓的真切同情和怜悯之心。韩愈反对藩镇割据，维护国家的统一安定。韩愈一生以复兴儒学为己任，在政治上，他曾置个人的安危生死于不顾，从征淮西，抚定镇州，在平叛斗争中建立了功业。因此，揭露藩镇罪恶，讴歌平叛战争，就成为韩愈诗歌中的又一重要内容。如《汴州乱二首》就痛斥了叛军“连屋累栋烧成灰”的暴行，批评了“庙堂不肯用干戈”的姑息养奸态度。在平定淮西以后，官军凯旋进入潼关，韩愈随裴度见到在此迎候的华州刺史。此时，韩愈揭露豪绅权贵和贪官污吏。《杂诗四首》把那伙为非作歹的贪官污吏比作苍蝇和蚊子，认为它们只能猖獗于一时，一旦“凉风九月到”，就会被萧瑟的秋风“扫不见踪迹”。《李花二首》(其一)、《猛虎行》、《南山有高树行》等篇，都程度不同地将矛头指向权臣邪佞。《丰陵行》写的是当朝皇帝宪宗为其父顺宗大办丧事。头一句写道：“羽卫煌煌一百里，晓出都门葬天子。”光是送灵的仪仗就长达百里，统治者的铺张奢靡可见一斑。韩愈的记游写景诗歌中，有许多脍炙人口的名篇。长庆三年（823 年）早春，写了《早春呈水部张十八员外二首》："天街小雨润如酥，草色遥看近却无。最是一年春好处，绝胜烟柳满皇都。"早春二月的蒙蒙细雨，使长安街头像油酥般的滋润蓬松，远看已呈现出朦胧春色，近前却似乎觉察不到嫩绿。韩愈告诉人们，这是长安一年中最好的季节，胜过柳絮满天的暮春入夏时刻。小诗清新自然，沁人肺腑。当然，韩愈倡导古文还有一个特点，就是喜欢"奇崛险怪"，用词雄奇奔放，流畅明快。他在诗歌创作上，反对因袭，力求创新。韩愈诗歌的主导风格，主要表现为想象的奇特，夸张的大胆，意境的奇幻。甚至主张在构造一个光怪震荡的世界的同时，表现一种怒张的力，如："我愿生两翅，捕逐出八荒。精诚忽交通，百怪入我肠。刺手拔鲸牙，举瓢酌天浆。"（《调张籍》）

实际上，教育内容是多方面的，因此对教师的要求也是多方面的。我们不能单纯地把知识的传授作为教育的唯一目的，习惯的养成、人生价值与意义的确立才是最重要的。比如，低年级学生好的习惯的养成是早期教育的一个重要的方面，其关键是教师指导要到位。低年级养成良好的各种行为习惯、学习习惯、生活习惯，教师的指导特别重要。比如说扔垃圾，每个班都有垃圾桶，刚入学的时候，垃圾桶旁边都是垃圾，我们跟学生说，你不会扔垃圾呀？事实上，他们真不会扔垃圾，不知道垃圾怎么放。老师就得教他们，老师做示范，拿一张废纸团了团之后，告诉他走到垃圾桶旁边弯下腰，然后把纸团对准垃圾桶扔进去，会没会？会了。你说这个用教吗？真得教。类似如何擦黑板、如何扫地这样的事都需要教，不仅要教，而且要检查监督，谁不会老师都要及时指导，养成教育目标要细化，这点非常重要，不要贪多，习惯总是一点点养成的。目标定得越细化越好，目标要真、实、小，而不要假、大、空。比如两周内养成某某好习惯显然是做不到的。一般习惯养成是：两周有点效果，也就是见到起色，二十一天能够见到效果，三十天能看到明显变

化。所以，定一个小目标之后，这几天做事就要围绕这个目标培养，比如开学两周培养摆好课前用品的习惯，要求这几天都围绕这个目标开展。低年级这一点特别重要。要天天看着，有不对的及时指出来，因为小孩子刚入学养成什么习惯就是什么习惯，打什么底就是什么底。有的低年级教师培养的孩子谁接班都特别顺手，但有的班两年之后别人接就不顺手，教师教的很重要。放手需要一个过程，要慢慢地放，细化养成目标，分解、分期，一个一个地去实现。

还有一个在现代社会读什么书的关键问题。我们知道，只崇拜数理化，认为那是高级工具，绝不会成为明理明大义之人；如果读“坏书”——那就更糟糕。北大著名教授曹文轩曾经提出，从小要读做人方面“打底子”的书。他认为书是有血统的，有高贵低贱之分。书就像市场上的商品一样，好书育人，坏书害人！他的这一提法引起那段时间的广泛热议，对读什么书的深入讨论，更加深了人们对经典和“整本教学”的认识。

近年来，我们常可见到“集体给父母洗脚”的新闻，还有号称“回归传统”的书院，常常搞出“跪拜老师”之类的闹剧。这可不是简单的形式主义，也不能单纯以“国学骗子”定性，它归根到底是对传统糟粕一面的继承。所谓“中国人鲜有贵族，‘跪族’却多”的说法，并不只限于这些显性的‘跪’，更有无形的‘跪’。在椅子没有普及的年代，跪坐本是正常。直到唐宋时期，椅子渐渐普及，跪拜的尊卑色彩显得更重，但在宋朝这样一个“正常朝代”，跪礼很少被使用。如文天祥被俘后，见元丞相博罗，文天祥只是“长揖”，拒绝下跪，表示“南之揖，即北之跪，吾南人，行南礼毕，可赘跪乎？”可见跪坐状态下的“跪”和椅子时代的“跪”之差异。但到了元明清，文化上的习惯性倒退在跪礼上同样出现，跪开始普及。到了清朝，“多磕头少说话”甚至成了官场秘诀。时至今日，跪着给父母洗脚反而成为教育的手段，其教育性值得怀疑。

当然，在教育过程中一定要注意教学有道，尊重教育规律绝不是空谈。

有这样的案例，小王风趣幽默，特别喜欢“脑筋急转弯”方面的智力题，认为这可以打破传统的思维定式。打从儿子牙牙学语之时，他便开始“传授”他那非常规思维“特技”，灌输“脑筋急转弯”之类的智力题目，诸如什么“$1+1\neq2$”、“$1-1=2$”、“$100-1=0$”等等。儿子果然不负众望，只花了几年便得了他的“真传”，在幼儿园出尽风头，常常以独特的思维博得老师和小朋友的喝彩，不知不觉地戴上了“神童”的高冠。令小王始料不及的是，儿子一进入学前班便成了“狗熊”，作业和考试成绩奇差，简简单单的题目他就是弄得很复杂，没法写出正确的答案。“神童”不再让小朋友钦佩了，反倒成为被取笑的对象。小王在教育幼儿时，摒弃正常的思维定式，一味崇尚多元化思维、特殊性思维等思维“特技”，久而久之，小孩在思考、回答问题时，得出的自然就不会是正常思维定式下的正确答案，而是非常规、非常识性的错误答案了。由于小孩从小缺乏正常思维，老是在“脑筋急转弯”中钻牛角尖，犹如一张白纸上写满了乱七八糟的东西，当然不可能按正常思维来分析、思考问题，以致得不出正确答案。小孩适当玩玩“脑筋急转弯”可以拓宽思路，开阔视野，但千万别玩过了头。

第三点，如何看待儒家的复杂性。

随着近些年对传统文化的强调，作为中国传统文化核心的儒家文化再次被抬高到历史新高度，而有些研究者竟然把马克思主义中国化这一时代命题也与儒家文化结合起来。（戢斗勇：《新时代马克思主义中国化的儒学路径》，《贵州大学学报》（社会科学版）2018 年第 3 期）这种创造性应用近于“戏说”，距儒家思想本意不啻有千里之遥。旧瓶装新酒的方式是可取的，旧的道德概念也可以赋予新的含义，儒家文化在中国传播数千年，已经浸润中华文明的血脉，成为中国现代化建设不可能回避的历史遗存。对其优劣得失的探讨一直是中国学界热议的话题，当国学热再次席卷大江南北之际，我们更应该保持一种清醒的头脑，对其有恰如其分的分析。特别是其本身所蕴含的对现代文明的阻抗，应该成为我们

时刻关注的课题。

甚至可以说，无论哪一种历史形态的儒学，都缺乏最基本的民主意识。虽然儒学确有“民贵君轻”的民本主义思想，但民本不是民主，因为民本是为了主民，为了专制，顶多也只是儒家所理想的仁政王道政治，而不是为了民主。有些人认为儒家主张帝王开庭议以纳忠言，主张国家开科举以广纳贤才，这就是一种儒家式的民主，或者说是一种中国式的民主。其实这也是一种误解。因为民主首先是种政体，其次才是一种作风。儒学缺乏最基本的民主意识，这也是五四运动要请来“德先生”（democracy）打倒“孔先生”的原因。牟宗三先生等新儒家欲从儒学的内圣之学“开出”民主的新政统，并由此进行所谓的儒学重建，这反过来说明，无论对儒学怎样怀有敬意，在儒学中都只能找到民本意识而找不到民主意识。因此就儒学本身的文化基因而言，从儒学中实在难以开出民主的“新外王”。同五四运动时期相比，中国已在民主的道路上大大地向前迈进了，但儒学对民主的拒斥倾向，也将仍然是中国现代化所不得不面对的严重的负面作用。

儒学对于中国现代化所具有的另一严重的负面作用，是其强烈的等级意识，其本身具有对现代化必备的平等意识起拒斥作用。在儒学的各种形态中，没有任何平等意识可言。虽然儒学的确讲“仁者爱人”和“民为国本”，但由此认为儒学具有民本意识和仁爱意识是一种误解。儒学的民本主义和仁爱思想是一种君主和上等人居高临下的对下等人的爱，是一种类似于牧羊人对羊群的爱。儒家历来有“牧民”之说，可以说切中儒学民本主义和仁爱思想的要害。孔子讲“唯上知与下愚不移”，孟子讲“劳心者治人”以及发端于孔子而完成于董仲舒的“三纲”之说，都表明在儒学中的君臣、官民、上下、夫妇、父子、男女、长幼、贫富、贵贱、智愚以及劳心者与劳力者之间，从来就没有平等的人格和人权可言。如果说西学的天赋人权论所崇尚的重要文化意识之一是人的平等意识的话，那么儒学的先天人格论所崇尚的则是人的等级意识。儒学的这种强烈的等级意识曾给中华民族，特别是下层民众造成深重的苦难，至今仍然是中国现代化所不得不面对的严重阻力。

总之，教师“授业”是教师的天职，但授何业与如何授业却是需要耐心寻思与琢磨的事情，一方面，授业与传道相通，另一方面，授业有道，教师只有掌握授业之道才能做好教育工作，这也就是教师的职责所在。

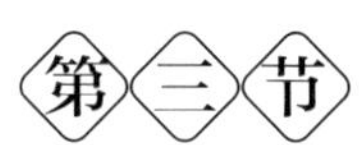

第三节 教师要善于解惑

韩愈所说的“解惑”，是指学生通过主动学习提出他们的疑惑，教师要有效地解决他们的这些困惑，并且能够采用恰当的方法调动学生的主动学习能力，进而发掘、培养学生勇于质疑的精神。教师对学生生活中的问题，也要注意观察，必要的时候给出自己的建议，使他们很好地走出困惑。在解惑的同时也要意识到，解惑的最终目的是培养学生独立的人格，并使他们自己具备一定处理问题的能力，在帮助的时候要留有空隙让他们自己去探索、去发现。教师的幸福来自学生的成长，教师的教育能力也就体现在能正确处理学生的各种问题上。

学生在学习过程中可能会面临多种困惑，概括起来大致有以下常见的困惑类型：（1）在学习内容的理解方面，首先是概念不清，对某些学科的基本概念或原理理解不透彻。其次是知识关联困难，难以将新学的知识与已有知识联系起来，导致理解困难。（2）在学习方法的选择方面，首先是不确定哪种学习方法或策略最适合自己，导致学习效率低下。其次是时间管理困难，难以合理安排学习时间，导致学习任务堆积。再次是注意力集中困难，往往因为外部刺激或自身思维的转移而无法将注意力集中到学习上。最后是对考试与评估成绩没有正确认知，导致不知如何改进。（3）自我效能感低下，往往表现为对自己的能力缺乏信心，怀疑自己能否完成学习任务。甚至有认为自己天生就笨的倾向，从而导致缺乏学习的内在动机，导致对学习的兴趣减弱。（4）在人际关系方面，许多学生面临着同伴的压力，学习生活中时刻感受到竞争或压力，影响学习情绪和效率。与此相伴的是社交技能欠缺，现在很多学生在人际交往中感到困惑，不知如何与同学建立良好的关系。（5）在情绪控制与心理健康方面，一些学生难以有效进行情绪管理，难以处理学习中的挫折和压力，行为往往被情绪所左右，失态成为常态。更严重的是心理健康问题频发，学生普遍面临焦虑、抑郁等心理健康问题，影响学习和生活。（6）在未来规划方面，对未来职业方向感到迷茫，不知如何规划自己的学业和职业生涯。或者好高骛远、见异思迁，本质上还是没有面对未来的信心和勇气，进而难以设定明确的学习目标和方向，导致学习缺乏动力。

当然，造成教育中问题成堆的原因也是多重且相互牵涉勾连的有家庭的原因，例如学生可能深感家庭的期望却不知如何平衡个人目标与家庭期望的关系。也可能有环境的影响，如社会氛围中过分强调暴富、豪门，或家庭背景、经济条件对学生成长的作用等，也可能导致学生对前途的迷茫、困惑和无力感。当然，更现实的是信息技术的广泛使用，学生在面对海量信息时，不知如何筛选和获取有效的学习资源，甚至不知道该如何使用学习工具和资源（如在线课程、学习软件等）。学生对学习的迷茫本质上是对人生意义迷茫的一种表现，无论是对未来的焦虑还是现实的困惑，都是人生意义与价值问题在个体身上的一种体现。

正如奥地利心理学家维克多·弗兰克所言，我要大胆地说，这世界上并没有什么东西能帮助人在最坏的情况中还能活下去，除非他认识到

他的生命有意义。你要想让一个生命找到意义感，必须要让他跟这个世界有所联系。如果他在世界上只有他自己一个人，那么他会觉得活着没什么意思。所有的人生意义都是在与他人的关系中构建的。北京大学学生心理健康教育与咨询中心副主任、精神科主治医师徐凯文在 2016 年新东方家族教育高峰论坛上作了主题为《时代空心病与焦虑经济学》的主旨演讲，其中提到北京大学对大一新生进行了一个心理普测，发现 30.2% 的北京大学新生厌学，40.2% 的北大新生觉得人活着没多大意义。这是北大的学生，当时的北京大学心理中心主任给这批人起了个名字叫“空心病”——很聪明、很智慧，但觉得人生无意义。所以，教育的首要任务应该是教给孩子意义感，让学生觉得人生是有价值的、有意义的。怎么才能让学生觉得人生是有价值、有意义的？就是把有限的生命融入更宏大的叙事之中，让他发现他的生命能为别的生命创造价值，能为社会创造价值。他活在爱里，活在关系里。只有这样，他的意义感才能出来。

然而遗憾的是，不少父母却在无意识地剥夺这种意义感。现在社会上普遍存在一种“穷家富养”的奇特现象，如今的父母会尽力满足孩子的一切需求，可以说真正把孩子“捧在手上怕摔了，含在嘴里怕化了”，而需要孩子们自己努力去争取的东西越来越少。他们远离自然，与他人、邻居也多有隔膜。他们没有了经过努力而有所得的那种成就感，他们沉沦于日常琐事而无意义感，所以更多的是空虚。但教师、家长往往忽略了事情的另一方面，青春期的孩子在这一时期会开始对人生有很多思考，但又对自己的追求很恍惚，如果周围的人把学习、找个好工作这样简单的人生目的强加给他们，他们觉得这并不是我想要的或不是我能达到的，甚至看到未来社会的庸庸碌碌，人们被平淡琐碎的日常生活消磨得没有了个性、热情时，他们就会质疑自己存在的价值和意义。

“人的现实生活是受某些价值目标指引的，去追求学历、财产、名誉、

友谊等某些有价之物。而人生的意义往往是对人类行为的价值与合理性进行反思与体验，如为什么要考大学、工作等。当这种反思得到的是种否定性的体验时，就会产生‘无意义’‘荒谬’等感觉。”石中英指出，当前中国社会正在转型中，由于信仰的缺失，狭隘功利主义、个人主义的盛行等原因，传统的价值合理性正在被消解乃至丧失。“比如处于‘原子化’的社会中，年轻一代更多感觉到的是孤独、空虚、无聊等，常看不到自己与他人的联系，只在乎自己的感受，这也是自杀者的一个共性，他们意识不到自杀行为会剥夺父母一辈子的幸福，整个社会为他付出的爱都被带走了。”（孙庆玲：《初中生自杀个案警醒：生命该如何“教育”》，《中国青年报》2017 年 3 月 27 日）

随着经济的发展，人们的生存类的基本问题已经得到解决，而生存层面的满足并不是人类生活的全部，反而刺激着人们追求更深层的生命意义的安顿。“我是谁？”“我为什么活着？”“人生的意义是什么？”类似的问题实质上困扰着每一个人，尤其是年轻的青年学生。随着现代化进程的加速，人们自我意识增强，如何实现自我价值、如何在繁杂的社会中安身立命成为年轻学子生命成长的中心与主题。当人生遭遇诸多生存意义困境问题却难以回应时，人们就可能出现心理危机，向前前途渺茫，向后无所适从。尤其是功利主义和消费主义的盛行，造成了今天社会上普遍更多关注具体的功用与效能乃至效率的局面。理想教育和生命价值观教育被庸俗廉价的功利主义取代。物质追求、感官刺激严重挤压了精神追求的空间。受教育的目的越来越功利化，象牙塔的纯洁已经被物化、奴化摧残，教育对人精神生命的塑造趋于乏力，生命的超越性正在被抹平。这代人缺乏真诚的信仰、高尚的理想、远大的追求和严肃的社会责任感，只是活在一个原子化的、物质的、当下的、感官的以及冲突的自我当中。而社会的残酷突出表现在努力不一定会有回报。“方向不对，努力白费”，“工作再努力，不如有个好爸爸”。甚至教育观念也相应地从原来的“知识改变命运”

转向"条条大路通罗马，有些人一出生就在罗马"。这些言论的大肆流行，迷惑了很大一部分人，造成现在人们对精神境界追求的丧失，雅与俗界限的模糊，家庭和社会责任感的阙如。通过增强社会责任感和使命感，让学生不仅能够找到生活的意义和目标，还能提升自我价值感和应对能力。这些积极的心理变化有助于克服学生过度自我中心，通过引导学生探索人生的意义，培养他们的共情能力和责任感，可以有效地帮助他们摆脱精致利己主义的困局。这样的教育不仅关注个人的成功，更强调个人与社会的关系，促进学生形成更全面的价值观，从而在追求个人目标的同时，关注他人和社会的福祉。

有首小诗是这样写的：

小时候，农家小院里，躺在竹床上，仰望星空，
想长大了当科学家，探索无穷无尽的宇宙；
长大了，小出租屋里，躺在板床上，看着电脑，
想着明天还得搬砖，追赶上涨不止的房价。
中国年青的一代，富人家的挥霍，穷人家的迷茫，
没有了儿时的梦想，生活就是日复一日的重复，
零星的几个有或者没有背景的成功者，
被绝大多数人供着意淫，抑或是被拿来证明社会是公平的！
今天的年轻人就像一只趴在玻璃上的苍蝇，
前途一片光明，但又找不到出路。

同样，我们也应该警惕现在有人高举道德至上的大旗，把某些有道德瑕疵的人向死路上逼。胡适名言：一个肮脏的国家，如果人人讲规则而不是谈道德，最终会变成一个有人味儿的正常国家，道德自然会逐渐回归；一个干净的国家，如果人人都不讲规则却大谈道德，谈高尚，天天没事儿

就谈道德规范，人人大公无私，最终这个国家会堕落成为一个伪君子遍布的肮脏国家。这话是很有道理的。仔细想想，生命本没有意义，你给它什么意义，它就有什么意义。与其终日冥想人生有何意义，不如试用此生做点有意义的事。把自己铸造成器，方才可以希望有益于社会。真实的为我，便是最有益的为人。把自己铸造成了自由独立的人格，你自然会不知足，不满意现状，敢说老实话。要有话说，方才说话。

胡适

有什么话，说什么话；话怎么说，就怎么说。要说我自己的话，别说别人的话。是什么时代的人，说什么时代的话。只有这样，才真正符合了亚当·斯密的名言：“我们的晚餐并非来自屠宰商、酿酒师和面包师的恩惠，而是来自他们对自身利益的关切。”面包师绝不是因为自己的道德好而去做面包，而是通过做面包谋生才能真正为社会好。

其次，教师要做更耐心细致的工作。教师的工作是相当繁重的，那种忙碌和琐碎是一般人所想象不到的，有时候真是累得缺少了耐心和细致，对于学生们屡见不鲜的事情已经到了视若无睹的麻木程度。然而《师德启示录》里有位老师的做法值得我们学习。那位老教师对于学生的差错没有表现出不耐烦的态度，也没有不问青红皂白的劈头盖脸的训斥，而是顺着事态的发展缓和地解决。她把孩子带到课堂上的青蛙，暂时用一个鞋盒子装起来，等到放学的时候问孩子：“你为什么要带青蛙来上课呀？”孩子告诉她说：“老师，我看到一本书上说，小蚂蚁可以斗青蛙，我就很怀疑，那么小的蚂蚁能斗得过青蛙吗？就在今天上学路上我发现了一只青蛙，就

抓来想做个实验。”听到这些话，我们还能对孩子进行批评吗？孩子的求知欲望和好奇心是多么需要保护和鼓励呀！我们的这位老教师于是和蔼可亲地告诉孩子：“你是能遵守纪律的，可青蛙不能呀，它的叫声和跳动扰乱了课堂秩序，我们不能把它带到学校课堂上来呀，如果你事先放在老师这里，老师给你找个合适的地方保存不是更好吗？”看到这里，我们不禁要为这位老教师叫好，她富有耐心地蹲下来听孩子一五一十的解释和述说，给孩子表达的机会，让他说下去，等待着最后的答案，而最后的答案往往会让我们大吃一惊，喜出望外！

还有一位教师，他在学生丢失钢笔以后的反应和做法更是值得我们深刻地记着。当时他站在讲台上，态度平静温和，语言生动有趣：“同学们，今天有个小朋友，他的钢笔不见了，我想肯定是哪位同学借去用了，还没有来得及还给他，因为我们都知道偷别人的东西是很不好的行为，所以老师想一定是哪个同学借去了，忘了还，我们要钢笔自己飞回来好不好？”接着，他在讲桌上放了一只空盒子，把学生们叫到教室外面，然后对学生们说：“我们一个一个进去，检查自己的书包，如果钢笔在你那里，你就把它放进讲桌上的空盒子里，如果钢笔不在你那里，那么你就不要动那只空盒子，直接走出来就可以了，相信同学们能把这件事情做好。”说完，他们就开始行动了，最后，果然“钢笔自己飞回来了”。像这样的事情，在学校里经常发生，有的丢钢笔了，有的丢红领巾了，有的丢钱了等等。这种事情的普遍性并不代表学生就一定是素质差，孩子还小，自理能力又差，管理不好自己的东西，有的孩子借别人的东西甚至还不懂得先要征得人家的同意，拿过来就用，用后还忘记归还。如果老师不理解孩子的心理和行为特征，一味地训斥孩子是“偷”，那么势必将造成不良的影响和后果，严重的要毁掉孩子的一生！让孩子在阴影里度过自卑自弃的童年，孩子要对这样背负一生的罪名付出怎样的代价！

所以，我们都应该汲取北大校长丁石孙从教四十年的经验教训，在他的传记中提到，有时有的同学把个人问题、国家问题想得太简单，以为通过一次政策改革就能改变社会的某些问题，甚至是能彻底解决某些社会问题。丁石孙就把这些年他当北京大学校长的体会说给学生听。在北大这么小的一个范围，要推动一点改革，都要花费那么多的力气，说服很多人，而且效果也不见得会得偿所愿。何况这么大的一个中国？同学们很喜欢和他谈话，他尽量把自己的个人体会，把自己的成长道路展现在学生面前，供学生参考。他说："一个人的一生会有很多机遇，但每个人在机遇面前可能会做出不同的选择。也许，我们认为这些选择都来自自己的主观愿望，但是当你对生活的了解越来越深刻，你就会发现，外界的客观因素其实对你影响很大，有时甚至超过了个人的主观因素。所以我常常对我的学生讲，不要以为你现在学的是数学，就会干一辈子。很多时候，时间环境发生了变化，你就不得不随之变化。任何时候，都会存在个人努力与时代需要之间的矛盾与统一。只有在整个时代获得发展的大前提下，个人充分发展才更具备条件与可能。"丁石孙认为存在两个问题不容忽视：第一，高校教育工作者虽然是做教育工作的，但千万不要把自己摆在教训人的教育者位置上。他批评高校教育工作者过去有一个很大的毛病，总以为自己年纪大一点，所以就更正确一点，懂得的东西更多一点，老想给年轻人规划出一条思想路线，规划出碰到什么问题如何解决的办法，这会使得教育失败。第二，世界变得如此之小，高校教育工作者相互了解就显得越来越重要。他解释说："世界是小了，所有的民族各自具有不同的文化，差别非常之大，我们如何在这样的情况下很快地去了解别人，学习别人，而不是简单地照搬？首先应该是互相了解，互相比较。这样一来，人文学科在这方面就大有作为了。"关于现在教育的最大问题是什么，丁石孙觉得是它的"大规模"。"大规模"的教育有点像大生产，可是人不是产品，培养人是不应该用一个模式的，应该因人而异，因材施教。但处在大规模生产模式的教育体制下，你怎样做到既有统一的规则，又照顾到每个学生的特点，做到因材施教呢？尤其是对小孩，搞得不好有些人才可能就被“淘汰”了。一个人的成长可以有不同的道路。有的人喜欢钻研一些问题，不喜欢广泛地吸纳；有的人却喜欢东看一点，西看一点，博采众长；学习过程中有的人领悟得快一些，有的人领悟得慢一点。但很难说，哪一种人将来会取得更大的成就。教育的关键在于引导，而不能规定。如同工厂生产产品一样，学校也是大规模生产，但学校输出的是人，因此不要管得特别死，要有较大的活动余地。这是培养人才和繁荣学术非常重要的条件。（《有话可说——丁石孙访谈录》，湖南教育出版社 2013 年）

第四章 学习成长论

教师，在人们的心目中是神圣的职业，社会对教师期望很高。过去，一提起老师，人们自然就想到辛勤的园丁、燃烧的蜡烛，仿佛老师就应该无私地奉献。然而现实生活中，很多教师存在焦虑、烦躁、抑郁等心理不健康的现象，原因是生活中教师要面对很多的压力。在我国师道传统中，凡有作为的教师所信奉的实践道德原则，都是教书育人，不断创新。所谓道德文章，是教师的基本修养。不断提升学术创新能力和教育改革能力，是对师德修养的基本要求。无论是“传道”，还是“授业”，都要着力追求学术与教学上的创新，立志弘道，促进主流文化与时俱进。俞敏洪有一个非常好的观点：“如果你要引人注目，就要使得自己成为一棵树，傲立于天地之间；而不是做一棵小草。你见过谁踩了一棵草，还抱歉地对草说：对不起！”所以，教师要想不被人踩，必须能有不被人踩的才气、胆略和成就。

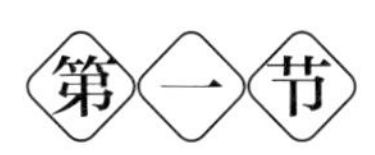

“耻学于师”

韩愈所处的时代是“耻学于师”的时代，学者之间交流很少，千里追师的风气更是少见。尽管教科书上说从隋唐科举考试制度实施开始，读书成为进仕的唯一阶梯。实际上并非如此，尤其是科举初兴的唐代，科举制度是相当不规范、不完善的。首先，尽管武则天时期科举考试就创立了糊名制，但在唐代科举中并未得到普遍实施，而是与誊录制一起在宋代才广泛使用。唐朝时期，科举是不需要隐匿姓名的，而且是需要有人推荐才能进入考试范围的。尽管“怀牒自列于州县”是参加科举的考生来源之一，但普通人家的子弟是不可能自报家门就可以被县官州官推荐到京城参加科举的。考官录取考生本身就要考虑其家族身世、社会声望、周围人的风评等等。既然这些成为录取考生的依据，那么，营私舞弊、弄虚作假等种种劣行必然出现。投亲友、拜门子、拉帮结派、冒名顶替等各类事件层出不穷。而科举之初的进士更多的只是个荣誉，想当官还需要经过吏部考试。吏部考试也不是容易通过的，它更注重考核考生的实际执政能力和对法条的掌握。这与科举重视的文辞不同，所以

韩愈画像

才有韩愈的三试吏部而不就，即韩愈考了三次都没能被选中。其次，正是由于唐朝时期的科举考试更看重推荐人的推荐，所以，参加科举之前的投帖拜门尤为重要。“妆罢低眉问夫婿，画眉深浅入时无”就是反映了当时参加科考的朱庆馀投卷之后的忐忑心情。即使是名震后世的白居易，初入长安时也要到当时大文学家顾况门前投呈拜帖。据说顾况看到拜帖上的“白居易”三字时调侃说：“长安米贵，白居不易！”意思就是这京城的物价很高，人才济济，要没点真本事想在这“白居”那可不容易啊！但是，当顾况打开其中的“行卷”一看，首先映入眼帘的就是白居易的那首名作《赋得古原草送别》(又名《草》)：“离离原上草，一岁一枯荣。野火烧不尽，春风吹又生。远芳侵古道，晴翠接荒城。又送王孙去，萋萋满别情。”读毕，顾况不禁被深深折服，于是又改口说：“有这等好文采，白居也易！”意思就是，有如此才华，在长安“白居”就容易了！就这样，白居易在长安一举成名，为他日后走上官场做好了铺垫。也正是这种“行卷”“投卷”的盛行，使得当时普遍存在着摇尾乞怜、结交豪门权贵的社会现象。但并不是每个有才华的士子都会得到推荐的机会，毕竟有没有门路，能不能结识豪门并得到权贵赏识变为首要问题，那么权贵之门就不是普通人能随便投牒参拜并得到青眼相加的。诸如诗仙李白和诗圣杜甫，曾多次投谒权贵，奔走献赋，却仍然得不到赏识。与此相反，既然投门拜帖都是摇尾乞怜地求人赏识，以期攀龙附凤、捞得一官半职，那么有志气的人就应该自觉禁绝这样的风气，孤影自傲也是不错的选择。那么，在唐朝中期，既然拜师是为投门子，是会被视为人格低贱的表现，为何还要低三下四地拜师呢？

顾况

当然，唐朝是科举制度真正大规模实施的初创阶段，各类相关制度还不够规范，各种政策的随意性比较大。比如：唐太宗时期注重实用，在贞观二年（628年）下令增设“读经史一部”的考试内容，其目的是着重考察考生的行政才能，摒弃华丽的文章辞藻。武则天当政则竭力以科举拉拢庶族，首创殿试这一程式，以示恩宠。唐玄宗时期文化繁荣，他本人又极为喜欢华丽辞章，所以那个时代有诗仙李白、诗圣杜甫熠熠生辉。反映在科举上则是对于学子的文章能力要求较高，科举中加了诗赋的考试内容。而晚唐时期则把科举淡化为一种荣誉制度，不再作为直接授予官职的依据，甚至弱化为党争的工具，自然弱化了人们对科举的向往。

具体举例说明，晚唐时期的天复元年（901年）春天，照例要考进士，要公布录取名单。唐昭宗心情不错，就下令选拔一些出身贫寒的、参加过多次却没有考中的、年龄偏大的考生成为进士，以表示皇上开恩。于是，主考官奉圣命选出五个老汉及第。这是五位特批的进士，唐昭宗在敕书中说：“念尔登科之际，当予反正之年，宜降异恩，各膺宠命。”这五位进士中有两位已经年过七十，就是说已经超过了官员应该退休的年龄而且没有什么特殊的贡献，套用唐昭宗敕书中的话来形容就是：念

尔登科之际，已过致仕之年。而剩下的三位进士也都过了六十岁，老态龙钟。当时的人把这次放榜叫作“五老榜”。在这之前，经皇上特批成为进士的还有中唐时期的顾非熊，顾非熊是名人顾况的儿子，据说是因为人好滑稽戏谑，人缘不好。当然，更可能还有不适应考试这种方式等原因，参加了二十多次科举考试，屡战屡败。屡战屡败当然心情不好，少不了写诗吐露，“见月长怜夜，看花又惜春。愁为终日客，闲过少年身。”和白居易的“慈恩塔下题名处，十七人中最少年”相比显然是天壤之别。好在顾非熊可以拍着胸脯说：俺们一直在努力。机会终于来了，会昌年间，一次公布进士录取名单之前，唐武宗突然过问顾非熊在不在金榜之上，主考官如实回答：顾非熊又没考上。唐武宗立即下达圣旨：那就把他添上。这时，工作人员已经去公布名单了，主管官员急忙派人将原榜追回，添上了顾非熊的名字。当时落榜的考生努力将自己的思想统一到天子圣明这个标准上，认为圣上钦点顾非熊及第是对落榜考生的最大鼓舞与鞭策，使大家在黑暗中看到了光明，在落魄时看到了希望。和顾非熊一同参加这年的考试却不幸落榜的刘得仁也是考了十多年了，可谓是久经考验，得知顾非熊终于成为进士后，刘得仁写了一首诗表示祝贺：“愚为童稚时，已解念君诗。及得高科就，须逢圣主知。”俺还是小孩儿的时候，就已经在朗读顾君的诗句。现在你终于高中进士，那是得到圣明天子的照顾。顾非熊如果不是皇帝特批，未必能够成为进士。给他写诗的刘得仁一生参加了近三十次考试，最终仍未考中。论关系，刘得仁比顾非熊要强得多，他的兄弟有的是驸马、有的是朝廷中的郎官。晚唐的时候，越来越多的考生感到考试不公。沆瀣一气这个成语就是出自考生口中。唐乾符二年（875 年）的主考官叫崔沆，他的一个门生崔瀣榜上有名，人们就说“座主（指主考官）门生，沆瀣一气。”崔瀣未必就没有真才实学，这种说法实际上反映了一种情绪。到了唐末，贿考已经是公开的事情，进士往往会根据贿赂多少排定名次。所以当时就有“及第不必读书，做官何须事业”的说法。

为此，韩愈在国子博士这个职位上发表了著名的《进学解》一文。内容是自己向学生训话，告诉他们要好好学习，在学习和德行两方面都要有所进步。文章又用对话的方式，阐述学生提出的疑问，然后自己又加以解释，非常有画面感。我们经常在学校里面看到一些格言，其中那句著名的“业精于勤，荒于嬉；行成于思，毁于随”就是出自这篇文章。这篇文章表面上是一篇勉励学生的文章，实际意思却是抒发自己怀才不遇，在仕途上一次又一次遭遇失败，只能在这样一个岗位上蹉跎岁月。当时的丞相看了这篇文章之后，很赏识韩愈的文学才能，也同情他一直以来的遭遇，于是就授予了他比部郎中、史馆修撰的职务，负责撰写《顺宗实录》。这是一个重要的史学工作，也为他的仕途发展提供了机会。韩愈的《进学解》是一篇文字优美、感情洋溢的教育散文。它以师生对话的形式，集中论述了学习态度和学习方法问题。一方面勉励后学者要增强自己的品德、勤于学业；同时也是对当时唐王朝吏治不明、执政者不识贤愚的一种批评。由于《进学解》表现了封建时代正直而有才华、抱负的知识分子的苦闷，批判了不合理的社会现象，具有典型意义，故而传诵不绝。

在这篇文章中，韩愈首先提出了关于学习态度的问题。文章一开头便写到已经流传千古的名言：“业精于勤，荒于嬉；行成于思，毁于随。”也就是说，要想使学业精益求精，最根本的前提条件是勤学，如果懒惰贪玩，只能使学业荒废。而且要想在品德上有所成就，凡事都要三思而行，否则放荡成性，随波逐流，必然品德堕落。也就是说，无论进德还是修业，都要严格要求自己。这确实是千古名言，不易之真理。

纵观教育学界著名人物，哪个不是勤奋好学之人？上海著名教育家于漪在自己的回忆录里写道：“现代教学中，如果老师的教跟学生的学不在一个平面上移动，学生是不服你的！你一定要棋高一着，也就是说在深度

上要挖掘、在广度上要开拓，你对学科发展前沿、对学科的走势、对学科的来龙去脉要有所了解。教课捉襟见肘是没办法上好课的。怎么样才能够左右逢源呢？那就是靠你宽广的文化底蕴！我读到学贯中西的钱锺书的书，觉得他句句话都是宝贝，读他的《宋诗选注》，深感他的注释就是学问，就是创作！有一次读到苏东坡的一句诗，写牡丹‘一朵妖红翠欲流’，我怎么也看不懂，这红牡丹妖红，流下来怎么是翠、是绿的？钱锺书先生他怎么解释呢？他说这诗里用词就好像用兵一样，可以虚虚实实，实实虚虚！红是实，翠是虚。虚虚实实、实实虚虚，红绿交错，红绿互映，造成一种幻觉。这种艺术的魅力就是文字特有的功能，它实际上比造型艺术的美还要成功！你说，如果不读书的话，自己就无法理解，有的时候因为自己不懂，还误以为印错了，十分可笑。”（于漪：《于漪全集·学做人师》，上海教育出版社 2018 年）现在社会，各类变化十分迅速，人们都看到了科学技术的压倒性优势，而对人文有所忽视。实际上，科学精神与人文精神在很多地方是相互交融的，特别在精神追求领域，教师更应该有所作为。为此，教文科的教师应该学点自然科学，教自然科学的老师应该学点人文科学，只有这样才可能能为人师、善为人师、巧为人师。

当然，好学对教师来说太普通平常，每个教师都会要求学生好学。但具体学什么却是值得深思的问题。我们认为，学做人比什么都重要。韩愈在《原毁》一文中，曾论述了如何对己待人的态度问题。他开篇即说：“古之君子，其责已也重以周，其待人也轻以约。重以周，故不怠；轻以约，故人乐为善。”意思说，对自己要求严格周密一些，对他人要事事体谅，不做过分要求。如果能这样，就会使自己平日谦虚谨慎，不致怠慢行事；同时也容易使他人愿意修正错误，改恶从善。这样的道理大概我们做教师的都知道，甚至也给学生讲过。但我想深入讲一点的是，如何正确理解工作与人生的关系，是每个人面临的现实且难以解决的实际问题。俞敏洪在《为自己而工作》一文中这样写道：对于正在寻找和已经参加工作的每个人都要明了的一件事是：你做任何工作都是在为自己工作！要感谢给你提供工作的机构，不管这个机构本身如何，老板如何，因为只有你有了工作，你才能赚到一份工资，只有你赚到了工资，你才能过日子。这是从最低层次上说的。从另一个层次上说，你在任何工作中积累的经验、资历和智慧永远都属于你自己。在这个世界上，名声、地位、财富，别人都可以从你身上拿走。不管你有多少钱，它们都可能在一夜之间消失，但是你在工作中所积累的经验、资历和智慧，是别人永远拿不走的。这就是为什么在 IBM、柯达等大公司工作过几年的人到其他机构应聘会更容易一些的原因。一般说来，有工作经验的人的工资比大学刚毕业的学生要高。一个大学刚毕业的学生能耐再大，起始的薪水也不会很高，只有工作了一两年，真正展示了自己在各方面的能力之后，工资才有可能得到提高。任何成就都是一个积累的过程，只要你的积累是正面的，你的资历和经验会越来越多，而你得到的回报也就会越来越高。（俞敏洪：《为自己而工作》，2023 年）

每个人都不会随便成功，任何人的成功都是在不断学习、不断积累与反思的过程中才得以成长的。韩愈在《守戒》一文中，论述了如何发挥个人的主观能动性问题。他说："天下之祸，莫大于不足为，材力不足者次之。"所谓"不足为"，就是把事情想得太容易、看得太简单，以为不必为之。也即是说，尽管他这个人可能具有才能，但不肯有所作为，实际上等于毫无才能。有能力做而不去做，跟没能力做而不去做有什么差别呢？

所以，要做一个积极主动的人。不要只是被动地等待别人告诉你应该做什么，而是应该主动去了解自己要做什么，并且规划它们，然后全力以赴地去完成。想想今天世界上最成功的那些人，有几个是唯唯诺诺、等人吩咐的人？对待自己的学业和工作，你需要以一个母亲对孩子那样的责任心和爱心全力投入、不断努力。若真如此，便没有什么目标是不能达到的。一个积极主动的人还应该虚心听取他人的批评和意见。其实，这也是

一种进取心的体现。不能虚心接受别人的批评，并从中吸取教训，就不可能有更大的进步。比尔·盖茨曾经对公司所有员工说过：客户的批评比赚钱更重要。从客户的批评中，我们可以更好地吸取失败的教训，将它转化为成功的动力。曾经在一本杂志上看到这样一句话："作为职业人士，如果想要在公司获得成长的机会，就得养成主动做事的习惯。对于那些属于自己的工作，不必领导交代，自动自发，主动去完成。"大概每个人只要参加工作，就会越来越感受到这句话的深刻含义，当然，只有真正做到了才能体会它对我们工作的影响与作用。美国成功学学者拿破仑·希尔对于心态的意义说过这样一段话："人与人之间只有很小的差异，但是这种很小的差异却造成了巨大的结果差异！很小的差异就是所具备的心态是积极的还是消极的，巨大的结果差异就是成功和失败。"是的，一个人面对新局、乱局乃至失败所持的心态往往决定他一生的命运。中国古代有毛遂自荐的故事，其实类似的实例多不胜举。

韩愈进而认为，材力不足，如果能知道有所诫勉谨慎，事先有所准备，那么其将来虽然未必有什么特殊成就，但至少可以勉力而为，不至于堕落。两者比较，材力不足的人，其成果往往超过什么都不去做的人。实质上，韩愈还是强调一个人首先要立志有所作为，要自强不息。这确实是进德修业的关键所在。无论是屈原为理想献身，李时珍走遍各地收集药材、资料，历尽艰辛，还是愚公移山，有志者事竟成，都是教育学生最常用的例子。但对教师自身呢？我们是否更应该从这些例子中感悟一些呢？

如果要讲现代的例子，那么，现在各地流行的千手观音舞蹈，始创者邰丽华更是现代身残志坚的典型案例，这位聋哑姑娘，是在没有任何音乐和节拍的情况下演绎动人神韵的。舞蹈，对于她来说，是儿时的嬉戏，是精神的寄托，是感受这个世界的特定方式，更是重新定位人生的砝码。她将自己变成一只旋转的陀螺，24 小时中除了吃饭和睡觉，其他时间都在练舞。音乐是舞蹈的天然催化剂，正是靠着音乐的刺激，舞蹈家们才将自己所有对音乐的感受，表现为躯体的流动。对于处于无声世界的邰丽华来说，要让舞蹈和节拍完全合上，唯一的方法就是记忆、重复、再记忆、再重复。她用心去伴奏，她要用身体的舞蹈和心中的音乐去膜拜生命。1992 年 10 月，意大利斯卡拉大剧院举办了被称为艺术盛会的“无国界文明艺术节”，应邀演出的都是当时世界舞蹈界的超级明星，邰丽华作为唯一的残疾人舞蹈家，表演了极具东方情调的舞蹈《敦煌彩塑》，引起轰动。2000 年 9 月 18 日，富丽堂皇的纽约卡内基音乐厅，邰丽华又以充满激情的舞蹈，赢得了观众喝彩，观看演出的还有当时的联大主席和众多联合国高官以及 43 个国家驻联合国使团的官员。邰丽华以其“孔雀般的美丽、高洁与轻灵”征服了不同肤色的观众。她凭着自己对艺术的执着追求，成了我国唯一一位登上世界两大著名“艺术圣殿”的艺术家。

当然，对学习问题，我们做教师的都会有自己的感触。一方面是学习必须下苦功夫，所谓“勤能补拙是良训，一分辛苦一分才”。另一方面，对学生下苦功夫的努力我们应该抱有深刻的警醒，不是所有的苦功夫都会有相应的收获。历史上曾经有这么个案例，魏源是近代史上杰出的思想家、改革家、史学家、地理学家和文学家。人们常常称赞他博古通今、造诣精深。人们所不知道的是与他同时代的另一位英才。

魏源

这位英才的名字叫石昌化。魏源15岁在县试中，认识了小他一岁的竞争对手石昌化。主考官发现这两人年龄虽小，但文章都属上佳。因为难分伯仲，便将他俩同时“拔置前茅，赞为双璧”。第二年，魏源和石昌化又同时参加了府试，分别获得冠军、亚军。魏源能成功，绝对是“梅花香自苦寒来”。他最大的爱好就是读书，甚至因为在书房里待得太久，连自己家的仆人都认不出来了。石昌化在认识魏源后，感到自己的见识、学问与魏源还有一段差距。一心争强好胜的他开始琢磨，自己该如何缩短差距、赶上魏源呢？石昌化开始给自己加码：魏源读书读到三更，那我就读到五更。魏源读到五更，那我就通宵熬夜。如此拼命的他没想到，“梅花没香苦寒枯”。由于过分刻苦，石昌化患风寒引发痨病，进而呕血。身体垮了，学业也就无从继续，这个早年与魏源站在同一起跑线的神童，因为过分苛求自己，失去了参加殿试的机会，“以病剧而不得与魏同捷”。魏源不努力，绝对成不了魏源，石昌化过于努力，却只成为历史上的一个无名小卒。你知道大树最高能长多高吗？科学家说，一棵大树再怎么具有生命力，也只能长到122米到130米，不是大地撑不起它，而是它自己撑不起自己。到130米的极限，再长一米，甚至哪怕几厘米，都可能自己压垮自己，轰然倒塌。其实在人生中，读书、工作、理想都是如此。要十分努力，却不可超出自己的能量极限，尤其不能把别人的高度当成自己一定要达到的高度，否则往往不成功，却逼苦了自己。

当然，我们要注意社会生活中常见的“愤青”一族。这些人从来都是眼高手低，看别人做事这不行那不对，自己却好高骛远，不能脚踏实地，不思进取，不求上进。这样的人在单位就很难有所作为。培训师吴甘霖曾经举过这样的例子：

我很难忘记一次为一家中央级别的研究所做培训的经历。参加培训的主要人员是该所的中层干部，他们都很年轻，开场时气氛也很活跃，大家踊跃发言，没想到的是，有一位头发已经斑白的老者，总喜欢与人唱反调。他对作为主讲教师的我多少还算客气，但是对于年轻干部的发言，提出的意见有刻意挑刺的味道。到后来，大家都不愿意多发言了。我不知道他是哪个级别的干部，但看他那威严的模样，想必地位不低。我觉得他这种表现方式在课堂上并不太合适，于是课程中途休息时，和所长简单交流了一下，希望他提醒这位“老领导”，有意见可以善意交流，但不要以这种挑刺的方式，以免在课堂上打击其他学员们的积极性。所长并没有听课，但听完我的描述后就知道是谁了。他不由一笑，对我说：“他哪是什么干部啊，他就是一个工作了40年的普通研究员。本来他是有能力的，但他老是抱怨这抱怨那，又总是瞧不起别人，尤其是年轻人，所以大家对他的看法都不太好。照理说，他也是有资历的，早就应该提拔了，起码在专业方面，可以成为所里的学术带头人。但他总是在干工作时激情少、挑毛病时干劲足，所以一直无法被重用。由于他有那样的毛病，业务水平有时还不如后来加入的年轻人，我们有时真为他头疼。”“那么，为什么让他参加中层培训呢？”所长不好意思地解释说：“再过三个月他就要退休了。那天他看见公布了有这么一个培训活动，就说很难得，申请参加，我不好反对，同时转念一想，让他来听听也好。没想到他在这样的场合，还是本性难移。看来，像他这样的人，最好还是早点退休算了。”有资格有能力，却40年没有获得提拔，这足够让人反思了。遗憾的是，这位老者竟然自我感觉还那样好，一点反思的意思都没有。我们不由深深慨叹，所长评价那位老员工干工作的时候热情少、挑毛病的时候干劲十足，的确一针见血地指出了某些人的毛病。（吴甘霖：《心不难，事就不难》，天津出版传媒集团2012年版，第21—22页）

由于短视频的兴起，以前被打击过的各类传销改头换面，以成功学或人生指导教师的面目出现在大众面前。从之前的耻于相师完全翻转，现在的短视频中到处都有各类导师的影子。被打击过的涉嫌精神传销的陈安之、以障眼法为技能的王林都已淡出人们的视线。但直播教学卖课之中，名为售课实为诈骗的案例层出不穷。因为网上的虚假身份很难得到验证，所以各种帽子满天飞：什么国学大师、中国礼仪教母、中国领导力权威专家、中国品牌战略系统创始人、成功学大师、行销大师、情感导师、中医名家，如此等等。他们往往在售课时展现自己开豪车、住别墅、穿金戴银、用名牌手表箱包的一面，用金钱吸引人们注意力，以资本运作为噱头，以发展合伙人为诱饵、旗号拉人骗钱，层层发展下线，成为当前网络一景。实际上，这些所谓的课程、所谓的导师，都是骗子。而且类似的骗子可以说是层出不穷，防不胜防。例如，打着“卫生部首批国家高级营养师”头衔大谈养生的张悟本，凭一本《把吃出来的病吃回去》火遍大江南北，也是他以一己之力使得整个中国绿豆价格翻番，但其本质还是为赚钱，所以他的每一节课的收费高达980元且十节起售，上当买课的人趋之若鹜。

所以，尽管当前短视频仍在井喷式增长，但我们教育工作者要采取谨慎的态度，特别是那些纯粹以营利为目的的所谓网课，往往为了吸引听众而夸大其词、信口开河，学习者在选择和利用这些资源时，应保持审慎的态度，综合考虑信息的质量、互动性、个人需求等因素，以突破信息茧房，获得更有效的学习体验。

进言之，尽管现在信息技术的发展使得学习知识是件容易的事，但心悦诚服地向教师学习却变得越来越困难。为此，作为教师要有自知之明，要在自己终身不断学习的同时，鼓励学生勇于向师，才能真正形成学习型社会，也才能真正促进每个人的进步与发展。

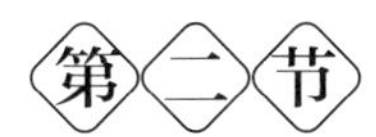

第二节

“人非生而知之”

“人非生而知之者，孰能无惑？惑而不从师，其为惑也，终不解矣。”很多人通过韩愈的这句名言看到了择师从师的重要性。但我们更应该看到本句话的前半句的意义，也即教师自身要积极主动地学习。人没有天生的圣贤，人生时时处处充满疑惑，只有通过不断的拜师学习，才能解开这些疑惑。终身学习，对教师来说意义更为重大。

对这个问题，我们可以从三方面理解：

第一，人性与教育。人是教育的对象，任何一个教育家都必然要涉及对人性的看法，以便阐明教育在人的发展中的作用这一根本性问题。当教师久了，自然就会产生一种感觉，人的聪慧确实分三六九等，许多优秀的学生真不是教师所能教的。从孔子的“上智下愚”，到董仲舒的“性三品”等等，都是这种思想的体现。

这里先讲个数学家高斯的故事。高斯在上小学的时候，很淘气，上课不老实，小动作很多。老师为了让他安静一会儿，说：你别乱动了，算一道题，一加二、加三、加四、加五、加六，一直加到一百，最后得多少？

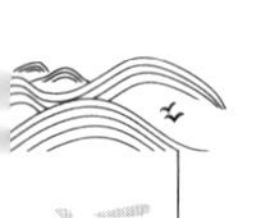

老师以为这够他安静一节课的了，没想到，刚转身讲课，高斯这位小同学就站起来回答：老师，结果我计算出来了，是五千零五十。老师大吃一惊，问你怎么算出来的？高斯说，一加一百是一百零一，二加九十九是一百零一，三加九十八还是一百零一，这样两头加，加到中间，五十加五十一还是一百零一，那么五十个一百零一不就是五千零五十吗？类似的儿童聪慧故事在历史上不乏其例，我们的教育本身就是在教人向聪慧道路上奔。无论是司马光砸缸、文彦博树洞取球，还是曹冲称象、孔融让梨，还有骆宾王七岁写的"鹅鹅鹅"，至今仍是幼儿早教的必学篇目，这不都是在说明早慧儿童确实存在吗？这就带来一个现实问题，如何认识人的智力有差异但又必须进行教育的事实？

韩愈继承和发展了孟子、荀子、扬雄等人的儒家传统人性观，提出了"性三品"说，表述了他对人性及教育在人的发展中作用的看法。他明确反对孟子的性善论、荀子的性恶论、扬雄的善恶混合论。他把人性分为上、中、下三个等级，上品人之性天生是善的，中品人之性可以诱导之为善为恶，下品人之性终归于恶。韩愈认为，仁、义、礼、智、信，乃是人与生俱来的五种善性。上品人只要是五种善性中有一种占了主导，则其他四种也会相应地具备。而中品之人在五种善性中，某一种或偏多或偏少，而其他四种也就杂而不纯。至于下品人在五种善性中，某一种偶尔得到一点善的因素，则其他四种都背逆了善性。根据韩愈的观点，人应该是有所区分的。

韩愈还说："性也者，与生俱生也；情也者，接于物而生也。"又说："其所以为情者七：曰喜、曰怒、曰哀、曰惧、曰爱、曰恶、曰欲。上焉者之于七也，动而处其中；中焉者之于七也，有所甚，有所亡，然而求合其中者也；下焉者之于七也，亡与甚，直情而行者也。"（《原性》）也就是说，性是先天的，情是后天的，两者是有区别的。不仅性是有品级的，而情也是有品级的。虽然情是人皆有之，但有所不同。上品人产生的七种情感无不合于中庸之道，中品人产生的情感虽有过与不及，但自知随时求合于中庸之道，而下品之人却纵情所为，毫无节制。他把性与情明确区分开来，这是对儒家人性论的一个大发展，在中国古代心理学的发展史上有着重大意义。

韩愈的本意绝不是从理论上阐述性与情及其关系之类。他的《原性》更多是以诙谐的口吻写成，着意于强调性与情之间的联系，强调在这其中的教育意义。他强调性与情之间的关联，认为对于大多数中民之性的人来说，其是可上可下的，所以，学习与教育对这种人来说是非常必要的。当然他还认为，无论上品或者下品之人，都不是固定不变、静止不移的，都可能因为外界的条件而发生变化。只是要注意使其改变的方式与方法，以及可能产生的效果与预期有所差别。

韩愈认为，没有天生而就的圣人，没有不学而能的人。绝大多数人都是社会生活中的普通人，都会有自身的困惑与问题，尽管人的情绪是多方面的，而且人控制情绪的能力也有高下之分，但作为教育工作者时刻要提醒自己的是，人都是被教育出来的，也是通过努力可以向善向前的。所以，他的“人非生而知之者”就表明了人是可以通过教育而成人的。

第二，治学方法。韩愈讲的治学方法实际上是读书方法。关于如何读书，他突出强调了一个“勤”学，所谓“口不绝吟于六艺之文，手不停披于百家之编”，要做到“焚膏油以继晷，恒兀兀以穷年”。他认为，读书学习唯有勤奋，方能有所得。基于这一思想，他提出了一些宝贵的见解。

例如，他在《进学解》中说“记事者必提其要，纂言者必钩其玄”。意思是说，读不同性质的书，要采用不同的方法。阅读史籍类书籍，一定要做出提要，提纲挈领，掌握要点。阅读辑录古人言论的书籍，一定要探究其要旨，着重领会书中的精神实质。实践证明，这种读书方法确实可以

收到最佳的读书效果。

“贪多务得，细大不捐。”意思是说，学业的精深要以广博地积累知识为基础，否则知识浅薄，要想达到精通的地步是不可能的。因此，一定要博览群书务求所得，知识不管是大是小，要兼收并蓄。也就是把不同内容、不同性质的东西首先全面接受下来、保存起来，然后加以甄别，以便为我所用。其本意主要是指为学要有一种开放的态度，不能偏狭傲慢，不能一叶障目，不见泰山。

“沉浸酞郁，含英咀华。”意思是说，读书不能浮光掠影，满足于一知半解，要深入理解它的精神实质。因此，对书中的重要内容要精读，要融会贯通，对书中的精华要仔细玩味，反复地体会。这个见解对当前我们读书仍然有指导意义。

“闳其中而肆其外。”这是针对写文章讲的。意思是说，写文章不仅要内容丰富，而且文章要恣肆，要有自己的新意。他反对跟在习俗的东西后边人云亦云、拼凑抄袭前人现成的东西。他主张无论是写文章还是做学问，都要自立自强，不因循守旧，不盲从前人，一定要有自己的见解，要不落俗套。韩愈曾经明确地说，如果仅仅是跟当世说法一样，肯定不会被当世所责怪，甚至得到当世的赞赏，但细想来，这样的作品肯定不可能传世，若干年后，谁还记得它呢？目前应景文章似乎仍然很多，但想要传承百世，还得有创造创新之功。那么如何作好文章呢？韩愈首先提出，要想写好文章必须要多读书：读书患不多，思义患不明；患足已不学，既学患不行。(《劝学诗》) 也就是说要做到“多读、深思、虚心、躬行”。人生处万类，知识最为贤。儒家一直是把“学习”放在第一位，《论语》的第一篇就是“学而时习之，不亦说乎”。韩愈作为一代巨儒，自然把“学习”放在第一位。接下来他就提出了“辞不足，不可以为成文”(《答尉迟生书》) 的说法，如果写文章的人没有积累足够的词汇量，就好比一个人身体各部分不齐备一样，所以读书的时候一定要做摘抄。但是做摘抄不是为了让你引用，你写文章的时候“必出于己，不袭蹈前人一言一句”（《南阳樊绍述墓志铭》），要做到“师其意，不师其辞”（《答刘正夫书》），否则就是“剽贼”了。韩愈之所以能为我们留下来那么多成语，是因为他提倡“陈言务去”，他说“因循二字，从来误尽英雄”。所以在语言上，一定要创新、创新、再创新！在他那里，学问从哪里来呢？学问不是文字，也不是知识，学问是从人生经验中来，在做人做事中去体会的。这个修养不只是在书本上念，随时随地的生活都是我们的书本，都是我们的教育。

实际上，人不可能是生而知之者，也不可能在各方面都有很好的发展。学生如此，教师更是如此。沈从文的小说写得好，在世界上都有影响，差一点儿得诺贝尔奖，可他的授课技巧却很一般。他也颇有自知之明，一开头就会说：“我的课讲得不精彩，你们要睡觉，我不反对，但请不要打呼噜，以免影响别人。”这么谦虚的一说，反倒赢得满堂彩。他的学生汪曾祺曾评价说，沈先生的课，“毫无系统”，“湘西口音很重，声音又低，有些学生听了一堂课，往往觉得不知道听了一些什么”。听他的课，要会“举一隅而三隅反”才行。沈先生真不大会讲课。看了《八骏图》，那位教创作的达士先生好像对上课很在行，学期开始之前，就已经定好了十二次演讲的内容，你会以为沈先生也是这样。事实上全不是那回事。他不像闻先生那样：长髯垂胸，双目炯炯，富于表情，语言的节奏性很强，有很大的感染力；也不像朱先

沈从文

生那样：讲解很系统，要求很严格，上课带着卡片，语言朴素无华，然而扎扎实实。沈先生的讲课可以说是毫无系统——就学生的文章来谈问题，也很难有系统，大都是随意而谈，声音不大，也不好懂。不好懂，是因为他的湘西口音一直未变——他能听懂很多地方的方言，也能学说得很像，可是自己讲话仍然是一口凤凰话；也因为他的讲话内容不好捉摸。沈先生是个思想很跳跃的人，常常是才说东，忽而又说西。甚至他写文章时也是这样，有时真会离题万里，不知说到哪里去了，用他自己的话说，是“管不住手里的笔”。他的许多小说，结构很均匀缜密，那是用力“管”住了笔的结果。他的思想的跳动，给他的小说带来了文体上的灵活，对讲课可不利。沈先生真不是个长于逻辑思维的人，他从来不讲什么理论。他讲的都是自己从刻苦的实践中摸索出来的经验之谈，没有一句从书本上抄来的话——很多教授只会抄书。这些经验之谈，如果理解了，是会终身受益的。遗憾的是，很不好理解。比如，他经常讲的一句话是：“要贴到人物来写。”这句话是什么意思呢？你可以作各种深浅不同的理解。这句话是有很丰富的内容的。照我的理解是：作者对所写的人物不能用俯视或旁观的态度。作者要和人物很亲近。作者的思想感情、作者的心要和人物贴得很紧，和人物一同哀乐，一同感觉周围的一切（沈先生很喜欢用“感觉”这个词，他老是要学生训练自己的感觉）。什么时候你“捉”不住人物，和人物离得远了，你就只好写一些似是而非的空话。一切从属于人物。写景、叙事都不能和人物游离。景物，得是人物所能感受得到的景物。得用人物的眼睛来看景物，用人物的耳朵来听，用人物的鼻子来闻嗅。沈先生是那种“用手来思索”的人。巴甫连科说作家是用手来思索的。他用笔写下的东西比用口讲出的要清楚得多，也深刻得多。使学生受惠的，不是他的讲话，而是他在学生的文章后面所写的评语。沈先生对学生的文章也改的，虽改得不多，但是评语却写得很长，有时会比文章本身还长。这些评语有的是就那篇习作来谈的，也有的是由此说开去，谈到创作上某个问题。这实在是一些文学随笔，往往有独到的见解，文笔也很讲究。老一辈作家大都是“执笔则为文”，不论写什么，哪怕是写一个便条，都是当一个“作品”来写的——这样才能随时锻炼文笔。沈先生历年写下的这种评语，为数是很不少的，可惜没有一篇留下来。否则，对今天的文学青年会是很有用处的。（占广进：《沈从文是个敬业的老师》，《文史博览》2017 年第 3 期，第 34—35 页）

而在中国思想史上有重大影响的疑古学派的创始人顾颉刚就有口吃的毛病，尽管口吃，却曾在多所大学任教，中山大学、燕京大学、齐鲁大学、兰州大学、中央大学、复旦大学等都留下了他的身影。他在兰州大学讲课时对自己的历史研究进行系统整理，共讲了 235 节课的中国古代史，为兰州大学的发展奠定了基础。顾颉刚说自己口吃是小时候被严厉的私塾先生吓的结果。据其自述，九岁那年，因背书不够流利，塾师挥动戒尺，敲桌有声，在这种威吓和打击之下，他感到战栗恐惧，结果竟发展成口吃。同样，在著名学者中口吃的还有很多，最著名之一便是冯友兰。有故事说，一次在火车上，途中无聊，顾颉刚主动和邻座的同龄人打招呼：“你好，你也……是……是去苏州的吗？”那人看着顾颉刚，微笑着点点头。到上海站准备下车时，顾颉刚发现一张字条：“我叫冯友兰，也是口吃患者，没和你搭话，我不想让你误解，以为我嘲笑你。”两位大师，旅途偶遇，表现出了截然不同的性格，趣味无穷。

第三，天道酬勤——没有人能只依靠天分成功。上帝给予了天分，勤奋将天分变为天才。现在人们仍然经常使用“书山有路勤为径，学海无涯苦作舟”，但知道这副楹联的始创者是韩愈的却不多。这副对联化自韩愈的《进学解》，也就是后世认为的韩愈的劝学篇。其根本宗旨在于鼓励学生奋然前行，勤谨自有福报。近些年，人们对“勤”字有所忽略，以为随着电子工业的兴起、自动化的实现，勤似乎与人们

的生活越来越远。但古往今来，勤奋是人们获取成功的必要前提，也是我们每个人都应该具备的良好品格。唯有勤奋，才能创造一个人事业的成功与辉煌。世界著名物理学家居里夫人，历经 12 年的实验，不怕挫折失败，从几十吨的矿物中提取了 0.1 克镭，两次摘取诺贝尔奖，她创立的居里夫人实验室，至今仍在国际科研领域占有一席之地。曲阜师范大学名誉校长、诺贝尔物理学奖获得者丁肇中在演讲时提到，他曾一心只在实验上，一个星期不下楼不离开实验室，通宵达旦、废寝忘食，终于攻克了所在领域的一道难题。勤奋是一个人在学习上、事业上有所建树的根本条件。如果你富于天资，勤奋可以发挥出它的作用；如果你智力平庸，勤奋可以弥补它的不足。任何伟大的成就都是与辛勤劳动分不开的，有一份劳动就有一份收获，日积月累，积少成多，奇迹便可创造出来。俗话说，“天上不会掉馅饼”，所有的成就都是个人努力的结果。

大家都知道曾国藩是中国历史上最有影响的人物之一，然而他小时候的天赋却不高。有一天在家读书，对一篇文章反复读了很多遍，还是没有背下来，这时候他家来了一个贼，潜伏在他的房梁上，希望等读书人睡觉之后捞点好处。可是等啊等，就是不见他睡觉，还是翻来覆去地读那篇文章。贼人大怒，跳出来说，这种水平读什么书？然后将那文章背诵一遍，扬长而去！贼人是很聪明，至少比曾国藩要聪明，但是他只能成为贼，而曾国藩却被毛主席称为近代最有“大本大源”

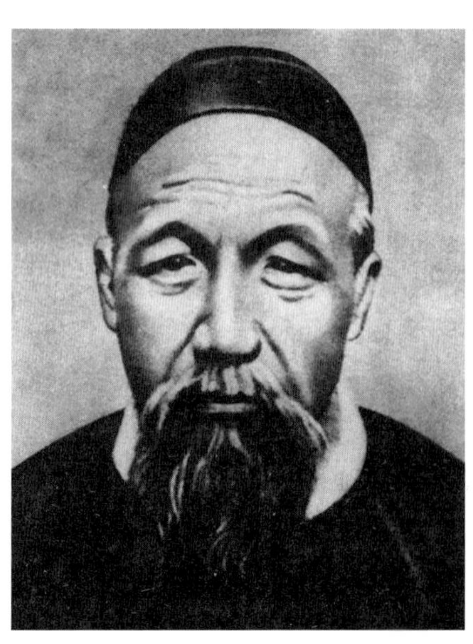

曾国藩

的人。勤能补拙是良训，一分辛苦一分才。那贼的记忆力很好，听过几遍的文章都能背下来，而且很勇敢，见别人不睡觉居然可以跳出来大怒，教训曾国藩之后，还要背书，再扬长而去。但是遗憾的是，他名不见经传，曾国藩后来起用了一大批人才，按说这位贼人与他有一面之交，大可去施展一二。可惜，他的天赋没有加上勤奋，只能是不知所终。

现在也是如此，比如新东方的总裁俞敏洪当初考入北京大学英语系后，因为乡音很重，英语说不了，听力更是不行。他老师说“除了俞敏洪自己能听懂外，恐怕什么人也听不懂了”。俞敏洪决心改变，他戴着耳机在北大语音实验室废寝忘食地练习英语听力，但是两个多月后，不会说、听不懂的状况依然没有多少改变。这时，他果断地决定摆脱北大当时教学模式的束缚，另辟蹊径。他从小书店买了一套《新概念英语》，抱着大录音机，钻到北大的小树林里开始了他的疯狂之旅——他杜绝了一切人情往来，也不去上课，一天十几个小时地狂听狂背，用他自己的话说，“眼睛都听绿了”。结果是，疯狂两个半月以后，一套《新概念英语》彻底倒在他的脚下，从此以后，他能听懂任何人所讲的英语，他终于成了会听英语、会说英语的人！俞敏洪很开心，他怎么能不开心呢？他得意地总结道：“听英文，一定要有现成的英文资料放在那里，这样练习才有效果。有的人一边做其他事，如骑自行车一边听英文，好像很刻苦，其实是瞎扯淡。只有听母语才能这样。我们无论做什么事都要有一种精品意识。什么是精品意识？所谓精品意识就是有一个点在那里，你达不到就不是精品！”每个人在学习一门新的技能的时候，都有一个入迷期，如果你能抓住这个入迷期，利用好这个入迷期，全身心地、如痴如醉地投入，你就可以创造任何奇迹。把这一方法用在学习上，并把学习看得高于一切——比吃饭重要，比睡觉重要，比周末的约会重要，比度假重要。如痴如醉、专心致志、疯疯癫癫、神神经经、旁若无物，你同样可以像俞敏洪一样，创造出属于你自己的辉煌。

当然，我们讲的“勤”不是指简单的时间投入与消耗，还需要正确的导向与积累，更需要恰如其分的判断和抉择。《战国策》有“三人成虎”“曾子杀人”的典故，都在告诫后人不要道听途说。老百姓常说，常说是非事，必是是非人。一个人背后爱议论他人的是非，这人就要警惕了，离“德”太遥远了。传播的是非往往是“道听途说”来的消息，不能全信的。这样的话，孔子在2000多年前已经说过了。这个成语出自《论语·阳货》，原文是，子曰：“道听而涂说，德之弃也。”也就是在路边听到没有经过证实的话，对“马路消息”信以为真，甚至去随意听信或传播无根之言，这些都是有道德者所不为的。传播马路消息，说轻了是轻信一面之词，说重了是唯恐天下不乱，是幸灾乐祸。如果一个学者“道听而涂说”，那么他做学问的态度有问题，根基不牢。道听途说来的知识也能作为证据吗？道听途说，不经过大脑的过滤。言者也许无意，可能听者有心，以讹传讹，终成败德。因此，纵然听到善德，也不能为己所有，其德终无可成。从对别人的影响这一方面来说，道听途说，未加求证，便跟着传播，结果和事实相悖，客观上给他人造成了不好的影响甚至是伤害，当然谈不上道德。与此相关，我看到一个资料说，清初名士纪晓岚主编《四库全书》，将中国古代典籍分为经、史、子、集四大类。他曾经说过，所有的事情，古人都已讲过讲透，今人再怎么写也写不出什么新意。所以他一生只编书，不著书。龙应台在台湾大学法学院的一场演讲里，也提到她曾经自以为对某事有独特的见解，结果后来无意中才发现，两千年前韩非子早就写过更透彻的话。我自己也常有这样的感触。近几年苦思生命中的一些现象，有时自以为颇有一些心得了，翻翻书，又发现古人也早已说透，常常为此怅然若失。中国文明积累几千年了，各种想法、说法、做法已经探索了很多，所以，自觉学习古往今来的成果，显然是做教师的天然职责。

第三节
“学者必有师”

韩愈的一句“古之学者必有师”引来多少人的感叹与共鸣。确实，古往今来，所有在学术方面有成就的人，必然有自己的师承关系。一个人从小到大，要成材成器，必离不开另一些人的教育、教导，我们将这些人称为教师或者师傅，而自己称为学生或弟子。北大教授陈平原曾经提及，他有一次应邀到南方一所大学演讲。那天刚好是教师节，在飞机上，他正在读利奥塔写的《后现代状态》。书里说到，在后现代社会，教师这个职业有可能会消失。因为，我们可以选择一位最佳状态的教授，录制他的演讲，通过远程教学的方式传播。这样，既不会出错，又很精彩，这比我们今天这些水平高高低低的教师要好得多。假如此说成立，那么，一个专业一两个教师就够了，其他人赶紧改行。他说，读到这里，我出了一身冷汗。后来，我想通了，这根本做不到，不是因为技术手段，而是因为老师在学校里的工作，不只是传授知识，还有充当大鱼，让小鱼在后面跟着游的作用。更不要说什么因材施教、因地制宜等。我曾经说过，当老师很难，站在讲台上，必须照顾到班上所有学生

的趣味和目光。我的经验是，眼睛看到第七排的学生，这个时候，所有的学生都觉得你在看着他。课堂上显示的，不止是你的声音，也包括你的姿态，你的神情，还有你的心境。你需要跟学生沟通。有时讲课效果好，有时不好，关键在于和学生有没有交流。可以这么说，每一次成功的讲课，都是师生共同完成的。这是有教学经验的人都能领会到的。老师之于学生，不止是具体知识传授，还有日常生活中的人格修养。就算是知识传授，也必须通过沟通和对话才能实现。在这个意义上，老师这个职业，在我看来，没有消失的可能性。诸位作为师范大学或教育院系的教师和学生，我相信你们和我一样，会对这个职业充满信心。现代技术对教育的冲击不言而喻，但未来世界要完全取消教师这一职业也是不可能的。

中国古代师承关系特别重要，在汉代太学里传授儒家经典的时候尤其强调师承关系，甚至背离师法家法即不用。中国古代是儒家思想治国，儒家重教育是不言自明的，在璀璨的中国历史长河中，以教师或者导师自认的众多，而且师生关系成为人们常常谈论的话题。比如子思与孟子、颜元与李塨等都是师徒共同创立某个学派。

民国时期的著名国学大师章太炎曾以讲国学为由，系统整理过中国古代思想史上著名的师承关系，分为儒学传承简明谱系、佛学传承简明谱系和文学传承简明谱系三部分，并对儒学的传承进行了更细致的剖析，有兴趣者可以详细阅读《章太炎讲国学》的有关章节。（章太炎：《章太炎讲国学》，吉林人民出版社 2008 年）

当然，古代特别讲求师承关系，师生如父子的观念深入人心，古代关于拜师学艺的故事也广为流传。

有一则诸葛亮拜师学艺的故事是这么说的。庞德公学识渊博，不愿为官，隐居在襄阳城外鹿门山的一个石洞中。诸葛亮来到鹿门山下，只见一位古稀老人正给十几个学生讲学。他上前施礼，说明来意，谁知庞德公不收他。无论他怎么要求，庞德公总是说，老朽才疏学浅，不收徒。

诸葛亮不灰心，就在一旁站着听课，一站就是半天。庞德公见他心诚好学，这才答应收他为门生。诸葛亮天资聪明，读书一目十行，庞德公很是喜欢。

一天，他对诸葛亮说："厨房水缸缺水，你去挑水。"诸葛亮心中不乐意，不过，还是一担一担地把水缸装满了。第二天，庞德公说："厨房烧饭缺柴，你去磨刀砍柴。"诸葛亮很不高兴，不过还是耐着性子，把刀磨快，上山砍了一大捆柴。第三天，庞德公叫他来磨墨。诸葛亮很窝火，但是，还是压住火，照先生的吩咐办了。

磨完墨，庞德公问："近几天学业可有长进？"诸葛亮回答说："先生天天叫我挑水、砍柴、磨墨，还谈什么学业长进？"庞德公笑了笑，说："水缸怎么装满的？"诸葛亮答："是一担又一担水装满的。""柴是怎样来的？""是一刀一刀砍来的。""墨是怎样才浓的？""是一圈一圈磨浓的。"庞德公说："水越装越满，柴越砍越多，墨越磨越浓。常言道：学海无涯，勤奋是舟。你想学到真本领，单靠聪明是不行的。"

诸葛亮恍然大悟，顿时满脸通红。原来先生是通过挑水、砍柴、磨墨，告诫他求学必须虚心、耐心和专心。从此，他读书更勤奋努力了。过了一段时间，庞德公突然叫诸葛亮第二天清早到后山洞前等他。第二天天亮，诸葛亮来到后山洞，见先生已站在洞口

诸葛亮

了。先生不高兴地说："太阳都快晒屁股了，你还来干什么？明天赶早来。"诸葛亮只好回去。

当天夜里，鸡叫头遍诸葛亮就起床，摸黑到山洞口。天刚发白，庞德公来了，见诸葛亮已早到，高兴地说："读书人是三分天才，七分勤奋啊！"说完，他打开洞门，诸葛亮进去一看，洞里全是书。原来这后山洞是庞德公藏书的地方。庞德公允许诸葛亮天天在此看书。

从此，诸葛亮起早摸黑，在洞中如饥似渴地读起书来。后来，有民谚说：庞公教高徒，卧龙是真传。

无论是程门立雪还是张良拾履，本质上表达的还是拜师学习，一定要虚心，态度诚恳，百分百尊重老师，只有这样，才会赢得老师的真诚相授！

李贺

其实，师生之间不仅是知识技艺的传授，更是老师对学生的引领与提携。韩愈的文名越来越高之后，朝廷将他派往东都洛阳国子监任教。韩愈在洛阳致力于古文运动，宣传儒学。但他到洛阳后最大的收获是发现了少年才子李贺。传说，在元和二年（807年），18岁的李贺从近郊昌谷来到城中，带着自己的作品拜谒韩愈。当时，正值中午，韩愈宽衣解带正准备午休，门人递上了李贺的诗稿。韩愈在困倦中不经意地看了一眼，一下子就来了精神，首篇《雁门太守行》的开首两句"黑云压城城欲摧，甲光向日金鳞开"，就使得韩愈惊叹不已。他立即请李贺到室上座。他们相互久仰，大有相见恨晚之势。在韩愈的推荐下，李贺顺利通过地方的初试，被地方保举到长安参加进士考试。但当时一些人忌妒李贺少负盛名，以李贺父名“晋肃”与“进士”谐音犯讳为由，剥夺了他参加殿试的资格。韩愈听说以后，特别写了《讳辩》一文，为李贺打抱不平。文中说：“父名晋肃，子不得举进士，若父名仁，子不得为人乎？”尽管韩愈的辩护很有力，但仍无多大效果。最后，李贺只能失望而归。李贺在写下很多震撼人心的作品后，由于长期精神上的苦闷和压抑，在 27 岁时英年早逝。李贺之死对韩愈打击很大，使他心灰意冷地叹息很长一段时间，后人对李贺寄予了很大的同情，人们都传说他升天为仙去了。李贺作为有名的诗鬼，为人们留下了很多脍炙人口的名句，如“黑云压城城欲摧”“雄鸡一声天下白”“天若有情天亦老”等。

在中国历史上，避讳是一个比较难以说清楚的话题。避讳是古代礼治方式之一，是中国封建社会特有的现象，意思是古代对于君主和尊长的名字，必须避免直接说出或写出。“《春秋》为尊者讳，为亲者讳，为贤者讳。”这是古代避讳的一条总原则。实际上，在唐代，有些人对于他人无意中犯讳并不过多地计较。中唐的韩皋在鄂州夏口担任长官时，身上长了一个小疮，需要贴膏药拔毒。问题就出来了，这膏药贴了几次都没贴牢，韩皋就问治病的医生是怎么回事。给地方最高长官瞧个小病却出了岔子，医生有些发慌，连忙解释说：“天寒膏硬。”天太冷了膏药发硬贴不牢，这很在理，用火烤烤就行了。却不料“天寒膏硬”这四个字中的“寒膏”两个字正巧和韩皋的姓名同音，这就是对长官的不敬。那位医生无意中犯了顶头上司的名讳，心里未免担惊受怕，韩皋却没有计较。他笑着说：“韩皋实是硬。”而李贺被人以考进士就是冒犯他父亲的“晋肃”这个名字的音为由取消资格，实在是荒唐的。但根源在于李贺早就有才名，他去考试不录取似乎说不过去，而那些才不及他又想要考中的人，也就是反对他的人没找到更好的理由，便只能用这个理由。尽管

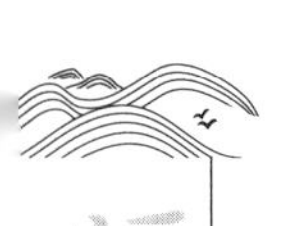

这个理由很勉强，但却被人们接受。所以，才有李贺愤然离开考场的举动，也就有后来李贺仕途不顺、命运多舛的结局。实际上，避讳这个话题往往成为打击对手的手段。历史上著名的乾隆时期文字狱的代表，王锡侯《字贯》案，就是王锡侯在编字典的时候没避讳引起的。其实编字典自然要真实，而且王锡侯在编字典的时候明确告诉读者哪些字是需要避讳的，只是因为字典的特殊性，无法回避。王锡侯一家被冤杀流放，与对他羡慕嫉妒恨的王泷南有很大关系。所以，避讳在中国古代社会一直是个难以解释的话题，而李架一案，韩愈著专文辩解，反证了韩愈对学生的爱护。

当然，在教育史上讲得最多的还是韩愈对后生的提携。他之所以敢逆潮流高举某某是“韩门弟子”的大旗，很大程度上还是因为他的慧眼识人，是把能力作为考量人才的最重要指标，尽力提携后生，把学生荐举给他人，唯才是用。他任四门博士第一年，一次就向主考官陆傪举荐了 10 名考生，当年中榜 4 人，后来又陆续中榜 5 人，成为一时佳话。

在社会实践中，能有一个好的老师显然是事半功倍的。中华人民共和国成立 50 周年前夕，我国曾隆重表彰了 23 位在“两弹一星”研制工作中做出突出贡献的科学家，其中有 11 位出自中国物理学界的名师、清华大学教授叶企孙先生的门下。名师叶企孙“以自己的睿智和远见，照亮了学生们前进的道路”。他的高徒赵九章本是学习经典物理的，但他考虑到赵的特点及国家的需要，毅然动员赵留学时改学气象学，使赵成为我国大气物理学、地球物理学的奠基人和开拓者，并被公认为“中国卫星第一功臣”。他的学生王大珩回忆道：“叶先生有深谋远虑，在抗战前中国的光学工业是零，而国防急需光学机械，为此他要我改学应用光学。”王大珩学成回国后，成为我国现代光学技术及光学工程的开拓者和奠基人。

与此类似，据美国哥伦比亚大学的 H. 乍克曼教授调查，在 1972 年以前获得诺贝尔物理、化学、生理学或医学奖的92名美籍科学家中，有48人曾是以前的诺贝尔奖获得者的学生、博士后研究生或助手。92名美国获奖者的平均获奖年龄是51岁，但不容忽视的事实是，受诺贝尔奖获得者指导的人比没有受其指导的平均获奖年龄要小7.2岁。也就是说，获奖的时间要早7年。

到现在，我们的教材里仍然有达·芬奇画蛋的故事。世界著名的一代绘画宗师——达·芬奇刚投师于佛罗基奥时，佛罗基奥没有首先教他创作作品，却要他画蛋。不明其间道理者，会误认为佛罗基奥无能，只不过搪塞过关而已，但行家一瞧，就会对佛罗基奥佩服得五体投地。达·芬奇日复一日地画蛋，自然也不耐烦了。这时，佛罗基奥才告诉他画蛋的真正意义所在。达·芬奇的成功，不正说明了师有方的重要和徒不怠的关键吗？

众所周知，之所以名师出高徒，主要是因为，第一，老师已是有名的老师，一般都能够对弟子施加更加优良的训练，也能把他所研究领域的最先进知识更好地传授给弟子。第二，名师也能够使弟子接触到同行更多的高人，或者有时会得到一些同行在公开场合下的吹捧，这样使弟子处在有利的地位，比较容易被激励，而且更容易崭露头角。第三，名师能够在与弟子的合作中发挥弟子的优点和长处，识别弟子的优势，引导并激发出弟子本身力量通常不可能达到的水平。第四，名师就是一面夺目的旗帜，吸引着弟子们去追赶、超越。名师的能力提供了足以匹敌的模范，吸引更多的优秀才俊到这个行业领域。所以，名师不一定出高徒，可有了名师，就比较容易出高徒。徒弟本身要有很好的身体素质，这是学好本领的基本保障，要有锲而不舍、积极进取的精神，还要有一定的天赋，这些加起来，成功就有了保障。

具体说，第一，从内因方面，事实上归根到底，成长最重要的是靠自

身的才智与勤奋。如果自己没能耐就不会被名师选中，被名师选中了的也不一定都能够成才。曾经有这样的一个故事，说明个人获得出头的机会实质上还是靠自己的努力：1936 年，还是纽约市立大学本科生的 18 岁的施温格，有了跟随一个想转学到哥伦比亚大学物理系的朋友到哥伦比亚去的机会。拉比对这两个青年进行谈话和提问，结果不是来访的发起人，而是施温格被拉比选中。拉比发现施温格虽然年龄小，却具有超常的丰富的物理学知识，更重要的是具有数学的思维能力和数学处理技巧。也是拉比慧眼识珠，1965 年，施温格获诺贝尔物理学奖。

第二，从外因方面，名师容易出高徒。名师的出名，靠的是什么？是自己渊博的知识，高超的教学艺术，魅力四射的人格。所谓名师出高徒就是强调教师自身的智力、功底、修养、水平、品德等方面总和在教育教学中的具体实践，教师的内功与学生学习活动相结合，外化为学生能够超群卓绝，造就一大批出类拔萃的学生。教师自己有渊博的学识及出色的办事能力，这是先决条件，必须重视因材施教，要有日积月累的教学经验，还要有很好的处世金针。

名师高徒之间就是典型的“马太效应”，现实社会生活中，马太效应的案例比比皆是。比如比尔·盖茨，他的外公是银行家，他的妈妈是美联储的高管、IBM 董事，她为儿子拉来了第一笔大生意。当然，我们也看过一些打破马太效应的例子。一些生来贫困的人，却靠着自己的不懈努力，一步步走向成功和富有。比如，1997 年引发金融危机的金融大鳄索罗斯，他曾说过“我生于贫穷，但我不能死于贫穷”。我们应该也可以看到，或许已经看到，在相当长一段时间内，社会阶层大体上相对稳定。也就是说，富人的孩子大多一样还是富人，穷人的孩子大多依然是穷人。有变化，但变化很少。那么怎么支持、帮助孩子打破马太效应呢？虽然没人能给出完整、具体的答案，但却蕴含了一些小启示：

1. 从小为孩子建立良好的生活环境

第一，有一个健康的环境，孩子才能获得强健的体魄。不一定是多么高级、奢华的房子，但一定要尽量地保持干净、整洁。

第二，有一个教育的环境，适量的书和玩具是孩子成长的必要陪伴。

2. 陪伴是孩子最重要的教养

美国研究者对贫民窟孩子的大范围研究结果发现：低收入家庭由于忙于生计、请不起保姆，大多数时候给孩子看电视打发时间。孩子过多注视二维空间影像时，他们的空间推理能力会降低，而经由过程亲密的陪伴，父母给孩子的不仅是知识的传授、能力的培育，更重要的还有情商的培育，自我决定信念的培育，和最基本的温暖感觉、人与人之间的信任的获得。

3. 敢于对孩子提出高要求

有些父母会因为自己的根蒂、根基不好，而不敢或不奢望对孩子提出严格要求或高要求，从而造成孩子对未来的信心不足，茫然无措、没有人生的目标是人生的悲哀。

孩子小的时候，往往不具备树立远大目标，或执行远大目标的能力，正需要父母的引领和督促。父母甘于现状，孩子也往往如此，那只能原地踏步甚至倒退。

4. 接受好的学校教育

在条件允许的情况下，尽量把孩子送进更好的学校，那里的硬件条件更为进步，更重要的是，那里有更加敬业的老师和更加优秀的同学。但往往令人泄气的是，这些要求的满足是有条件的。而且很多时候，又回归到最初的根源问题：父母的根蒂、根基，包括他们的经济、社会、文化等多方面的根蒂、根基，或者更简单地说，父母的阶层。我们当然希望孩子是个独立上进、依靠自己追逐成功的强者。但我们也不能不承认，我们给他的环境，会影响他能不能成功，或者多么辛苦才可以成功。所以，我们在

要求孩子努力上进的同时，自己同样不可懈怠。记住你和孩子之间的马太效应，其实在我们做父母的熏陶之下，孩子的成长必然受到马太效应的影响。

历史上曾经有这样一个案例：弗莱明是一个穷苦的苏格兰农民。一天他在田间劳作时，听到附近传来哭喊声。他放下农具跑过去，发现是一个小孩掉到了粪坑里。弗莱明忙把这个小孩从死亡边缘救了回来。第二天一辆崭新的马车停在弗莱明家门口，车上走下来一位优雅的绅士，他自我介绍是那个被救小孩的父亲。绅士说："我要报答你，是你救了我孩子的性命。"弗莱明说："我不愿意因此接受什么报酬。"就在这时候，弗莱明的儿子从茅屋里走过来，绅士问："这是你的儿子吗？"弗莱明说："是。"绅士说："我们来订一个协议。让我带他走，并让他接受良好的教育。假如他能像我一样，将来一定会成为一位令你骄傲的人。"弗莱明答应了。后来，弗莱明的儿子从英国的圣玛利亚医学院毕业，成为举世闻名的弗莱明·亚历山大爵士，他就是盘尼西林（青霉素）的发明者。数年后，绅士的儿子染上了肺炎，是什么救了他呢？是盘尼西林。那绅士是谁？英国上议院议员丘吉尔。他的儿子是谁？"二战"时英国的首相丘吉尔爵士。其中的启示确实令人深思：朴实善良的苏格兰农夫救人之后，不求厚报，凭着做人的本能做了一件好事，竟给自己的孩子带来了良好的机遇。又由于自己孩子的成就，医治了绅士的儿子即后来成为"二战"时期首相的丘吉尔爵士，一个普通农夫的一点点善良，竟然能给世界带来如此重大的变化，善莫大焉。

当然，学生的成长不完全是教师教育的结果，名校出来的不见得都是人才，名师培养的不见得都是高徒。某全国著名培训师曾讲过这样一个案例，在一次管理培训时，有一个学员曾向大家提出了他的困惑。他是一所知名大学的博士研究生。毕业三年后，在四家单位工作过，但在每家单位，都走了一条同样坎坷的道路：一开始被单位重用，但没过多久，不知道什么原因渐渐失去器重和欢迎，到最后竟然不得不离开单位。他很不甘心，更愤愤不平，觉得现在的社会怎么老是压制人才呢？很有意思的是，他所服务的最后一家单位，恰恰在前不久成为我的客户。在与其董事长交流的过程中，我不由得问起那位研究生的工作情况。没料到董事长一听到他的名字，就不断摇头。他说，当时聘用他并给他较高的位置，关键是看好他的博士的学识，以及在这个行业的专业知识。照理说，他应该在单位有所作为，但是过了一段时间后，就发现他不仅解决问题的能力比较差，而且遇到一些重要的事情，更是缺乏挑战困难的精神。尤其是派他到一家合资公司担任副总经理时，不但不能解决工作中的问题，而且架子大，无法与合资公司的领导共事，最后只好让他“走人”了。这位董事长在谈到这个博士时还说：“单位需要的是能解决具体问题的人才。这位博士的确有学问，但是他不仅缺乏解决实际问题的能力，更糟糕的是，还缺乏解决问题的意识。我们引导他提高自己，他还一肚子委屈。这样的人，单位怎么会需要呢？”接着他又感慨了一下：“我们大学的培养人才，怎么就不注重解决问题的意识和能力的训练，以让他们更能适应社会呢？我听说哈佛商学院培养 MBA 学员，关键就是培养他们分析问题和解决问题的能力，如果我们的大学能这样就好了！”史玉柱在管理方面做了更详细的阐述：“‘不认苦劳，只认功劳’，就是为了把管理做到最简单。这样做，既能保证真正的公平——一切凭业绩说话，又能最大限度调动大家的积极性，谁的功劳最大，谁就最受重视，还能得到最大的回报。要创造一流的业绩，就得少发牢骚多做事；要有功劳，就得学会更好地挑战和解决问题，这对一个干部而言尤为重要。”

第四节

"学者无常师"

《新华成语词典》对"学者无常师"这一成语的解释是：指求学没有固定不变的老师，要善于向各种有长处的人学习请教。虚心求学无常师，没有固定的老师。这个故事出自《论语·子张》，原文是，卫公孙朝问于子贡曰："仲尼焉学？"子贡曰："文武之道，未坠于地，在人。贤者识其大者，不贤者识其小者，莫不有文武之道焉，夫子焉不学？而亦何常师之有？"而孔子，正是中国文化的集大成者。他没有固定的老师，"三人行，必有我师焉"，谁有长处，他就跟谁学。我们这里重点讲的是韩愈，他的《师说》中那句"圣人无常师"，就是根据这段话发挥而成的。

韩愈这句名言道出了学问路上的真相，只有多方面学习，尽量汲取他人知识与长处，才能融众美于一身，也才能真正站在巨人肩膀上。韩愈本人是这么说的，也是这么做的。他因上《谏迎佛骨表》忤怒唐宪宗，被贬为潮州刺史。韩愈来到潮州，听说大颠禅僧是境内有名的僧人，心想自己既因排佛遭贬，对佛门的有名人物还是见识一下为妙，遂至灵山造访大颠。他来到大颠的僧舍，劈头便问："禅师，如何是道？"大颠正在坐禅，听到韩愈动问，从定中醒来，但好久也没想起要回答韩愈的问题。这时，大颠的侍者正好在场，他便举手猛击禅床三下。咚、咚、咚，三声响起，大颠与韩愈俱是一愣。大颠问道："你干什么？"侍者回答："先以定修，后以慧拨。"韩愈一听大喜，对大颠说："和尚的门风真是高峻啊，我在你的侍者那儿就找到了修道的门路了。"原来，侍者的回答是绝顶聪明的双关语。韩愈初问大颠如何是道？大颠不答，正与侍者的"先以定修"一句相应；而侍者击床三下，则与"后以慧拨"一句相印，所答言词与动静相依，与情景交融，相互照应，别有趣味，难怪韩愈一听便欣喜若狂了。

一天，韩愈问大颠禅师："今年春秋几何？"大颠提起念珠，边数边问："你知道了吧？"韩愈回答："不知道。"大颠说："昼夜一百八。"韩愈这下更加糊涂了，根本不知大颠所言何意。第二天，韩愈又来寺中，碰上了首座和尚，便问首座道："昨日我问大颠禅师春秋几何，他不回答我，却取出一串念珠，说了句什么昼夜一百八，不知是什么意思？请你告诉我吧。"哪知首座不回答，只是叩齿三下而已。韩愈无奈，只好又去问大颠。说也奇怪，大颠也不回答，同样是叩齿三下。韩愈见状大笑道："哈哈，佛法原来都是一样的。"大颠问："你这么说，难道明白什么道理了吗？"韩愈说："道理倒没明白，只是刚才首座对我也是这番举动。"大颠一听，立即叫来首座和尚问道："刚才韩愈侍郎问你佛法，你叩齿三下，是吗？"首座回答："正是。"哪知大颠一把打来，吓得首座急忙跑出了寺院。韩愈在一边看得莫名其妙，但他却感到大颠确是不同常人，能超出形骸之外，不为外物所累。所以，韩愈对大颠便越来越佩服，有事无事经常跑到寺中看看，与大颠闲聊一会儿。几个月后，韩愈迁为袁州刺史，想到将要和大颠分别，便最后一次登山拜访，并留给大颠两套衣服以作纪念。

不想此事传了出去，说韩愈与大颠成了好朋友，不会再为难佛法了。

尚书孟简知道此事，特地写信给韩愈以示赞赏，并鼓励他继续与佛教徒结朋友。韩愈收到来信哭笑不得，便回信孟尚书说：“潮州地远偏僻，没人可与交谈，而大颠却较聪明、识大体，所以我只好与他往来谈论。我确实喜欢这个人，但那不过是因为他超乎形骸之外，不为外物所累。我临别送他衣服，也不过是人之常情，并非崇信佛法，以求来日的功德。积善余庆，积恶余殃，物各以类聚，我崇尚儒典，怎么会舍弃先王之法、圣人之道，而从夷狄之教呢？”大家这才知道，韩愈与大颠交往，原来只是喜欢大颠个人，与佛教却是无关。

韩愈本是坚决的排佛论者，但一见大颠，却不由自主地与之亲近起来，与大颠保持非常好的私人关系，这传为一段佳话，佛教徒也经常引用此事作为佛教僧人风采的证据。按照韩愈的说法，他喜欢的只是大颠本人，而不是整个佛教。但在佛教徒看来，自己能与排佛人物保持友谊，正说明佛教的博大胸怀，是佛教强大有力的证明。所以，佛教徒在评论韩愈时就表现得非常客气，没有像对付唐初的排佛名士傅奕那样把他打入泥犁地狱，最多只说他没有理解佛教罢了。此话抛开不说，上面的故事中出现“昼夜一百八”“叩齿三下”等模糊对答，其含义是什么，大家想必急于理解。据笔者揣摩，当韩愈问大颠年纪时，大颠只举出念珠说：“昼夜一百八。”那是说大颠与诸佛一般无异，佛无春秋之数，大颠亦无年纪可说，二者是完全相同的。因为佛教念珠有一百零八粒之制，大颠说昼夜一百八，代表了佛教，而韩愈问的是大颠的年纪，是人的寿数。把人的寿数与念珠数相提并论，正好表示人即是佛、佛即是人，大颠与佛无异。禅宗正好也有这种教理。而当韩愈问大颠一百八是什么含义时，大颠只叩齿三下作为回答，意思则是说佛法与世间万物并无不同，念佛（一百八的另一意义）与叩齿没有差别，那便是行住坐卧皆是禅之意了。

韩愈排佛自有他的道理，儒家之所以排佛，一方面是儒家相信现世，不信来世轮回。孔子的“未知生，焉知死”实际上是对死后事悬置不理的。这种现世精神自有其合理之处。世界上诸多宗教，往往以来世或者天堂作号召，这样的虚幻景象尽管对很多人有吸引力，但对解决当下问题却相对有害。韩愈是立足于社会现实，为解决社会问题而认为世间应该有让人共同遵循的“道”，不然就无法处理人世间的各类关系。因为“道”是大家应该共同遵循的伦理秩序和法则，所以，只要依礼而行，就应该得到善报。他们自然有好的命运，而不必等到来世或永生。另一方面是当时社会现实是佛教敛财太多，已经深刻影响到社会的正常运行与发展。

从韩愈与大颠和尚的交往，我们又看出真正的“学无常师”。儒者并不因为他是佛教中人就排斥与之交往，相反，但凡其有可取之处，韩愈认为就有学习的必要。韩愈是儒家思想的正统继承者，其实儒家思想也是开放的思想体系，所谓“之时圣者也”就是圣人能与时俱进的意思。但韩愈的辟佛确实引起后世佛教界的极大反对，时至今日，中国台湾佛教界竟然还传播着章太炎死后仍做判官，还见到韩愈在饿鬼道徘徊的说法，本质上仍是对韩愈辟佛的极大不满。

纪晓岚

清代纪晓岚《阅微草堂笔记》是这么分析的，“抑尝闻五台僧明玉之言曰：辟佛之说，宋儒深而昌黎浅，宋儒精而昌黎粗，然而披缁之徒，畏昌黎不畏宋儒，衔昌黎不衔宋儒也。盖昌黎所辟，檀施供养

之佛也，为愚夫妇言之也；宋儒所辟，明心见性之佛也，为士大夫言之也。天下士大夫少而愚夫妇多，僧徒之所取给，亦资于士大夫者少，资于愚夫妇者多。使昌黎之说胜，则香积无烟，祇园无地，虽有大善知识，能率恒河沙众，枵腹露宿而说法哉。此如用兵者，先断粮道，不攻而自溃也。故畏昌黎甚，衔昌黎亦甚；使宋儒之说胜，不过尔儒理如是，儒法如是，尔不必从我，我佛理如是，佛法如是，我亦不必从尔，各尊所闻，各行所知，两相枝拄，未有害也。故不畏宋儒，亦不甚衔宋儒。然则唐以前之儒，语语有实用，宋以后之儒，事事皆空谈。讲学家之辟佛，于释氏毫无所加损，徒喧哄耳。”翻译一下，大意是：韩愈对佛教的批判，其实非常肤浅和粗疏，远不如宋代文人那么深刻。但佛教徒最恨的是韩愈。因为韩愈所批判的，是佛教教义中关于“布施供养”的部分；而宋代文人批判的，是佛教教义中“明心见性”的哲学部分。哲学部分是给知识分子看的，布施供养是给普通老百姓看的。相对于知识分子，老百姓人数多，是佛教的主要经济来源。韩愈批判“布施供养”，等于断人财路，跟宋人的哲学学术争论性质完全不一样。所以佛教徒最恨的是韩愈。

仔细想想，在中国历史上，除了雅俗皆知的“唐僧取经”故事所发生的那一时段到天竺学佛，其他时代到外国去学习的实在不多，这方面的历史经验并不充分。中国传统行为准则的一个要点，即《礼记》所谓“礼闻来学，不闻往教”。要别人先表示了“向学”的愿望且肯拜师，然后才鼓励教诲之。主动向人输出知识，即是“好为人师”，这样的行为是不被提倡的。“好为人师”一直是个贬义词。所以，自古以来，中国学者在学问的追求方面相当有自觉担当，但在主动劝教、为人师表方面却十分欠缺。于是“圣人无常师”也仅仅是一句口号或者号召，实际上，长期封闭的生活环境，长期的高高在上教育他人的姿态，长期的某专业领域的浸染，使得自以为是、妄自尊大成为一些教师的常态。越是封闭，越容易无知，也就越容易夜郎自大。有一个故事在明清人的笔记中重复出现了多次，尖锐地讽刺了这种妄人。这个故事的梗概是说：有一个富家地主自己不识字，因为家庭富裕，用重金聘一个家庭教师教授自己的子女，这个教师教授时从简单的“一”字教起。先生拿起笔画了个“一”，然后教导说这是一，又画了个“二”，教导说这是二，然后画了个“三”，教导说这是三。地主儿子一见如此，便欣然告诉其父亲说，我学会了，不用再请先生了，花那么多钱请先生干吗，辞了吧！地主甚喜，立即把先生辞退了。后来地主想请个姓万的姻亲赴宴，让儿子去写请帖，但写了很久却没见儿子回复，地主就去责问儿子为何还没写成。儿子却回答说，世上姓氏那么多，为何偏偏姓万啊，从早晨到现在我才画了五百画。这个故事比较通俗易懂，各类文学作品都使用过这个典故。但是，人们大都只把它当作笑话，而不把它看成一个严肃的讽刺性故事。我们的看法不是这样。我们以为我们应该从这个故事中，吸取一些关于教育方面的经验教训。学习者面对的一个最重要关隘，就是在刚刚学会一、二、三或外国文 A、B、C 等的时候。有一些轻浮的人，正如那个地主的儿子一样，往往在这个时候就“欣欣然”起来，以为“得矣，得矣”，什么都懂得了。这也好像学打拳的人，刚学会几个动作的时候，多半以为自己很了不得，处处想跟别人较量几下子。倒是学得多了，真正有一些本领，才反而虚心起来。由此可见，越是没有本领的就越加自命不凡，越是有本领的才越加谦虚谨慎。

当然，现在人们已经普遍注意到学无常师的问题，因此各大学都规定不留自己的学生。例如，北京大学就曾规定，北京大学的教师不能是北京大学博士毕业当年留校任教，而是要走出去，然后再考虑回来不回来的问题。为此，教育部曾出台文件，要求具有学位授予权的单位（系、研究所），原则上不得留用本单位培养的研究生。特殊情况需要留用者，亦应严格控制比例，留用本单位所培养的研究生人数最多不超过本单位

总人数的五分之一。就是说，在用人问题上，多搞一点公平竞争，少搞一点“近水楼台”，多搞一点“五湖四海”，少搞一点“感情投资”，在学缘构成上，还是搞“杂”一点为好。这也是避免学缘上的近亲繁殖。尽管引起争议，但已基本成为高等教育界的准则。这里反映的一个核心观念就是学者无常师，一个学者不应只跟一个教师学习，而是要像蜜蜂一样，汲取众多花卉的营养，最后酿得自己的蜂蜜。这方面的故事举不胜举。例如，著名京剧表演艺术家梅兰芳不仅在京剧表演上很下功夫，而且还深谙“功夫在诗外”的道理，为了丰富自己的艺术修养，提高自己的表演水平，梅兰芳特意认真学习绘画。他曾深有体会地说：“从事戏曲表演工作的人经常绘画，可以提高自己的艺术修养，变换气质，从画中吸取养料，以运用到戏曲中去。”他还认为学习画花卉、翎毛、草虫，对戏剧服装的色彩、图案有直接的帮助。为了学画，梅兰芳曾以名画家王梦白、陈师曾、吴昌硕、齐白石、刘海粟、丰子恺为师，对他们执弟子礼甚恭，其中对齐白石更为尊重。梅兰芳拜齐白石为师学画的时候，他在戏曲界的名气已经如日中天，人们都认为他只是摆摆样子而已，哪里还会潜心学画？齐白石本人也说：“你这样有名，叫我一声师父就是抬举老夫了，就别提什么拜师不拜师的啦……”可梅兰芳坚持一定要举行拜师仪式，行跪拜大礼。他学画也特别认真，在齐白石面前一直恭恭敬敬得像个小学生。

其实，从古就流传着一字之师的佳话，说的是唐朝有个叫齐己的和尚，非常喜欢梅花。有一年冬天，他看到傲雪开放的梅花，不由诗兴大发，当即吟了一首《早梅》，其中有两句是这样写的：“前村深雪里，昨夜数枝开。”齐己云游天下时，曾拿着自己写的这首《早梅》向诗人郑谷请教。郑谷看了以后，说：“既然数枝梅花都开了，就不能算是早梅了。”经过反复推敲，他将这两句诗改为：“前村深雪里，昨夜一枝开。”郑谷虽然只将“数”字改为“一”字，却使《早梅》更贴近题意了。齐己非常佩服，跪地膜拜。从此，人们便称郑谷为齐己的“一字之师”。此后，但凡修改一字而意蕴脱出者，往往都被称为“一字之师”。

可见，学者必然要有师承，而学生自己要想超过本师就要博采众长，多方拜师求艺，才能在积累的基础上有所突破和创新。

顺便说一句，一个人，不是有多少钱就有多少成就。身边有人中奖500万元，你会羡慕，但内心里不会产生敬重，敬重和羡慕是两回事。我们敬重功成名就的企业家，不仅是因为他拥有雄厚资产，更在于他在打拼企业过程中表现出的卓越才能，以及他的企业为社会做出的实实在在的贡献。人生的成就，重在“有为”而非“有钱”，尽管没有钱是万万不能的。作为一名教师，完全可以成为一名受人敬重的“有为者”。我们每教一个班级，就为一批孩子、一批父母、一批家庭，做出实实在在的“为”。我们教书育人一辈子，就做了一辈子实实在在的“有为”事。不管经济大潮如何席卷而下，面对人生，请自尊自信：我，能成为大写的“有为”的人。

做一名有为的人，要奋斗，要拼搏。做一名有为的教师，也要奋斗，要拼搏。接触过不少的青年教师，他们总认为自己底子不好，成不了器。这个想法很普遍，也是个普遍的错误。哈佛大学一项研究表明，工作中能否做出成绩，态度占85%，知识和智力只占15%。“细节管理专家”汪中求有一个著名的2.18分理论（假如成功算100分的话，学校打下的课业底子只能占一个人成功可能性的2.18分）：人的智商分为智力因素和非智力因素，他认为从对人的一生的作用来看，智力因素占40%的权重；在智力因素的知识和技能对比中，知识占40%的权重；知识又分为书本知识和社会知识，书本知识占40%的权重；书本知识能在生活中应用的又占40%的权重。由此便能得出2.18分这样一个分值。所以，一名教师要想做到杰出无比的程度，或许需要点天分，需要后天环境等各种因素，但是要成为一名有为教师，成为一定范围、一定领域里有成绩和名望的人，则人人都

可以通过自身努力与奋斗达到。

但根据著名的D.普赖斯指数增长律，现代科学知识的增长，不是线性增长，也不是平方增长，而是以一种特殊的超越函数增长着。用通俗的语言说，那就是每过若干年，知识量就要翻一番。在这种历史条件下，任何一个领域、任何一个学科，如若要保持指数增长的势头，就必须有全新的学科（或领域）不断涌现，而全新的学科领域，又往往需要年轻的科学家去开拓。这样一来，现代科学就为现代教育提出一个生死攸关的问题，那就是如此众多的开拓性的科学人才从哪里来的问题。显然，它要求每一个科学家能培养出更多的超过自己的学生，去完成新兴学科的探索和研究。一个学派、一个国家，如果他们的科学家，只能“复制”和自己一样水平的科学人才，只会培养“离开老师就不能走路”的学生，那么，这个学派（或国家）的科学能力，定然迅速地衰落下去。历史上，几个学派的衰落便是佐证。玻尔是大物理学家，他培养了许多超过自己的学生，这些学生不但完成了他的科学研究纲领，而且还开辟了全新的领域，把量子论发展成为量子力学，形成世界知名的哥本哈根学派。玻尔死后，小玻尔虽然学着父亲的办法，精心地领导玻尔研究所的工作，但是，不久就衰落了。还有，冯·卡门学派亦是这样。冯·卡门虽然培养了众多的杰出科学家，形成技术科学领域名垂青史的卡门学派。但是，卡门之后，这个学派同样衰落了。究其根源，都在于他们的继承者，不能培养出更有创造性的学生。卡文迪许学派则不然。它创立至今，几经繁衍，经久不衰，究其原因亦正在于它的几代领导人（如汤姆逊、卢瑟福、布拉格等）都有科学的精神，都敢于质疑前人成果，在科学领域有更大的创新。其中布拉格教授最为典型。1937年，当他接任卡文迪许实验室主任时，核物理人才都流向美国去了，留给他的是一个烂摊子。是在核物理领域“修补老例”，还是“另辟蹊径”呢？布拉格胸有成竹地对记者说：“我们已经教会全世界如何搞核物理了，现在，我们应该教他们搞点别的事情了。”具体的措施，就是支持了两个“科学狂人”。一个是二战期间帮助军方研究雷达的“退伍军人”马丁·赖尔，他想用无线电进行天文观察；另一个是范茄茨，是个幻想用X光观测血红蛋白的青年人。这两人的想法，都受到核物理学家们的嘲笑，认为他们是“疯子”。但是，布拉格坚定地支持他们。结果这两个弟子，开辟了射电天文学和分子生物学方向。当布拉格退休时，这两个方向上，已经有好几个人获诺贝尔奖奖金，而布拉格教授为此自豪，从不妒忌他们。卡文迪许实验室之所以在卢瑟福死后没有像玻尔研究所那样衰落下去，就在于他让自己的学生“青出于蓝而胜于蓝”，保持了旺盛的创新精神。显然，培养超过自己的学生是现代科学健康发展的基本保证。但是，这不是每一个人都能理解和做到的。尤其在现代，随着科学结构的形成，知识惰性的增加，科学家愈是有成就，就愈难容忍手下出现超过自己的学生。这是因为一个人的科学规范一俟形成，这种规范就对异己的知识发生强烈的排他性，就像泡利自己提出“不相容原理”，却坚决反对电子自旋概念一样，因为后者是量子力学规范中从来没有的概念，而且是一个青年物理学家克隆尼希提出的。朗道自己是杰出的理论物理学家，却亲自“枪毙”了年轻的沙皮罗的论文，后者比李政道、杨振宁早3个月提出了“宇称不守恒”概念，因而把诺贝尔奖失掉了。更加有趣的是，量子理论的创始人普朗克，他自己最早提出“量子”的概念，同经典力学作了痛苦的告别，但是他又不同意爱因斯坦的“光量子”学说，说这是年轻人的“失足”。由此可见，“圣人无常师”，单纯跟随一个教师学习，往往会陷入亦步亦趋的境地，怎样培养出超过自己的学生，是教育界倡导多年而难以克服的问题。平心而论，我们每位教师都应该有一种胸襟和气度，就是将陶行知所说的“培养出值得自己崇拜的学生”看作教师最为伟大的事业。

如果从社会发展角度考察，我们会发现一个有趣的现象是，经济社

会的创新与突破很多不是本专业、本行业、本领域的人率先实现的，而恰恰是非本专业、非本行业、非本领域的人率先突破的。最简单的例子是，20 世纪呼吁高校扩招的，是经济学家而非教育学家；开拓快递业市场的不是老牌的邮政部门而是新兴的顺丰公司；发明和推广滴滴打车的不是政府交通运输部门；发明支付宝等在线支付平台的也不是各大实力雄厚的银行，而是阿里巴巴这个民营企业，类似的例子还相当多。这给人们的启示是，任何一个部门、领域或行业，可能都会因为自我设限而停滞不前，社会的进步往往需要外在的力量来突破自身的局限，政府应当营造大众创业、万众创新的社会环境和制度环境。这更是教师们应该时刻警醒的。

第五章 师生关系论

韩愈时代，做老师去教授别人是什么后果？士大夫之族，曰师曰弟子云者，则群聚而笑之。问之，则曰：“彼与彼年相若也，道相似也。位卑则足羞，官盛则近谀。”做别人的老师居然要被笑话，你可以想象那个时代的老师实在是没什么尊严的。韩愈能够在当时“抗颜为师”，用传授知识的名义去指点后进，实在是需要很大的勇气的。《师说》能够被作为一篇传世名篇，是因为它突破了时代的局限，将尊师重道的理念重新放到了中国人的心中，也让一批寒门学子看到了前进的希望。

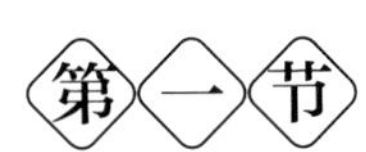

“不耻相师”

不耻相师是韩愈以孔子为例说明向智者学习、向能者学习的重要性。春秋时代的孔子是我国伟大的思想家、政治家、教育家，儒家学派的创始人。人们都尊奉他为圣人。然而孔子认为，无论什么人，包括他自己，都不是生下来就有学问的。一次，孔子去鲁国国君的祖庙参加祭祖典礼，他不时向人询问，差不多每件事都问到了。有人在背后嘲笑他，说他不懂礼仪，什么都要问。孔子听到这些议论后说：“对于不懂的事，问个明白，这正是我要求知礼的表现啊。”还有这样的传说，孔子带几个弟子到海州游历，一天，孔子在车内向弟子们传授学问。他说：“有些人生下来就知道所有的事情了。”弟子们都点头说是。正讲着，传来哗啦啦的响声，孔子忙说：“听，山那边下起了雷阵雨，快停车！”有位弟子下了车，仔细听了听，说：“这是山那边海浪拍打岩石的声音！”孔子一听是海，因为从来没有见过，就带领着弟子，爬上了山顶，往东看去，只见波涛汹涌的大海一望无际，孔子感叹说：“海真大呀！”他和弟子在山顶尽情观赏大海的景色。一会儿，孔子口渴了，就让一位弟子下去舀点

孔子与学生

海水给他喝。弟子拿起瓢正要下山取水，一位年轻的渔民看见了，不由哈哈大笑。孔子一愣，问："小弟弟，你笑什么？"渔民说："海水又咸又苦，怎么能喝呢？你们真是书呆子！"有位弟子听到渔民这样批评孔子，生气了，对渔民说："对圣人不能无礼！"渔民却说："圣人不见得样样都懂，刚才想用海水解渴就错了，再说，他会打鱼吗？"说完，他奔下山去，驾起渔船出海捕鱼了。孔子站在山顶，沉思了好久好久，觉得十分惭愧。他诚恳地对弟子们说："刚才我说的有些人生下来就知道所有的事情，这话是不对的，我们千万不可以不懂装懂啊！"孔子知错就改，人们更加尊敬他了，就把他登过的这座山叫孔望山。所以韩愈在本篇文章中专门点明孔子拜师过很多人。三人行，必有吾师，说起来容易，做起来难。有时候贸然向素不相识的人请教，对方可能不理你，甚至可能嘲笑你。尤其是唐朝时期的师生关系和现在是很不一样的，当时流行的是座主和门生的关系。所谓座主，就是主考官，所谓门生，就是考生。也就是说，我在当初主持考试的时候选拔了你这个学生，你以后就是我的门生了，从此我们的仕途命运就捆绑在一起了。这种关系只是一种人事选拔的关系，而不是知识教育传授的关系。《师说》里面说的“古之学者必有师。师者，所以传道受业解惑也”在当时看起来是一件非常不可能的事情。因为韩愈要求的教师是传道的典范，而当时的师生主要是升迁过程中相互提携帮助的关系。韩愈之所以犯“俗流”，就是主张把师生关系回归到正常的以道相交上边来。

所以，本部分将讲三方面内容，第一方面，不耻相师，有多重含义，从纯古文字义来解释，不耻相师的“相”字不是相互的意思，不是说彼此之间相互学习，而是向某某学习的意思。相师就是以某某为老师的意思。但在现实生活中，人们往往把相师当作彼此相互学习理解，这也没有什么不对。因为韩愈是鼓励向高于自己的人学习的。但凡有能力比自己强的，都应该是学习的榜样。老师并不一定样样都比弟子高明，弟子也不一定不如老师。每个人都有自己的长处和短处。认为只有样样胜过自己的人才可以拜他为师，是大可不必的。“梅须逊雪三分白，雪却输梅一段香”。一个人要想真有长进，并有所深造，不仅需要知道既有“逊雪三分白”的梅花，而且还要有“输梅一段香”的白雪，各有所长，才能放下架子，不耻相师。

贾岛

至今社会上仍然流传着“推敲”这个典故的由来。这个典故也与韩愈有关。当时与韩愈同时代的诗人贾岛，是个著名的苦吟

诗人。传说有一天，贾岛骑着毛驴到京都郊外野游，美丽的自然风光引起了他的诗兴。曲江池边的树上有很多小鸟，离池子不远的地方很幽静。这里住着一户人家，他触景生情，赋诗一首，诗中说："闲居少邻并，草径入荒园。鸟宿池边树，僧推月下门。"但他对后一句用"推"字还是"敲"字更合适，把握不住。因此，他在回去的路上，骑着毛驴苦思冥想。毛驴驮着他进城以后，他没有觉察，不知不觉迎头闯进了已经身为高官的韩愈的仪仗中。仪仗官员赶忙迎头拦住毛驴，而这时的贾岛还是在思考用"推"字还是"敲"字，根本没有注意到毛驴已把他驮到了韩愈的马前。韩愈卫士大喝一声，将贾岛拖下毛驴，带到韩愈马前。韩愈一看是个神志不清的读书人，就询问原因。贾岛老老实实讲了自己面临的难题。韩愈一听，不但没有责怪他，反而饶有兴趣地停住马和贾岛讨论了好一会儿，最后对贾岛说："还是用'敲'字更好，因为敲字自带声响，反衬了门内的寂静。"说完，韩愈请贾岛骑上毛驴，和自己并辔而归。之后，连续多日将贾岛留在府中，共同探讨关于诗歌中的学问。两个人最终成为好朋友，韩愈不怪罪贾岛，而共同推敲学问，也就成了流传千古的佳话。当然，有好事者仔细考究了这个传说的真实性，最后证明这个传说仅仅是传说，而不是真实的历史，因为贾岛作那首著名的诗篇的时候，韩愈并不在京兆尹任上。但这种考究并没有掩盖人们对韩愈的追捧与热爱，而且把这个典故追溯到韩愈，本身就说明韩愈具有这样的胸襟与气度，恰恰反映了人们对韩愈的热爱与追捧。所以，不耻相师的第一种含义就是指，要向比自己高明的人学习，不要以学习他人为耻，而且要主动地学习、积极地学习。

第二方面，不耻相师的意思我们还可以说是指高徒出名师。教师的出名往往不完全靠自身的功底与能力，而是靠众多的高徒捧出来的。苏步青有句名言"严师出高徒，高徒捧名师"，被称为"苏步青效应"。苏步青教授是著名的数学家、教育家，他培养了很多学生，其中有的已经是世界知名的数学家。有一个统计是在1931年到1952年的21年间，他带出了106名学生，其中有30多位先后担任数学系主任和数学研究所所长，还有几位大学校长、副校长，可谓桃李满天下。有一次，苏先生在接见自己的学生时说，人家都说“名师出高徒”，我看还是“高徒捧名师”。我自己并没有什么了不起的地方，倒是你们出名了，把我捧出了名。但是，我要说，有一点你们还没有超过我，那就是我培养了一代像你们这样出色的数学家，而你们还没有培养出超过自己的学生。苏先生的一席话，可用一句话概括，那就是“教师的天职——培养超过自己的学生”。

苏步青在培养人才上特别注意对拔尖学生的栽培，创立了“拔一个，带一批”的理念，产生了很大的影响。他在倾全力培养出谷超豪之后，谷超豪先生又带出了李大潜、俞文鮆、陈恕行等优秀学生，李大潜先生又培养了一批尖子，如今已形成一条绵延的“人才链”。在一篇关于鼓励学生超过自己的短文中，苏步青认为：“青出于蓝而胜于蓝，这是科学发展的规律。我们老年科学工作者能否正确对待这个规律，并自觉主动地鼓励学生超过自己，对科学事业的发展有一定的影响。”“我们不必为学生超过自己而感到羞愧难受，而相反地应把它看作是对‘四化’建设的一种贡献。”苏步青关于“培养学生一代超过一代”的观点，在《光明日报》上的“每周评论”中，被称为“苏步青效应”。苏步青在总结培养优秀人才经验时，归纳出以下三条做法：“一是先鼓励他们尽快赶上自己；二是不要挡住他们的成才之路，要让他们超过自己继续前进；三是自己决不能一劳永逸，还要抓紧学习和研究，用自己的行动，在背后赶他们，推他们一把，使中青年人戒骄戒躁，勇往直前。”

同样，中国台湾著名学者韦政通在回忆录中提到对中国师道尊严的批评和对学生超过教师的希望。他说：“作为一个现代人，最重要的就是不

要固执己见，要尊重别人。别人的意见也许跟你的不一样，这很正常。中国人不是这样的，中国思想史里面，彼此之间了解的程度非常差。为什么？因为固执己见，也没有沟通的能力，缺少柏拉图对话的那种传统。《论语》里面缺乏精彩的对话，多半是老师独白，学生唯唯诺诺，很少反驳老师。柏拉图的对话不是这样的。在中国思想中，荀子批评孟子性善说全不对，他根本不了解孟子。陆象山跟朱熹是同时代的，两个人鹅湖之会各执己见。朱熹跟陈亮，这两个根本不同思想层次的人，笔仗不能打的。中国人评论多半是各执己见，缺乏对话沟通能力。”他以台湾著名思想家殷海光为例，说明师生相互学习的重要性。他说：“我跟他认识以后，有时我们一起到台湾大学参加学生的活动。因为在五六十年前，台大就像 20 世纪二三十年代的清华北大，风气比较自由，学生办讲座自己来讲，不请老师讲，只请老师参加。我跟殷海光参加学生的座谈，今天讨论什么问题，大家发言，老师也是跟学生一样发言，没有什么特殊的权利。有时候殷海光的学生就说：‘老师，你讲的我不同意！’殷海光什么反应呢？他说：‘你不同意，你讲一下你的想法。我尊重你的想法。’他对学生完全开放。美国的教育方式他学到了，他非常尊重你的意见，你不一定要接受我的意见，但是我们两个人意见不同，我们可以沟通，我们可以讨论。假如他觉得你这个学生的意见很不错，跟他的不一样，他就会找这个同学说，你什么时候来我家，我们俩沟通讨论一下，如果你的意见好，能说服我，我学你。他有这个胸襟。为什么老师不能向学生学习呢？像到了博士这个阶段，很多学生很优秀的，可能有些方面就是比老师强。为什么不能学习呢？”实际上，在现代网络背景下，教师学识不如学生的现象时有发生，甚至会成为常态，那么，师生相互学习自然成为当前教育必须考虑的现实问题。如果教师仍然抱着师道尊严的教条，那么在现代条件下，只能沦落为学生嘲讽的对象。

第三方面，师生之间其实有着更复杂的关系。如果用庸俗一点的观点来看，教师在施教过程中实际上是体会着人生的美好，是学生成就着教师的心愿。我们当老师的很多人，都是从孩子身上看到人的成长与成就，看到世间的纯洁与美好，在与孩子们的交往中，教师自身得到很大的满足。孩子们的心灵是多么纯洁可爱啊！当你走到一群天真烂漫的儿童中间去，听他们唱一曲儿歌，看他们做一些游戏，你马上会觉得心旷神怡，忽然又年轻了似的。当然，正因为儿童们的心灵是最纯真的，我们就特别应该加倍珍爱，好好地注意培养，使他们能够得到健康的发展。“近朱者赤，近墨者黑”，这已经是人人熟悉的成语了。用现在的语言解释这句话的意思，无非是表明社会环境对于儿童的心灵具有决定性的影响。因此，想要使儿童长大成人以后，成为什么样的人才，就要看我们给予儿童们什么样的教育和培养得如何。影响儿童发展的社会环境，从总的方面说就是社会政治制度，从具体的关系来说就和家庭、学校等各方面都很密切。父母、老师、兄弟、姐妹、亲戚、朋友、邻居等人，只要同孩子经常接触，就都必然给予他们以不同程度的影响。越是年纪小的受影响越深，一直影响到他们成年以后的思想作风和生活习惯。由最初开始知道爱和憎，到后来形成了自己的性格。这个过程是极其复杂的。为了使孩子能够受到较好的影响，古代的人就已经很注意选择生活的环境，如果环境不好，有时就得搬家。孟子的母亲“三迁其居”，用我们现在的眼光看去，虽然可以作种种评论，但是她之所以不得不搬家三次，毕竟是因为她要给孟子寻找她认为好的环境，这个母亲的心理倒是不难理解的。事实证明，孟子的母亲很懂得教育孩子的道理。曾子的妻子同样因为无意中说了一句哄骗孩子的话，曾子就特地杀了一口猪，表示不欺骗孩子。这一类故事多得很。要求学生做到的，教师首先要做到，要求学生不要做的，教师首先不能去做，这个道理谁都懂，但实践起来却很难。如何实践，有赖于诸位同仁的不懈努力和坚韧的意志力。

当然，理想很丰满，现实很骨感。有个班级纪律问题的讨论曾经引起教师们的广泛共鸣：

数学教师："二班学生一点不听话，我没得精力管那么多，不听课就算了。他讲他的，我讲我的。"

语文教师："二班学生要管得严，我上课他们就不敢闹，清风雅静的。"

音乐教师："我没精神去骂他们，课实在是上不下来，我就找班主任来压阵。"

接着，几位教师七嘴八舌地议论：

"他们就怕班主任。"

"见了班主任就像见了猫。"

"猫一走耗子就翻堂。"

"学生都一样，欺软怕硬，这是规律。"

如果我们遇到这样的班级，我们应该怎么办？很显然，需要我们的教学教育智慧，需要我们教师的协作努力，更需要每位教师承担起做教师的责任与勇气。

有一个例子是这样的：孩子，我们一起捍卫"正义"——摘自《班主任》2013 年第 11 期第 59 页，作者：戴启江。

周三，轮到我们班执勤。

按照部署详细分工后，我正要离开教室，一名女生举手，问："老师，执勤的同学之间可不可以调换？"我不解，她怯怯地说："食堂有高年级同学插队，我不敢管。"听完，我严肃地对班级同学提出了要求：捍卫自己和他人的权利是我们的职责。面对不同的情况，我们的标准应该一致，就是"纠正他人的错误，坚持正义"。一名男生问："老师，如果他不理我们怎么办？"我说："劝说，直到他改正，如果对方态度恶劣，你要登记信息，反馈给我。你们记住，我是你们的后盾。"

执勤当日中午，我有事外出，半路接到电话："老师，不好了，有高年级同学要找我们班麻烦……"我一听，立刻赶回学校，先向身边的老师了解中午的情况，听完才如释重负，不过就是一个高二学生不服从他们指挥，"坚决插队"，他们因此发生了争执。

了解这些后，一方面，我很自豪，涉世未深的他们确实单纯地坚持着内心的正确观念；另一方面，我也隐隐担心，这样的坚持需要多大勇气？看到我回来，原来安静自习的学生立刻骚动起来，一瞬间，我也觉得我就是他们心里的"靠山"，刚刚还顾虑重重的我突然茅塞顿开。

作为一名教师，我应该做到"传道、授业、解惑"，这种"道"，远不是那么一点跟高考有关的知识而已，最重要的还是做人的准则。

我通过询问班长了解事情原委后，我的心也定了下来。"捍卫正义"，不仅仅需要这些孩子，还需要我这个为人师者在这样的时刻帮助他们"惩恶扬善"。我故作不知地问对方的特征和班级，并且要求班长带我去当面对质。话音未落，全班高呼："我们都要去！"我很严肃地说："有理也不需要仗势欺人，否则和那位同学本质差别在哪儿？一个是无知，还有一个就是无聊了。"他们笑笑，全都坐下。谁知，我前脚出了教室，后面就传来"加油"的呼号。

我找到那名学生后，谈话的过程并不顺利，我只好找来他的班主任，三人一起坐下来谈。经过一番漫长的教育引导，那名学生终于意识到这件事情可能带来的影响，愿意到我们班公开道歉，在全校做好表率，保证绝不会再发生类似的事情……

周一，他非常诚挚地向我班同学道歉，而我们班的孩子也报以原谅的掌声。

周五的主题班会，围绕"今后遇到这样的事情，我们该干什么？"这个话题，联系社会上很多"老人倒地无人敢扶"等现象，我们达成了一致：坚持正义，绝不妥协。

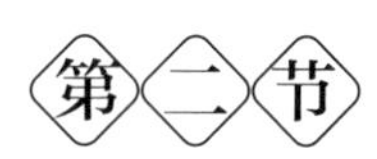

第二节 “闻道有先后”

这一节我想与大家探讨一个闻道有先后的话题。大概讲三点：

第一点，如何理解闻道有先后？对“道”韩愈有自己的解释。他说：“传曰：‘古之欲明明德于天下者，先治其国；欲治其国者，先齐其家；欲齐其家者，先修其身；欲修其身者，先正其心；欲正其心者，先诚其意。’然则，古之所谓正心而诚意者，将以有为也。”（《原道》）一方面他将儒家之道的修心诠释为“有为”以驳斥佛老之法追求修心而忘记社会责任的空寂无为思想，在注重实用理性、强调经世观念的中国古代很容易得到认可与支持。更重要的是，他从中所挖掘出来的历史资源，提供了一个沟通内在心灵培养与外在国家秩序治理的思路，以前由外而内的思维路径，被整个变成由内而外的理性自觉，一切合理性和合法性的根据由“宇宙天地”转向“心灵性情”。这种转向意味着中国哲学开始由宇宙论转向形而上学、心性论，正是这种转向，使得修心与治世沟通了，内圣与外王统一起来。同样，韩愈对孟子的推崇也与此相关。从学理上看孟子主张向内反求诸己，由内在心性培养外在政治推衍，这与《大学》运思途径一致，可以为道统论提供理论依据。同时，孟子在《尽心下》中的类似的道统观念启发了韩愈的思路，提供了道统论的历史渊源。孟子的核心思想是“仁义”，与韩愈所理解的“道”的精神实质相同。孟子积极拒斥异端与韩愈性情相同。因而，在韩愈看来，只有孟子真正继承了孔子“仁”的思想与精神，是先王之道的真传、儒门正宗。通过排列古圣先贤谱系，将孟子列入道统，再一句“轲之死，不得其传焉”，便将历史接续到当下，确立了他本人的合法性地位。因为在中国古代，一种新思想必须同时具有古老经典的依据与思想历史的传承谱系，超时空的“道”必须在时空中落实才具有合理性与合法性，才能获得普遍认同。正如陈寅恪先生所说：“退之者，唐代文化学术史上承前启后，转旧为新关捩点之人物也。”（《论韩愈》）总体而言，韩愈以仁义为核心，比较正确地理解并继承了儒学的核心思想与精神实质。他通过《原道》等著作从世界观、人性论、伦理学、历史观等对儒学理论的多方面探究构成他继承并复兴儒学的重要内容，而最显著的便是道统论。他立道统排佛老兴儒学，为儒学复兴树立起了鲜明的标志，并结合孔孟的仁义与《大学》的修齐治平的思想予以论证，尤其是对《大学》的重视，对后来宋明新儒学的意义十分重大。今天，现代新儒学依然在试图重建道统，一个重要原因就在于，不论是韩愈所处的时代还是宋明之时，乃至今天，一个共同的思想文化背景就是儒学复兴，而道统论是儒学复兴的一面大旗帜。关于这一

高骈

点我们必须有明晰的认识，也就是但凡要复兴中华文化在世界中的地位，必须重新振兴儒学。所以，当前国学仍然很热，只要提及国学，孔子、儒家、诸如此类字眼都会纳入人们的视野。这些前面已经讲过，这里不再赘述，我在这里想说的是：是否存在闻道有先后的问题。这里有必要引入唐朝诗人高骈的《闻河中王铎加都统》，诗云：

炼汞烧铅四十年，
至今犹在药炉前。
不知子晋缘何事，
只学吹箫便得仙。

长江后浪推前浪的事情古来多见，不以资历论短长的事情确实需要我们每个人铭记。南京大学社会学科领衔人周晓虹教授曾有篇著名文章，其中谈及后现代的一个重要特征是后喻文化或者叫文化反哺。也就是说，在互联网时代，年龄大的人反而要向年轻人学习、前代人要向后代人学习。我们未来的教育，一定要重新思考。用南京师范大学张乐天教授的话说，要有顶层设计，要重新规划。重新思考我们的教育，以前是说服老年人，就搞定了年轻人，今天是搞定年轻人就可以搞定老年人。未来的社会不是知识的竞争，而是智慧的竞争，是体验的竞争。智慧的竞争，我们一定要想明白让孩子们必须去学习音乐、体育、运动、美术。音乐让人有智慧通灵，体育运动让人懂得团队精神，我们让孩子学会画画，有想象力，我们让孩子懂得很多知识以外的事情。教育的重点，未来不仅是知识的传授，重点是想象力、创造力和团队精神。我们国家的教育体系在未来三十年，将会遇到重大的冲击。有个青年在日志中写出她对自己“50后”母亲的感叹：“她在学习能力旺盛的时代忙着为温饱奔波，拼全力去尽为人女、为人妻、为人母的职责。等终于卸下重担，世界早变了模样。更何况，最近这十年的变化，人人一部智能手机，各种应用软件遍布生活各个角落。‘80后’的我尚且一个没留神就被笑 out 了，更别说‘50 后’的我妈。于是不知从什么时候起，我和我妈似乎互换了角色。我时常担心她出门遇危险、上网遭诈骗；她倒像个孩子，在日新月异的智能生活面前，时时畏难，总想依赖。那些层出不穷的新应用、新设备，她嫌学起来麻烦，我嫌教起来费力，更怕安全出问题，索性代劳省事。然而这种‘放着我来’的‘孝顺’背后，实则是轻视和偷懒，暗藏着对父母的不信任，也无形中扼杀了他们未来生活的无限可能。”

所以，韩愈所说的“闻道有先后”“道之所存师之所存”确实有其道理。我们不应该简单地以辈分论短长，不应以年限论资质，而是以真正领悟到“道”为前提。而在“闻道”方面，确实有前后深浅之别。这种差别的存在就是师道存在的根本原因。

第二点，与他人交往过程中怎样才能真正以“道”为谋？以道为交往的根本，而不要在意对方的学历资历长相等等。历史上有段韩孟交往的佳话。孟郊字东野，我们所熟知的那首“慈母手中线，游子身上衣。临行密密缝，意恐迟迟归。谁言寸草心，报得三春晖。”就是他的手笔。孟郊早年生活贫困，曾在湖北、湖南、广西四处游历，其间参加过许多次科考都没考中。直到 46 岁（也有说是 45 岁）才考上进士，后来只做过县尉之类的小官，一生很不得志。但孟郊与韩愈被人称为“韩孟”，又称“孟诗韩笔”，大有与韩愈并驾齐驱之势。这是因为韩孟二人诗风相近，都有险怪的倾向。此外，二人的忘年交也是文坛一段美话。孟郊比韩愈大了足足 17 岁，又因生活中

孟郊

愁苦多、欢乐少，雪丝早早上了头梢鬓角，40来岁的孟郊看起来完全像个龙钟老者。从形貌上看，孟郊简直是韩愈的父辈人。不过，这样的两个人却是情投意合，初次见面，大有“相见恨晚”之叹。韩愈和孟郊的交游，大概是在贞元八年或稍早一些的时候开始的。贞元七年（791年），孟郊在长安参加进士考试，韩愈当时也在长安，并于第二年春中榜。所以二人相交不会晚于此时。两人一见如故，结下了终生的友谊。贞元八年（792年）、九年（793年）、十年（794年），孟郊也像韩愈一样，连续三次参加进士考试不中。这三年里，韩愈一直在京城居住，二人遭遇相似，又情投意合，因此来往密切，不时地饮酒小酌，诗词唱和。直到贞元十一年（795年），韩愈离开长安，两个朋友不得不为了各自的前途暂时分开。贞元十二年（796年），46岁的孟郊也在三试不中后，终于进士及第。欢喜之下，孟郊写出了他的“平生第一快诗”：“昔日龌龊不足夸，今朝放荡思无涯。春风得意马蹄疾，一日看尽长安花。”所有韩孟诗派的成员中，韩愈最推崇的还是孟郊，他曾经写过近500字的长诗来荐举孟郊。他称赞孟郊是有唐以来在陈子昂、李白、杜甫之后最有才力的诗人。贞元十四年（798年），孟郊打算离开汴州，与好友吟诗游玩的日子要告一段落。众人依依不舍，纷纷作诗送别。韩愈、孟郊、李翱都有作品表达自己对这段感情的惜别。在韩愈的《醉留东野》诗中，更是把自己与孟郊的友情比作李杜之交。而且明确地表明自己对孟郊的赞赏：“我愿身为云，东野变为龙。四方上下逐东野，虽有离别无由逢。”韩孟之交确实由诗文而道义，由惺惺相惜而奋力捍卫道义。

第三点，我们应当重视教师自身行为对学生的影响。罗森塔尔效应表明，教师的期望，对学生的行为发生显著影响。但是罗森塔尔效应只是抽象地给出了这样一个结果，却没有深入具体地去分析，是不是教师对所有的学生都有正期望。如果不是的话，那么教师通常会对什么样的学生有期望？教师的期望与学生的哪些特质有关系？教师的期望是通过什么手段让学生领会的？……通过长期的实地研究，我们认为，老师对学生的期望不是无差别的。大量研究表明，教师是根据学生的性别、身体特征、社会经济地位、兄弟姐妹情况等各种信息形成对某个学生的期望的，期望形成后又通过各种方式如分组、强化、提问等影响被期望的学生，逐渐地，学生也接受了教师对自己的看法，履行着教师对自己的期望，而学生的行为表现又进一步影响教师的期望。（朱智贤主编：《心理学大词典》，北京师范大学出版社 1989 年，第 467 页）在实地研究中，我们发现，教师与不同学生的交往方式及交往内容，通常是按照教师自己对学生的分类进行的。例如，向好学生提问较难的、有挑战性的问题，却通常要求差学生回答较容易的、记忆的、复述性的题目，更有甚者，差生还可能被当作全班同学是否掌握教师所讲内容的底线来作答。那么，在学生刚入学的情况下，还没有分出好差之时，教师喜欢和什么样的学生交往呢？那些懂礼貌的、守纪律的、干净的、表达清楚的孩子，往往引起教师的注意，并与他们有更多的交往。在课下，教师与学生的交往也是不同的。一个差生说：下课以后，围在教师周围的都是些好学生，教师和他们有说有笑，气氛很融洽；可一见到我，教师马上变得严肃起来，不是问我上课听懂了没有，就是问我作业做完了没有……我不想和老师说话。（郭华：《教学社会性之研究》，教育科学出版社 2002 年，第 159—160 页）说实在话，我相信人性本善。但是没有得到合理引导，人生观价值观没有树立好，他也是可以向恶的。人生本是一张白纸，就看你怎么写，有自己写的，有社会和环境泼墨上去的，不懂得分辨，就会被外界的力量引导。

德国教育家第斯多惠早就说过：“教育艺术的本质不在于传授本领，而在于激发、唤醒和鼓舞。”唤醒意味着正视学生学习中的问题，对学生永不言弃。因为那些不懂事的、只知调皮而不愿意学习的学生，甚至那些一意孤行、不思进取、不愿意接受教育的学生，都是暂时“睡着

了”的学生，他们一旦醒来，就是懂事的、渴求知识的、奋发向上的学生。唤醒是需要用赏识、鼓励来持续地激发学生学习的愿望和动力，而不是用讽刺、打击、渐渐抛弃。我们每个老师都遇到过被认为是“问题生”的学生，在我们的教学实践中，如何教育好这样的学生显然是值得深思的。韩愈其实也遇到过，比如，刘叉是韩愈最著名的学生之一。刘叉是位“少尚义行侠，旁观切齿”的豪杰志士，因酒后打抱不平而杀人逃亡。根据李商隐的描述，刘叉是出身卑微，身高力大，杀牛宰猪、张网罗鸟雀、行酒仗义的市井侠士。一段逃亡生活后，遇朝廷大赦而恢复正常活动，复出后他流落齐鲁一带，一改其过去的生活习性而专心读书，学习写诗，很快成为当时较有名气的诗人。因诗歌风格和当时与韩愈一派的卢仝、孟郊相近，所以投拜韩愈为师，但在思想上是与韩愈有所不同的。这主要是因为刘叉所谓“节士”的操守，不能俯仰权贵的诗人的品行，让他在高官如云的韩愈门下有难以言说的酸涩，实际上，人生不全是写诗，纵观唐朝诗人，包括李白这样傲岸不羁的诗仙都为博取功名谋求仕途而颔首低眉地努力过。刘叉想单独凭借“生涩百篇”的诗作在同门之中混迹，显然有些不合时宜。其诗作《答孟东野》中有云：“文王已云没，谁顾好爵縻。生死守一丘，宁计饱与饥。万事付杯酒，从人笑狂痴。”读来让人酸楚，很能说明其心态。韩愈又是注重功名的人，自己年轻时为功名奋斗多年。结识出家多年的贾岛后，还劝其还俗科考，让贾岛十几年求仕之路极其艰辛坎坷。刘叉其

刘叉

身世言行或许不为韩愈看好，只是认可其品格傲岸、诗之才艺的不俗，同情其人生境遇而已。刘叉诗云："退之何可骂，东野何可欺？"（退之即韩愈，东野是孟郊）诗句隐约透露出刘与韩的微妙关系。刘叉在文学史上最经典的一句是："时韩碑铭独唱，润笔之货盈缶，因持案上金数斤而去，曰：'此谀墓中人所得耳，不若与刘君为寿'，"当时韩愈不仅是散文家、诗人，还是首屈一指的碑铭家，据记载他一生写过 90 多篇碑铭（或墓志铭），其中也不乏名篇佳作，但大多数是王公大臣、巨贾豪富死后其后人重金请韩愈为之撰写的，目的自然是为死者歌功颂德、为后人光耀门楣，其润笔费也赚得盆满钵满，完全有阿谀墓中人之嫌。此事自古多有争议。刘叉对恩师这一行为很是不满，在一次争论之后，他毅然决然地拿起案上的几斤黄金说，这是阿谀墓中死人所得，不如给他作寿用，转身离去。从此浪迹齐鲁北方。这一事件不大，却引发了后世一千多年的学界争论，对刘叉的行为评论很少，对韩愈是否"谀墓"问题到如今研究界仍有争论。韩愈这次与刘叉的"遭遇"被牵出了人生中的另一面，可谓尴尬难堪之极。原因是韩愈以推崇儒家仁义道德著称，可谓"道济天下之溺"的圣贤。而谀墓行为以文生财事小，变通史实，一定程度上显善隐恶事大，是与儒家道德操守相悖的，难怪引起了后人不停的争论。因此，刘叉做出夺金而走又称韩"谀墓"的看似莽撞不敬的行为，可以说是并非一时的意气用事。李商隐后来评价刘叉："叉之行，固不在圣贤中庸之列，然其能面道人短长，不畏卒祸。及得其服义，则又弥缝劝谏，有若骨肉，此其过人无限。"可谓中肯又善意。虽非圣贤中庸之为，但能当面直言是非，又能见谬知谏，这方面能超过很多人。当然，刘叉的结果并不太好，唐代诗人璀璨如繁星，他在其中自是隐匿不见。而且据野史所传，其后来几乎与乞丐为伍，正史只说是不知所终。反而是宋代大文豪苏轼在《雪后书北台壁二首》中第二首的末两句："老病自嗟诗力退，空吟《冰柱》忆刘叉。"可以看出他对于刘叉的《冰柱》诗是多么赞赏。

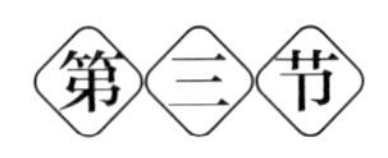

“术业有专攻”

顾名思义，术业有专攻是指每个人都可能有自己所擅长的领域或技能。一个人欲取得重大成就，必须要有多重能力相配合，而自身在不具备相应知识与能力的时候，就需要与他人构成一个团队进行共同协作，在这个团队中，各种人施展所长，才能达到相应的团队目标。例如，历史上声名不济的刘邦，就是通过充分利用手下有很多在某一方面突出的专才，才打下了汉代几百年的基业：张良善于出谋划策，韩信善于带兵打仗，萧何善于安抚百姓，安定国家。虽然他们都不是全能的人，但都有自己十分突出的一方面，而且问题的关键是刘邦能知人善任、用人所长，所以才成就一代霸业。换句话说，术业有专攻，就是技能学业各有专门研究，不是每个人都能在所有方面领先他人，所以，要求人们对人才不能责备求全，而是充分认识人才之间的差别，认识到寸有所长、尺有所短，从而对于人们认识社会角色与职业等问题有全面的理解与把握。

首先，我们应当倡导“术业专攻”，认识到在社会发展如此迅猛、知识如此激增的社会背景下，没有通晓一切的全人，上帝也不可能。“多才多艺艺不精，专精一艺可成名”“百艺通不如一艺精”，做教师的应该对此有充分的认识。我们每位老师都会用猴子摘果子的故事教育学生做事要专心，故事说淘气的小猴摘了苞谷丢了桃子，丢了苞谷去摘西瓜，结果却一无所获。我们的老师在讲述这些故事的时候都是付之一笑，似乎道理不言而喻。但回顾自身，我们奔忙于晨夕之间，尽管已经明白了很多道理，却依然在上演一幕幕小猴摘果子的现代剧。有人忙碌于追求自己的梦想，却认为失去的才最珍贵；有人怀揣着许多的获得，却身心疲惫，不敢放弃。静心去想，其实我们并不快乐。而且更让人锥心的是，我们的专业在哪里?

现在社会上仍然有些人歧视教师，认为教师不是专业。实际上，这是错误的，教师肯定是专业，而且教师专业化的发展成为世界潮流。就我们教师本身来说，专业化问题不应该再做讨论，需要讨论的是如何增强专业化程度，提高专业水平的问题。比如，我们是否可以有意识地培养自己判断能力——比如，任意接触到的某个学生，我们能否判断出他学习方面的特长与不足以及未来可能走的路向？比如，我们是否可以有意识地培养自己的沟通能力——如何恰当地与学生沟通、与家长沟通、与领导沟通、与同事沟通？比如，我们能否提高自身的听课评课能力——当我们听到一节优秀教师的公开课的时候，我们不仅为其教学过程叹服，而且要能从中学到自己所没想到、没做到的东西。这些说起来都是很肤浅的道理，但在现实中落实起来很难。记得山东省教育厅花重金请全国教育名师魏书生到济南给省会重点中学的语文教师讲如何做好中学班主任的学术报告，魏书生讲演是没任何问题的，飞到全国那么多地方，每年演讲数百次。但仍然是言者谆谆、听者藐藐，似乎每个人都对魏书生那套烂熟于心，不屑一顾。本质上，是人们对教师专业的不重视。

其次，既然我们无法掌握所有的知识，那么对其他专业人士要有足够

的理解与尊重。传说韩愈能生活自给以后，就将大哥的遗孤韩湘接到身边与自己同住，并教导他认真读书。但是，韩湘对读书进仕不感兴趣，却对访仙修道执迷不悟，韩愈对此非常痛心。有一次，韩愈在寻找外出访仙的韩湘时，有感而发写了一首诗。诗中说道："两家各生子，提孩巧相如。少长聚嬉戏，不殊同队鱼。年至十二三，头角稍相疏。二十渐乖张，清沟映污渠。三十骨骼成，乃一龙一猪。……一为马前卒，鞭背生虫蛆。一为公与相，潭潭府中居；问之何因尔？学与不学欤！"希望侄子能有觉悟。谁知韩湘回家见到诗后，也写了一首诗来言志。诗中说："解造逡巡酒，能开顷刻花。有人能学我，同共看仙葩。"韩愈不相信侄子，一会儿能酿成美酒，一眨眼使树开花。韩湘遂撮土一盆，一会儿说："花已开矣。"拿开盆只见碧花两朵。叶间有两行小字，是一诗联："云横秦岭家何在，雪拥蓝关马不前。"韩愈对侄子的本领大为惊异，只好听任韩湘离开自己，云游天下去了。据说后来不久，韩湘就得道成仙，位列八仙，就是韩湘子。唐宪宗时，官居刑部侍郎的韩愈向皇帝上书《论佛骨表》谏阻皇帝迎"佛骨"进京。一心想长生不老的唐宪宗盛怒之下将他贬到偏远的潮州去做刺史。传说，韩愈在冬天顶风冒雪到潮州赴任。途中遇到一人在雪地等候他，这人正是他那多年前远游求仙的侄子韩湘。已经成仙的韩湘迎住叔叔说："叔叔您还记得当年花上的句子吗？说的就是今日之事啊。"韩愈向人打听这里的地名，当地人告诉他，这里是"蓝关"。于是韩愈嗟叹再三，终于有点

韩湘子

相信侄子韩湘有仙风道骨，能预知未来。韩愈对韩湘说：“我就你那诗联凑成一首完整的诗吧。”说完，赋诗一首。这就是著名的《左迁至蓝关示侄孙湘》。诗曰：“一封朝奏九重天，夕贬潮阳路八千。欲为圣明除弊事，肯将衰朽惜残年！云横秦岭家何在，雪拥蓝关马不前。知汝远来应有意，好收吾骨瘴江边。”传说韩湘想点化叔父随他修道，被韩愈拒绝。他就护送叔叔到潮州赴任。潮州有鳄鱼为害百姓很严重，到任后的韩愈写了篇著名的文章《祭鳄鱼文》以驱逐鳄鱼。韩愈将这篇文章在河边设祭焚烧后，所有的鳄鱼都乖乖退出了潮州地面，不再为害百姓。据说，这主要是韩湘子施仙法相助，迫使鳄鱼逃离潮州的缘故。当然，传说归传说，但韩愈对道教中人并不排斥也是真的。这恰恰说明，我们对不同专业的人应有充分的理解与尊重。

最后，既然知道在知识经济时代，每个人都可能“术业有专攻”，教师不可能精通所有的知识，上知天文下知地理只是古代知识匮乏时代的传说而已。那么，如何在这知识经济时代跟得上时代的步伐显然就是个大大的问题。

“没有教不好的学生，只有不会教的老师”只是教育浪漫主义，是脱离实际的幻想。教育不是万能的。光有对教育的一腔热情和对学生的爱，不能做好教育。教育不仅需要激情和职业的爱，更需要的是科学的态度、专业的知识和研究精神。很多经验教训告诉我们，遇到棘手的教育教学难题，遇到难管的学生，最有效的办法，不是直接进入管理层面，想“怎么办”，而是要先进入研究层面，问“为什么”。一去研究思考，老师就不那么容易生气了。这对于老师的专业发展和身心健康，都是有好处的。可是，很多情况都是突发事件，需要教师迅速对事态做出反应与处理。刚开始，老师的反应都是本能，采取的措施也可能欠妥。但是，如果事后具有一种研究精神，凡事想一个为什么，下次遇到同样的情况，就会得心应手了。每个老师都要树立近期、长期、终身目标，这样，成长才不是一句

空话。

我们可以举个简单的例子，不知道大家听说过“第十名现象”吗？其发明者就是杭州天长小学教师周武。他是天长小学多年的班主任，目前已经退休了。他在 20 世纪 90 年代发现了所谓的“第十名现象”。1989 年，周武开始了一项关于天长小学毕业生成长经历的跟踪调查。10 年的调查中，他发现了这样的规律：在实行百分制的情况下，在小学期间前几名的“尖子”在升入初中、高中、大学（乃至工作之后）有相当一部分会“淡出”优秀行列，而许多名列第十名左右的学生在后来的学习和工作中竟很出人意料地表现出色。周武将这一现象称为“第十名现象”。他通过长时间的跟踪调查发现，由于家长督促、强迫孩子挤进“前三名”或“前五名”，搞得学生压力很大，这使他们在培养兴趣爱好、拓宽知识面、发展个性等方面受到了很大的制约，又因为他们都是听话的“好孩子”，一些好的个性也会被束缚。所以，前几名的孩子反而将来的成就并不显著，与此相反的是，第十名左右的学生，成绩不是最优秀的，但他们大都比较活泼、灵活性强、兴趣广泛，老师往往容易忽视这些学生，因此其学习的独立能力较强，有很大的潜力。这是他们有后劲和成才概率较高的主要原因。周武说：“这种尖子生与‘第十名’的差别，实际上就是用 10 分力气得了 9 分收获与用 5 分力气得了 8 分收获的差别。相比之下，后者分数低，但潜力和能力，要胜过前者。”在他的倡议下，学校对学生的发展给予了充分关注，所以能在教育上取得不俗的成绩。比如，其中有个学生叫钱锡青，他是 1990 年进入天长小学的，两三岁时受爸爸的熏陶开始涂鸦，画笔一直伴随着他。高中读的是杭州七中美术班，后来考入中国美术学院，目前开办了一家工作室，从事为儿童读物画插画工作，成为全国知名插画师。钱锡青至今记得，他在读五年级时，语文老师要求班上每个学生每周写三篇日记。“当时我跑去跟老师说，我能不能以画画代替写日记？想不到，语文老师竟然同意了。”这以后，别的同学每周交三篇日记，钱锡青只要交两篇就可以了，另外一篇是他的画作。“画在日记本上的，主要是一些生活中的小故事，比如和爸爸出去看电影，在家里洗衣服、晾袜子，以多格漫画的形式出现。”钱锡青还专门搞了一个卡通形象，每次写日记都沉浸在自己的绘画世界里。也正是教师的许可与宽容，才令学生的特长得到充分的发挥，也才有了后来的成就。

对师德而言，我们可以更深一步说，教师道德的修养方法，其实不用学习太多的道德或者伦理学知识，所谓的修养关键是自己能否去做。有这样一个故事：一个修行的人准备下山，临行时请教师傅：“我怎样战胜各种各样的困难？”师傅说：“怎样劝别人，照你所劝的话去做，什么困难都能战胜。”想想也是，我们平常不都挺会劝别人的吗？有朋友遇到不期而至的灾祸，就会说，想开点，事情总会过去的，明天又是新的一天。累坏身体不值，官司能不打就不打，伤神伤身，家产万贯，比不上有一副好身子骨。听听，简直是一个哲学家，很多人都能说出这样的话来，可是，祸患或者挫折真的来到自己的身边，马上又变得一筹莫展。所以，鲍尔吉·原野有句话说得挺好，大意为：就人的一生而言，不需要太多的招法与谋略，若肯躬行，一两条善念足以受用终身。闯天下可先拜自己为师，仔细倾听自己是怎么劝别人的，然后一心一意地奉行，多数情况会成功。

当前许多教师认为既然市场经济了，教师仅仅是谋生的职业而已，如果要求教师以“道”为志业，这样的要求是否太高了？这种说法实在不妥。我们知道，教师职业本质是传递知识、守护人类核心价值观。一个真正的老师必须具备起码的良知、高尚的人格、清洁的精神，具备对整个社会的责任感与使命意识。“先天下之忧而忧，后天下之乐而乐”，“苟利国家生死以，岂因祸福避趋之”，这些都是中国传统知识分子的优良传统，是应当弘扬的。如果单纯以满足应试教育的要求，那仅仅是个教书匠而已，最多称为“经师”而非“人师”。所以，教师就应当有一种情怀，一种责任与担当，一种执着与坚守。

第四节

“弟子不必不如师，师不必贤于弟子”

“弟子不必不如师，师不必是于弟子。”这是一个符合辩证法的至理名言，哲理性很强。长江后浪推前浪，世上今人胜古人。一代人自有一代人的特点与优势，否则社会只能退化而不能发展、进步。学生不一定不如自己的老师，老师也不一定事事都比弟子高明。确立这样一个观念，对于奖掖后进，解放思想，鼓励学生的超越意识具有极大的积极作用。韩愈的这句名言警句道出了师生关系中千古不变的真理。

真正理解和运用“弟子不必不如师，师不必贤于弟子”确实需要很深的思考。

第一点，师生之间如果有师道尊严，则很难真正落实“弟子不必不如师”。特别在具体考量方面，我们应该放开心胸，真正认识到，师生之间是平等的，教师施教并不是施恩。只有双方都真正围绕道义聚合在一起，双方才能真正相互理解与包容。

韩愈本人就经历过师生之间关系的冲突与张力。历史上著名的诗人张籍（约766—830年），字文昌，曾学诗魏州，经诗人孟郊的推荐成为韩愈的学生，但由于张籍年龄比韩愈还大两岁，所以，两人名义上是师徒，其实在生活中往往是亦师亦友。从师生的角度来说，韩愈对张籍有知遇之恩，不仅是张籍贡举的主考官，也是张籍考取进士的推荐人，其后还曾多次举荐张籍，国子博士、水部员外郎等都是韩愈推荐的。一直到后来，两人关系十分融洽。孟郊去世，韩愈曾拉张籍一起遥祭并募捐。所以，张籍对韩愈有着无比的尊重。韩愈去世后，张籍曾写了《祭退之》的诗，其中就说道："略无相知人，黯如雾中行。北游偶逢公，盛语相称明。"其把韩愈对自己的知遇之恩比作拨云见日，感激之情发自肺腑。但在他们刚认识不久的时候，韩愈是在汴州做节度推官，生活有些放浪形骸，比如不仅喜欢交友、喝酒、旅游，甚至参与赌博的游戏。为此，张籍曾两次写信给韩愈，直指韩愈的不足。信的大意是说："我（张籍）听您说过，我们现在的社会，大不如以前，因为古人的道德快被今人忘光了。孔子死后，诸子百家争鸣，只有孟子站出来维护孔子的大道。汉人尊奉老子、庄子的学说，只有扬雄出来为儒家辩护。之后，佛教传入中国，到我们唐朝的时候，佛道盛行，儒学又快灭绝了。您也有孟子和扬雄一样的聪明才智，却不学他们两位著书立说，您看您，随意跟人开玩笑，说话也不慎重。这样传出去，对您的名声可是不大好啊！听说您还喜欢赌钱，这更不是奉行大道的人所应该做的。真不知道您是怎样想的，请给我解释一下吧。"

张籍

这个张籍可真是不留情面，好好劝韩愈写书就算了，还把人家喜欢开

玩笑、赌小钱的毛病也给揪出来，话说得也挺带刺，这让韩老师多下不来台。

韩愈回信了，他是逐条解释的：

“第一，你说抵制佛教和道教，就应该著书立说，否则只是浪费唾沫。但我认为，文字的作用不过是把道理讲明白，从嘴里说出来跟写在纸上没什么不同。

“第二，孟子的书也不是孟子写的，而是他的徒弟万章、公孙丑等人记载下来的孟子的话语罢了。（言外之意，你是我的学生，你有义务替我记下日常言论，日后整理一下，不就成书了吗？韩愈这点很厉害，把皮球踢回去了。）

“第三，我抵制佛教和道教也有年头了。有人支持我，但更多的人反对我。这些人执迷不悟，我写了书，他们也不会看。孔子说“三十而立，四十而不惑”，我还没到那个年龄呢（韩愈当时 31 岁）。所以，即使需要写书，也得等几年。

“第四，说我喜欢开玩笑、好辩论争胜，不过是游戏罢了。若真有争胜的苗头，我一定会改过的。说我好利，恕我不能承认了。”

韩愈是举一反三，引经据典，可谓条条不败。但张籍仍然不服气，认为韩愈是巧言令色、不负责任。如果韩愈表现出心悦诚服，有则改之无则加勉的态度，说不定张籍就放过去了。但韩愈的解释，令张籍更为不快，于是，张籍写了第二封信，对韩愈的“解释”进行针锋相对的驳斥：

“今以其言谕之不入，则观书亦无所得，为此而止，未为至也。夫处一位，在一乡，其不知圣人之道，可以言谕之，不入乃舍之，犹有已化者为证也。天下至广，民事至众，岂可资一人之口而亲谕之者？近而不入则舍之，远而有可谕者，又岂可以家至而说之乎？”（张籍《上韩昌黎第二书》）张籍的意思就是说：“如果您在小乡村中，可以一个人一个人地去给他们讲道理。不听的人，就算了，至少有那些听得进去的人来证明您的成绩。可是天下这么大，您的一张嘴怎么能够让天下人都听到呢？近的不愿听，远方有愿意听的，您难道也要亲自跑去对他讲吗？”

韩愈在读了张籍的第二封信之后，被张籍的正义感和责任心所打动。可韩愈毕竟有所顾虑。他自己现在只是一个幕僚，无权又无势，也没有多大名望，他实在是心有余而力不足啊。张籍说的这些，又何尝不是韩愈日夜挂心的事呢？张籍没有经历过他在这之前十年所遭受的磨难。两个人虽然年岁相仿，但在人生体验上却迥然有别。此时的张籍，还不完全了解韩愈。不过，张籍的激励，对韩愈来说，却是莫大的安慰，同行的道路上，他将不再孤单。

韩愈再次提笔给张籍写了回信。虽然仍象征性地为自己辩解几句，但同时也说：“如果上天不打算令世人清醒，那么我也命该如此；如果真的要使世人清醒过来，除了我，还有谁能完成这个使命呢？”（“天不欲使兹人有知乎，则吾之命不可期；如使兹人有知乎，非我其谁哉？”韩愈《重答张籍书》）。

通过这次辩论，韩愈与张籍更深刻地了解了对方，其实，他们有着大致相近的人生目标和生命指向，是师生，也是挚友，更是“卫道”之路上相互扶助的好战友。

韩愈还曾经为张籍写过一首《调张籍》，“调”原本是调侃，韩愈用开玩笑的口吻写这首诗给他，里面却出现了具有非凡意义的句子：

李杜文章在，光焰万丈长！
不知群儿愚，那用故谤伤？
蚍蜉撼大树，可笑不自量。

“李杜”并称，在中国诗歌史上比肩而立、恍若两座无人可以超越

的大山，这种地位的确立，其本源就是韩愈和他的弟子半似开玩笑的一句诗！其真正的起因是：当时作为韩愈的学生张籍在诗风方面学习元稹、白居易，对李杜诗篇看不上，认为李白的诗风汪洋恣肆、词气豪迈，风调情深但毕竟有对仗不工，写实不够的特点。而韩愈力辟张籍的这种观点，认为李杜文章是开天辟地的大手笔，而不能用个别字词而指摘它们。

第二点，如何看待老师的不足——既有批评，但不改敬意。英雄也有错误以至罪过，伟人也有弱点以及隐私。耶稣是肉身之人，伟人也是肉骨凡胎，人性所具有的一切都会有。但是，伟人之所以是伟人，是因其所创造的伟大功业及业绩在。托尔斯泰论时人对拿破仑的褒贬说：一个道德完美的庸夫只是庸夫，一个遍体鳞伤的英雄仍然是英雄。英雄功业在，光芒日月长。不知群儿愚，哪用故谤伤？蚍蜉撼大树，可笑不自量。不过如此而已。当然，老师不是英雄，老师们的业绩只能在其后学生身上有所体现。但对老师的不足，我们应该有恰如其分的认识。最妥当的办法，我们认识就是有批评但不改敬意。

华罗庚读初二时，他的国文老师是胡适的崇拜者，要学生读胡适的作品，并写读后心得，分配给他读的是胡适的《尝试集》。华罗庚只看了胡适在《尝试集》前面的“序诗”，就掩卷不看了。那序诗是：“尝试成功自古无，放翁此言未必是；我今为之转一语，自古成功在尝试。”他的“读后心得”说：这首诗中的两个“尝试”，概念是根本不同的，第一个“尝试”是“只试一次”的尝试，第二个“尝试”则是经过无数次的“尝试”了。胡适对“尝试”的观念尚且混淆，他的《尝试集》还值得我读吗？历史上，由于华罗庚与胡适的世界观不同，所以在大陆的际遇与人生道路也就有巨大差别。

陈平原在《大师往事》中曾提到这样的故事。1901 年，因政见不同，章太炎给他的老师俞樾写了篇《谢本师》。这里的“谢”，是拒绝、辞别的意思，不是感谢。后来章太炎的弟子周作人，也因意识形态关系，写了《谢本师》。抗战期间，周作人落水当了汉奸，他的学生又写了《谢本师》。这是中国现代文学史上很有名的三篇《谢本师》，之所以有名，是因为这种做法，代表了现代中国教育的一个特点——尊重真理胜过尊重师长。“吾爱吾师，吾更爱真理”。这确实是现代中国的一个特点，很多人都表示欣赏。但我想提供另外一个思路，即章太炎的另一个弟子鲁迅，他是如何处理师生关系的。

根据许广平回忆，晚年鲁迅对章太炎其实很不以为然，因章太炎提倡复古。但即使这样，鲁迅提到章太炎的时候，依然非常尊崇，总是称“太炎先生”。而对章太炎晚年的行为，也能作出公允的评价——既有批评，但不改敬意。1936 年 6 月 14 日，章太炎逝世；当时也已经病重的鲁迅，在 10 月 6 日和 10 月 17 日连续写了两篇文章《关于太炎先生二三事》《因太炎先生而想起的二三事》。两天后，也就是 10 月 19 日，鲁迅去世。这两篇文章，都是对太炎先生曾经给予他的积极影响表示感激，对太炎先生在革命史上的意义表示赞赏，虽然也对他晚年的一些行为表示不以为然。在私人通信里，鲁迅说得更明白。1933 年 6 月 18 日的《致曹聚仁》，也提到这个问题。信里说：“古之师道，实在也太尊，我对此颇有反感。我以为师如荒谬，不妨叛之，但师如非罪而遭冤，却不可乘机下石，以图快敌人之意而自救。太炎先生曾教我小学，后来因为我主张白话，不敢

章太炎

再去见他了，后来他主张投壶，心窃非之，但当国民党要没收他的几间破屋，我实不能向当局作媚笑。以后如相见，仍当执礼甚恭（而太炎先生对于弟子，向来也绝无傲态，和蔼若朋友然），自以为师弟之道，如此已可矣。”

老一辈看待师弟之间的关系，自有其尺度，如何拿捏，端看个人修养。上海红学界元老邓云乡写过一篇《知堂老人旧事》，很值得玩味。文章说，周作人抗战中当了汉奸，很不光彩，可当年的一些“上过伪学校当过伪学生的”，对师长落井下石，更为邓云乡先生所不耻。所谓抗战中的“伪学生”，是个很难谈的问题。大家知道，抗战时，北大南迁，留在北京的学生，不少人只能进入日本人掌控的伪北京大学。八年间，有不少学生在这所学校就读，怎么看待这些学生？抗战胜利后前来接管北大的傅斯年，说对于伪大学的伪学生，我们是不承认的。这话后来受到很多人的批评。因为，政府打不过人家，退守大后方，怎么能苛求这些无法背井离乡的年轻人呢？诸位可能不知道，新中国成立前后的科学家、政治家里面，有不少是当年沦陷区的“伪”大学培养出来的。其实不只北大，很多著名大学都有这个“历史遗留问题”，必须平心静气地对待。回到邓云乡的文章，周作人当年因汉奸罪，被判刑，学生中有落井下石的，也有的不是这样，比如大弟子俞平伯。周作人有四大弟子：沈启无、俞平伯、废名、江绍原。特别是俞平伯，抗战中同样留在北平，没有撤出去。他们经常见面，但周作人从来没有劝俞平伯到日本人控制的北京大学去讲点课，虽然他们私人关系很好。抗战结束后，周作人被抓进监狱，这时候，俞平伯出面写信给当时的北大校长胡适，讲周作人的“学问文章与其平居之性情行止”，也讲其落水后“对敌人屡有消极之支撑”，同时自责艰难时刻“不能出切直之谏言”，“深愧友直，心疚如何”（参见中国社会科学院近代史研究所中华民国研究室编：《胡适来往书信选》下册，中华书局 1980 年，第 71—73 页）。这封陈情信，是旧日弟子对于走了弯路的师长的关怀与理解。邓云乡称，一个学者在为人上、在学问上、在大节上，有时候并不一致，在大动荡的年代里，有可能失足，这个时候，弟子对师长一辈的失误，应多点理解的同情。如此谈论师弟之间的情谊，值得我们关注。

第三点，师生以道义为旨归，不以个人私利为宗旨。韩愈的“道之所存，师之所存”绝非妄言，因为只要看重物质或金钱利益，那么师徒情分必然荡然无存。前段时间，社会讨论比较多的是郭德纲与弟子曹云金等人的网上撕扯。不是说天下没有是非，而是郭德纲的“家谱”里难定是非。郭德纲和曹云金们，说白了更多是雇佣关系，可是郭德纲坚持的是传统师徒制，是家谱式的管理方式。批评者可以说这是落伍，是真正的“农耕时代的文明”，可那些徒弟当初跟随他都属自愿，否认“家谱制”，也不能证明郭德纲在师徒关系中就天然是错的。所以，“清官难断家务事”，才是针对这种传统关系的传统智慧。师徒制或者“家谱制”，正如历史上的宗族制度一样，定然有其可取之处，否则也不会绵延千年。只不过，从温情脉脉到你死我活，才是“家谱制”所蕴含的全部可能。而且越是在现代环境，其残酷的一面越会凸显出来。因为利益纠葛，权利意识，都非传统时代可比。“一日为师，终身为父”，不过是美好的期待，而且通常只有现实残酷时，才需要画美好的饼。正如“父慈子孝”字面所传达的，这种以家人概念来凝聚非血缘关系的团队，需要双方都有极高的道德觉悟。因为双方权责不是靠白纸黑字的契约，而是靠双方的相互体谅、换位思考。即便是两个君子，还可能因误解而反目，更别说如果有一方心胸狭隘，利字当头。更大的弊病是，在“父慈子孝”的框架下，“父”一方通常都有更大的话语权，无论他“慈”与“不慈”，“孝”得不够的都难笑到最后。

台湾大学毕业的成中英，在哈佛大学拿了博士学位回来，在台湾

大学当客座教授。成中英是中国学术圈逻辑训练和分析哲学最好的一个，殷海光作为台大哲学系教授，主动去听成中英的课。他说："虽然我一辈子教逻辑，但是我的程度不及他。"成中英回来上课上了一年，殷海光听了一年，学学生的东西。为什么不能学呢？学生超过你，他慢慢有成就以后，你也可以向他学习嘛！这就是希腊哲学的精神——好奇心，永远保持好奇心。中国人并不是很鼓励好奇心的发展的，小孩子的教育里也没有这个东西。孔子大概有很强烈的好奇心，因为他有好奇心，所以学无常师，才能够学不厌教不倦。我们当前应该避免向学生学习丢面子的错误观念，主动向学生学习，在现代条件下是教师必备的素质。

古人对此问题有过很好的注解。《百喻经》讲过一个故事，往昔有夫妇两人，烘了三个大饼，作为晚餐。大饼烘就，夫妇二人各自吃尽名分下的一个饼后，还剩大饼一个，不便给谁独吃，于是互相约定，不许说话，谁若先说话，就莫吃饼！两人既然互相约好，便坐在家中，沉默不语。到了半夜，来了一个贼徒，到家偷窃东西，掠尽家中所有宝物。两人皆因有约在先，关怀大饼，谁也不愿出声。贼人眼见这家中人痴呆如此，胡来乱为，全不妨事，且觉得主妇静婉可人，便傍近妇人，做了些小小轻薄行为。那丈夫虽亲眼见到贼人胡闹，却仍因为不忘记那个大饼，故不作声。到后妇人忍无可忍了，就叫唤她的丈夫："大伍，大伍，你真是个傻子，为一个饼，尽人把我如此侮辱调戏！"那丈夫快乐得拍手大笑，他说："咄，咄，愚蠢丫头，你已说话，你输定了！饼应归我，你已无分！"这是两夫妇的问题，谁最愚蠢，别人似乎不能置喙，轻易加以判断。《百喻经》故事所注重的是人的性格。千年前世界上既俨然曾经有个这种丈夫，这性格也似乎就有流传到如今的可能。我们如今已不容易遇到这种丈夫了，但却可从别种人物的生活态度，现实中各类不讲道理的"小仙女""宝二爷”或以丑为美的博眼球、蹭流量的诸多行为中可知，此种愚顽仍阴魂不散，难以完全消除。

其实，即使本文传主韩愈本人，其一生中的错误也是不少的。例如到现在人们诟病的是他一篇赞颂书法的诗篇《石鼓歌》，其中最著名的就是那句诗：“羲之俗书趁姿媚，数纸尚可博白鹅”。敢于对书圣王羲之说三道四，名人评说名人，遂使此诗此句成为书法史上的名诗名句。韩愈是继杜甫之后对论书诗作出莫大贡献的重要人物。其开拓性的意义即在于石破天惊地喊出“羲之俗书趁姿媚”之语。此前诗人们一般只将歌咏对象与古代大家进行类比，并未见有如此胆大者。后人知道，王羲之的字并不全然媚俗，而是被追溯为行书正宗，韩愈在贬低别人抬高自己的时候显然过分了，也免不了被人指摘。当然，由于韩愈的为人首先在于气势，所以他的书法作品也一直为书法界所推崇，对他的指摘也淡然了许多，只有真正了解这段故事的人才懂得其中肯綮。

据传，这是韩愈唯一留世的大字作品，也为书法界所推崇。

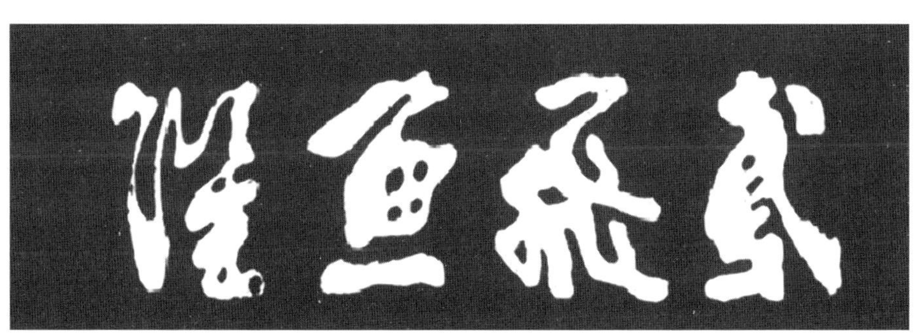

韩愈书法：鸢飞鱼跃

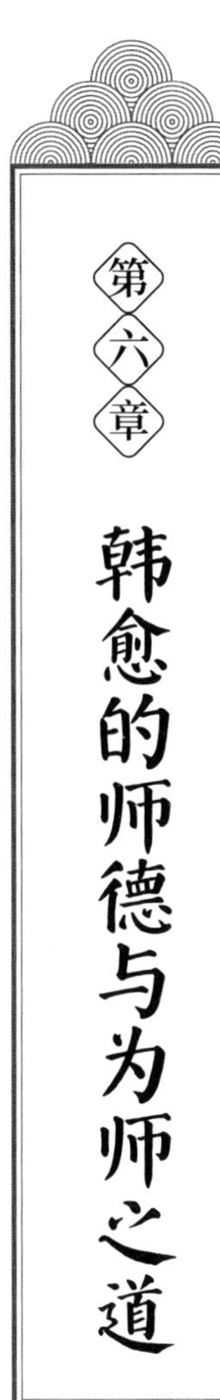

第六章 韩愈的师德与为师之道

教师的根本职责是教书育人。教书，是指教师以传授多方面科学文化知识和技能为主要形式所进行的教育工作，即韩愈所谓“受业、解惑”；育人，是指教师通过教书这种形式来开发青少年一代的智能，培养他们高尚的思想品德，形成他们健康的个性品质和体魄，即韩愈所谓“传道”。这就要求教师既要有较高的为师之德，又要有较强的为师之道，掌握为师的方法与技巧。

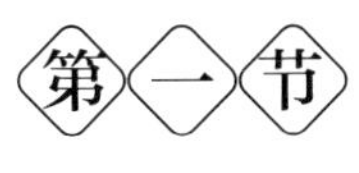

为师之德

所谓职业道德修养，在很大程度上是一个从业者头脑中进行的两种不同思想斗争。用儒家的话来说就是“自省”，也就是自己同自己斗争。正是由于这种特点，必须随时随地认真培养自己的职业道德情感。教师只有充分发挥思想道德上正确方面的主导作用，促使“为他”的职业道德观念去战胜“为己”的职业道德观念，认真检查自己的一切言论和行动，才能不断提高自己的职业道德水平。否则，当外部世界的诱惑和压力将你拖离道德底线时，有的人就会很容易偏离自己的航道路线。但如果能够清楚认识自己，道德指南针会帮助你返回到正确的轨道上来。

职业不仅是教师谋生的手段，也是自我的需要。一个人的职业生涯几乎就是他的人生，而没有职业道德的人是不可能干好任何工作的，当然就不可能取得成功。一个具有良好职业道德的人，一定是一个人格高尚，忠诚可信的人，这样的人在一个行业里长期坚守，一定会有所成就。我们应该注意到，有的人在外面可能穷凶极恶，在家里却可能是个好父亲、好丈夫，他们千方百计把别人家的东西搬自己家来，改善自己家人生活。家人

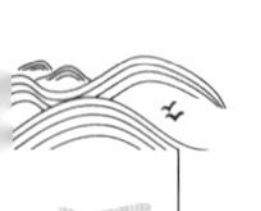

作为受益者，自然觉得这是个大好人，全然不管他对外界造成的损害。这就是典型的以私德良好来掩盖公德败坏，就是他们被指控时的遮羞布，是我们应该时刻警惕的对象。那么真正的良好师德表现在哪些方面呢？我们认为，至少有以下几个方面：

坚持道义，吃了也不嘴短——想当年，韩愈已经做了四门博士，但这个职位的俸禄实在难以维持一家子的生活，于是韩愈再次低下了高昂的头，向当时担任工部尚书兼京兆尹的李实写信，希望能够给自己一个更高的官职。因为李实当时的口碑不好，太过贪婪，所以很少有人吹捧他。估计李实是看了韩愈的信把自己称赞得很厉害，大手一挥，就给了他一个监察御史的职务，专门负责监督官员的行为，相当于现在的纪委工作人员。虽说这只是一个正八品下的官职，不过起码俸禄要高一点，韩愈的生活也相对改善一点了。然而韩愈在纪委的位子上还没坐热，就遇到了一个麻烦事情。监察御史最重要的职责就是向朝廷报告官员的各种过失，弹劾违法乱纪和不称职的官员。恰在这个时候，关中地区大旱，韩愈发现当地的灾民流离失所，哀鸿遍野，四处都有饿死的饥民。然而却被上面的官员封锁了消息，使得朝廷不但没有发放赈灾粮，还要继续征收租税，灾民的生活就更加水深火热。而这个封锁消息的官员，正是京兆尹李实。对于韩愈来说，求官低声下气是一回事，做官刚正不阿是另一回事，哪怕对方是对自己有恩的李实，也要完成监察御史最重要的职责。于是，他怀着满腔愤怒，给朝廷上了一封《论天旱人饥状》的疏，揭发了李实的罪状。李实气不打一处来，心想：我这么赏识你，你居然还在背后捅我一刀。能够轻松帮韩愈提升官职，李实的来头肯定不简单，他不单是工部尚书兼京兆尹，还是唐高宗李渊的嫡传后代。这样的人肯定不是说扳倒就能扳倒的，于是李实就直接和皇帝说："兄弟，这人瞎说，他污蔑我！"唐德宗也不算太糊涂，看了韩愈的上疏之后，心生恻隐，就命令下面的官员赶紧去处理这个事情。不过赈灾是一回事，李实毕竟是自己兄弟，又官居要职，不是说罢免就罢免的，那怎么办？于是，在一阵商量之后，朝廷决定，把韩愈贬到阳山县去，阳山县位处当时不发达的广东地区，距离京师长安四千里，走路要走六十天才能到，韩愈怎么也没有想到，自己好好行使监察御史的职责，居然落得这样的一个下场。不满归不满，皇上的诏令总不能违抗，于是韩愈就带着一家老小跋山涉水到了阳山县。

为民请命，谏迎佛骨——元和十四年（819 年），朝廷发生了一件数十年一遇的大事，改变了时任刑部侍郎的韩愈一生的命运。这一年，唐宪宗准备把供奉在陕西法门寺的释迦牟尼佛指骨舍利奉迎到京师长安，天天顶礼膜拜，乞求国家风调雨顺，国泰民安；自己延年益寿，长生不老。如果是别的平民百姓甚至王公大臣这么做也没什么，偏偏这事情的主角是一朝天子，于是整个长安城从上到下都在关注这个事情，整个京师学佛的风气蔚然成风。按照唐宪宗的想法，他作为一代明君，这佛指骨舍利既然是请回来了，那不能他一个人独享这庄严的盛事啊，与众同乐才是明君的行为守则嘛。于是他先是派人到凤翔法门寺去，把佛指骨奉迎到皇宫里面供奉三天，然后再送到长安城各个寺院里面巡回展出，让普通百姓也能感受到佛法无边，佛光普照。这样，迎佛指骨这事情就从皇帝一个人的事情变成了一个国家，至少是一个城市的事情了。有些人为了表示自己学佛学得很虔诚，不仅倾家荡产把财物都捐给寺庙，还用自残的方式来显示自己为了见到佛指骨舍利，什么都在所不惜。其实，迎佛指骨这事情也不是唐宪宗原创的节目，在他之前，唐太宗、唐高宗、武则天、唐肃宗和唐德宗都曾经做过这个事情，算下来差不多每三十年都要来一次。前面有贤君已经做过榜样了，唐宪宗自然也不会错过这样一个机会。本来这事情又不是前无古人后无来者的，过去了也就过去了，偏偏这个时候有个人不爽了，那就是性情耿直、一心卫道的韩愈。我们说过，韩愈是当朝的儒家大师，无论是对自己，还是对学生，都以儒家的精神行为作为准则规范，就连古文复兴运动中也是提倡学习各种儒家经典。佛教虽然在当时盛极一时，而且已

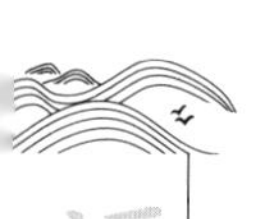

经在中原地区经过了数百年的磨合改进，逐渐成为中华文化的组成部分，但是它毕竟还是外来文化，有很多人认为大唐王朝还是应该遵循儒学，反对佛学。这次的迎佛骨，严重影响了人民的正常生活和国家的运作，肯定是必须制止的。韩愈的这一行为，也是中国历史上儒佛斗争的一个重大事件。当时的韩愈已经是朝廷重臣，直接接触皇帝的机会也是非常多的，于是他给皇帝上了一封《论佛骨表》。这篇文章一上来就说："我觉得，佛教这东西不过就是外国人的一种法术而已，它在后汉才传入中国的，在上古时期压根儿就没有。你看我们传说中的那些老祖先，个个都活到一百岁上下，到了商周时候那些明君少说也活了九十多，说明信佛这事情其实和长寿实在没什么关系。"然后，韩愈又说了一大堆客套话，大致就是说："您作为一个圣明的君主，怎么可以不完成高祖皇帝立国时打算废除佛教的遗愿，还带着老百姓们在这里瞎弄。这佛又不是我们自己人，来了就请他吃个饭就好了。"最后，为了怕自己说话还不够分量，他又引用了儒家创始人孔子的名言"敬鬼神而远之"来作为结束，大有"你不听我的就是不听孔子老人家话"的意思。虽然说这上表是君臣之礼，语气什么的都是毕恭毕敬的，但是唐宪宗毕竟是读过书的人，这表的核心意思，无非就是这样几个："第一，信佛和长寿没什么关系，搞不好信了还早死；第二，迎佛骨就是个闹剧，你就别玩大了，意思意思就可以了；第三，我们是儒道国家，信什么外来的佛啊！"唐宪宗本来是高高兴兴弄这么一个事情，在兴头上的时候收到这一份《论佛骨表》，意思说的不顺自己意也就罢了，居然还诅咒自己早死，一气之下，就要把韩愈拉出去砍了。所幸韩愈毕竟是朝廷重臣，在朝堂上也有很多的好朋友，像裴度、崔群这样的大臣都是他的老相识。在他们和一众皇亲国戚的极力劝谏之下，唐宪宗终于决定免除韩愈的死罪。但是这死罪可免，活罪总是难逃的，韩愈因此被贬到距离京师长安接近八千里的广东潮州。说到广东，对于韩愈也不是太过陌生的地方了，但是和之前被贬阳山县不同的是，现在的他，已经不是一个小小的监察御史，而是朝堂大臣了。这样从天堂到地狱的差距，肯定不是他能够欣然接受的。

还有唐代一则故事说明当时的思想界斗争的复杂性。唐高祖时，太史令傅奕上书主张减少寺塔，废僧尼，指出佛教流弊十一条。佛教徒法琳作《破邪论》《辩正论》，狂骂傅奕，为佛教辩护，呶呶不休。其表现出来的态度，已不是一般的奴仆而是盛气凌人的豪奴恶仆。以法琳为代表的僧徒，中国人的气味已经消失得不留丝毫了。唐太宗时期对待这个豪奴恶仆态度也很耐人寻味，传旨法琳说："你著的《辩正论·信毁交报篇》里说，有念观音者，刀不能伤，现在给你七天去念观音，到期试刀，看是否不伤。"法琳的那些言论都是用大量谣言谎话构成的虚头把戏，最怕的是真切实验。这一下真难倒了法琳，他在狱中迫切哀求佛菩萨显灵保佑，当然哀求不出什么来。七日期满，法琳苦思救命之计，忽然想得一计。当使者来问："刑期已到，你念观音有灵否？"法琳答："七日以来，我不念观音，只念陛下。"唐太宗使人问："诏书令你念观音，为什么不念，却说只念陛下。"法琳答，陛下功德巍巍，照经典说，陛下就是观音，所以只念陛下。法琳说了一大套谄谀奉迎的话，豪奴的骄气黯然消失。唐太宗免法琳死罪，流放他到边远的益州为寺僧，他在路上就病死了。

韩愈因谏迎佛骨被贬潮州，当年的潮州，可不是现在有着千年文化底蕴、从商风气盛行、有着牛肉丸等一众小吃的潮州，而是一个未开化的地区。在赶赴潮州的路上，韩愈写下了著名的《左迁至蓝关示侄孙湘》：一封朝奏九重天，夕贬潮州路八千。欲为圣明除弊事，肯将衰朽惜残年？云横秦岭家何在，雪拥蓝关马不前。知汝远来应有意，好收吾骨瘴江边。直到今天，我们还能从这首诗里面读出作者的不甘和失落的心情，面对这样未卜的未来，自己实在是不知所措。按照韩愈的想法，他本人被贬，仍是外放官员，他的家人仍可留在京师。但当时有些人使坏，说罪人家属不可留京师，只能随迁。而恰恰这时候，韩愈的 12 岁女儿生病，也只能随行。

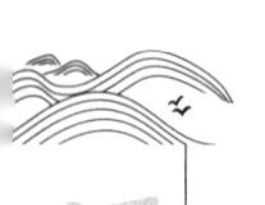

路上颠簸，又无法医治，出长安几天就病死了，这就对韩愈的打击很大。因为潮州实在是太远了，韩愈的家人走到一半实在是走不动了，于是他把家人安顿在距离长安五千里的韶州，然后又跋山涉水走了许多天才到了潮州，总共路上用了一百多天。来到潮州之后，他按照惯例给唐宪宗写了一封谢恩的奏折。在这封《潮州刺史谢上表》里面，韩愈向皇帝表示了自己的歉意，还感谢了皇上的不杀之恩，然后就是例行公事地汇报了当地的情况和做了自己会努力工作的表示。不过特殊的是，在这封表的最后，他向皇帝表示自己在这里过得其实不是很好啊，而且想要给朝廷多做贡献，后面又是一堆歌功颂德的话。之前说过，韩愈一直是一个很积极入世的儒家分子，他从来不掩饰自己想要做官的意图，因为对他来说，辅助明君统治天下黎民百姓，开创一个盛世才是自己的终极理想，剩下的都不过是手段而已。谢表写上去了，一时半会儿也到不了皇帝手上，韩愈也就只能在潮州好好工作。不开心是一回事，但是他在潮州任上的工作可以说还是竭尽全力的。韩愈推动了当地的经济和文化发展，给当地带来了中原文化的种子，直到现在，当地还有一个规模不小的韩文公祠，而且还有不少纪念他的地名，比如韩山、韩江。仔细想想，李渊父子虽然得了天下，大唐河山也没有听说哪山哪河易姓为李，倒是韩愈一个罪臣，在海边一块荒蛮之地视政八月，这里就忽然山河易姓了。历朝历代有多少人希望不朽，或刻碑勒石，或建庙建祠，但哪一块碑哪一座庙能大过高山，永如江河呢？这是人民对办了好事的人永久的纪念。一个人是微不足道的，但是当他与百姓利益、与社会进步联在一起时就价值无穷，就被社会所承认。如果我们能遍读祠内凭吊之作，诗、词、文、联，上自唐宋下迄当今，刻于匾，勒于石，大约不下百十来件。一千三百多年了，各种人物在这里将韩公的名字不知读了多少遍。新中国成立后曾长期担任佛教学会会长的赵朴初，曾题词赞赏韩愈说："不虚南谪八千里，赢得江山都姓韩。"

作为教师之德，"学高为师，行为世范"大概是人所共知的了，但具体做法上却值得我们再思考。在古代，楚王很喜欢腰很细的女子，结果宫中的女子很多都饿死：上有所好，底下的人就会迎他所好，带动的就是错误的风气。一个家带错风气，家会垮，一个国的国君带错风气，国就垮，所以“一家仁，一国兴仁；一家让，一国兴让”，一人贪戾，一国作乱。一个国君假如很贪钱财，到最后的下场很可能是跟人民发生冲突。古代纣王宠爱妲己，其实在纣王那个时代有没有贤臣辅佐？有！当时很多贤臣，都是很有学问的。其中有位叫箕子，就是传说中跑到朝鲜创建了朝鲜王国的那个人。这个箕子看到一个动作，他马上想商朝可能保不住了，这是才看了一个动作，也就是现在人们常说的见微知著，看到一些细微之处就可以联想到往后会有很不好的影响。因为箕子看到纣王送妲己一双象牙做的筷子。诸位朋友，为什么看到一双象牙的筷子，就可以断定商朝要亡了？我们会说：有这么严重吗？我们细细来推敲一下，当妲己拿着象牙的筷子，请问她要用什么酒杯？可能是犀角玉杯。当配着犀角玉杯，请问拿什么盘子？可能是金子、银子打造出来的盘子。那用金子、银子打造出来的盘子会不会盛的是豆腐青菜？会不会？一定是什么？山珍海味。盛的是山珍海味，你会不会穿个朴素的衣裳在那里吃山珍海味？会穿什么？绫罗绸缎。穿着绫罗绸缎，吃着山珍海味，会不会住小木屋？会住什么？豪华的宫殿。这些都要钱，从哪里来？对人民不断地压榨，民脂民膏，到最后人民一定会起义而跟他对抗。所以一人贪戾，一国就作乱。你看古代这些贤哲确确实实很有智慧，他们懂得抽丝剥茧，可

箕子

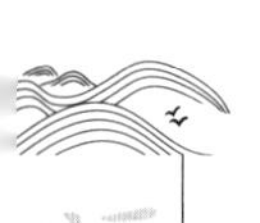

以看出往后不好的影响。后来商朝被周武王推翻了，古代这些起义而来的君王，事实上也都很仁厚。当他把商朝灭掉，对商朝的子民、对纣王的子孙有没有杀戮？没有，都会划出一块地方，让他的后代继续在那里生存。因为古代起义成功的君王重视的是王天下的胸怀，应该以仁德服人，打仗是迫不得已。周朝因为有这样的胸襟，也很快赢得天下人的归顺。

宽容，尤其是对身边的人宽容才是真正的美德——柴静在中央电视台“东方时空”栏目提到中国法学会的一篇报告，在这份报告中曾提出：在暴力杀人的女性重刑犯中，因家庭暴力杀夫的高达 60%。很多人认为，所谓的家庭暴力，一定是对伴侣进行肉体摧残，但忽略了情绪上的冷暴力对人精神的折磨。有时伤人的不一定是身体的痛苦，而是心理的无助。在心理学家刘喆长达 16 个月的调查里，有过或正处于冷暴力的家庭占到 70% 以上。由此，心理学家总结出公式：满意度 = 行为 - 期望。他们对亲人期望太高，恨不得让其成为自己肚子里的蛔虫，对外人却足够宽容。他们经常会想：“别人不理解我就算了，为什么你也不理解我？”这类人有极强的控制欲，但是他们对外部世界无能为力，只能把全部的愤怒积郁在心里，转而发泄到亲人那里。宁愿被情绪控制，也不愿主动控制情绪。形形色色的人中，总有人会相对感性，容易被情绪操纵。然而无论什么理由，也不能成为自己任性的借口。总是随意倾诉负能量，让深爱自己的人如履薄冰，不但不会让自己愉悦，更会两败俱伤，玉石俱焚。《菜根谭》里说：“家庭有个真佛，日用有种真道，人能诚心和气，愉色婉言，使父母兄弟间，形骸两释，意气交流，胜于调息观心万倍矣。”家庭生活大多需要遵循一些原则，即使亲如父母兄弟，也要尊重对方的独立人格，就算有不同的意见，也要商量着来。周国平曾说：对亲近的人挑剔是本能，但克服本能，是教养。

宽恕——在桥的另一边。海明威在他的短篇故事《世界之都》里，描写一对住在西班牙的父子。经过一连串的事情后，他们的关系变得异常紧张。男孩选择离家而去，父亲心急如焚地寻找他。遍寻不着之际，父亲在马德里的报纸上刊登寻人启事。儿子名叫帕科，在西班牙是个很普通的名字。寻人启事上写着："亲爱的帕科，爸爸明天在马德里日报社前等你。一切既往不咎。我爱你。"海明威接着给读者展示了一幅惊人的景象。隔天中午，报社门口来了八百多个等待宽恕的"帕科"们。世上有无数的人在等待别人的宽恕。宽恕的受益人不只是被宽恕者，还有和他们一样多的人可以得到好处——就是那些宽恕他们的人。宽恕是一座让我们远离痛苦、心碎、绝望、愤怒和伤害的桥。在桥的那一端，平静、喜悦、祥和正等着迎接我们。

与宽容相反的是嫉妒：我们当然希望"六亿神州尽舜尧"，可惜，最终我们会发现，现在的学校教育基本上在培养"精致的利己主义者"。我们不得不承认，品德高尚，以天下为公的人总是极少数，大部分普通人都是自私的，而且大部分人都是嫉贤妒能的。普通人作为普通人生活，有点小毛病并无大碍，反而使人觉得更真实更可爱。可如果这样并不怎么高尚的普通人掌握了生杀予夺的权力，那就是一件非常可怕的事情。众所周知的《水浒传》，其中有桥段是林冲初上梁山泊求职，还带了柴大官人的推荐信，自己是八十万禁军教头，还是能忍气吞声的人，以为到梁山泊当一个强盗应该是一点问题都没有的了。然而王伦不这么想，他想："我不过是一个落第秀才，本无才学，宋迁杜万又没什么本事，所以我才能领导一众人等，这林冲一来，我等怎么压得他住？"于是决定打发他走路了事。当强盗都这么难，遑论其他？《三国演义》中有一个情节，是《三国志》等正史里所没有的。那就是著名的周瑜与诸葛亮斗法，周瑜最终因为失败而气死，并发出"既生瑜何生亮"的哀叹的故事。周瑜因此成为和王伦齐名的嫉贤妒能的典型。人们论及此，往往觉得这是对历史上真实的周瑜的不公平，是小说里为衬托人物形象而胡编乱造的。其实，正是从这些故事里，体现了小说作者对人情世故的深刻观察和对人性的细微体认，这正是小说之所以区别于正史存在且广泛传播的理由。西方基督教认为人有七宗罪，排在最前面的就是骄傲和嫉妒，从某种意义来说，嫉妒可说是人类的

原罪。现实社会中，嫉贤妒能大概是普通人的通病，怎么克服却难有良策，做教师的所能做的大概只有两条：第一条是“自己认命”，认识到社会上人们的复杂与多重，认识到寸有所长尺有所短，坦然接受各种人才和机遇的差异；第二条是教育学生认识到嫉贤妒能的危害，在力所能及的范围内，对贤能有所帮助，既是给他人提供上升的台阶，也是为自己未来上升做了铺垫。

社会复杂，教师必须自己清楚其中利害关联——想想古时候的人们，即使是建功绝域、拓土开疆，但仍可能屡屡受到人们的质疑，有的诗人这样写道：“凭君莫话封侯事，一将功成万骨枯”“自古边功缘底事？多因嬖幸欲封侯。不如直与黄金印，惜取沙场万髑髅”。对于改革、和亲等政治行为，也往往是言人人殊。既然如此，从事改造自然事业，是否不关人事纠葛呢？也不见得。隋炀帝开凿运河，“水殿龙舟”之事，招致天怒人怨，自不必说；就是元代的那位“总治河防使”，不也是有“贾鲁治黄河，恩多怨亦多”之说吗？历史上的翻案文章很多的，曾经读到吕思勉的一篇为秦桧翻案的文章，指出岳飞是军阀、功高震主不说，还不听调遣、拥兵自重。为维护和谈成果，不得已才杀了岳飞。现在，秦桧是替宋高宗赵构背黑锅的说法流行于史学界。其实，也不必太过当真，因为仔细翻检历史，秦桧本人就是坏人一个，是与皇帝同流合污，而不是简单地执行皇帝决策，是他积极配合乃至拱火，才把岳飞迫害致死的，所以，跪在岳飞坟前的铸铁秦桧，一点也不冤枉。现在有些人为翻案而翻案，为哗宠取宠而翻案，这就要求每位教师能审慎对待、以理服人。

一个有才华的人，不使劲儿折腾也许是出不了头——尽管我们经常教育学生说：“是金子到哪里都会发光的”，但实际上，必须有足够的奋发作为才可能有出人头地的机会与可能。韩愈的一生，证明这个道理。如果看过韩愈 35 岁后当官的简历，人们肯定会咋舌于韩愈职位变动之快。很少在一个职位上任职超过三年，而且在每个职位上他都能“折腾”出花来。看看韩愈成功的“宝典”，奥秘和他始终以先锋、新潮、斗士的姿态出现有关。应该说，要想在政坛、文坛立定脚跟，第一是领先，走前一步；第二是创新，与人不同；第三是折腾，敢想敢干，这是生死攸关的说不上是秘诀的秘诀。不是有这个故事吗？有位举人第三次进京赶考，住在一个经常住的旅店里。考试前两天他做了两个梦：第一个梦是梦到自己在墙上种白菜；第二个梦是梦到下雨天，他戴了斗笠还打伞。这两个梦似乎有些深意，举人第二天就赶紧去找算命的解梦。算命的一听，连拍大腿说：“你还是回家吧，你想想，高墙上种菜不是白费劲吗？戴斗笠打雨伞不是多此一举吗？”举人一听，心灰意冷，回旅店收拾包袱准备回家。店老板非常奇怪，问：“不是明天才考试吗？你怎么今天就要回乡了？”举人如此这般说了一番。店老板乐了：“哟，我也会解梦的。我倒觉得，你这次一定要留下来，你想想，墙上种菜不是高种（中）吗？戴斗笠打伞不是说明你这次有备无患吗？”举人一听，觉得此人说得更有道理。于是精神振奋地参加考试，居然中了个探花。放弃了，肯定就没机会了，不放弃，说不定将来就有机会呢。

事实上，对于每个人来说，在对科学知识的追求和探索的道路上，不断地“不成熟”地表现自我，才能达到真正的成熟。如果只用“成熟”的标准要求自己，止步不前，那就永远达不到成熟。20世纪画坛上出了一个“永不成熟”而最终成熟的大画家——毕加索。16岁的毕加索因举行个人画展而一举成名，直到92岁离世前的那天早上，共创作了45000多件珍品。在一生中，他的画风不停地改变，经历了写实主义时期、蓝色时期、玫瑰色时期、立方主义时期、原始艺术时期、超现实主义时期，以及各种画风交叉时期，等等。由于他不断改变自己的画风，不断地用“不成熟”表现自己，不仅观众骂他是“邪恶的天才”，就连“成熟”的评论家也斥他为“艺术的变色龙”！但是，最后举世公认，他是一位“20世纪艺术的领路人”，是“一个点石成金的稀有之才”。尤其重要的是人们发现了他的成功之路：他的作品“全像是各种没有完全盛开的鲜花，或像是各类将熟而未熟的鲜果”。他

一生大胆地探索，追求的是“不成熟”，但最后他成熟了。

充满爱心——陶行知的名言是“爱满天下”。做教师的应该有爱心，这个简单道理谁都懂，但真要爱每个学生，包括讨厌自己的学生，确实不是件容易的事。爱与责任是教育的双翅，没有责任办不好教育，没有爱同样没有教育。有人把师爱比作春雨，滋润孩子的心田；有人把师爱比作阳光，温暖孩子的心房。师爱是一种发自灵魂的芬芳，是一种深入脊髓的甜蜜。多年的教育实践使我们深深体会到：爱生是师德的核心。然而，热爱学生是一条非常抽象的师德规范要求，它需要我们每位教师在心里为自己评判达成度。只要我们善于对照规范反思自己的教育教学行为，哪怕是每天反思一点点，我们的师德修养水平也会前进一大步的。有个老师记载了这么一件事，有一个小男孩，他的外貌比较奇特，左边脸是红色凸起的，右边脸是青色的，眼睛弱视，加入少先队时，高年级的孩子为他佩戴红领巾，迟疑了几次不敢碰他。开学第一天，老师告诉孩子们：“你们每个孩子都是可爱的小天使，在他降临时，上帝觉得他更可爱，舍不得松手，多吻了他一会，所以他就有了这个美丽的胎记。”从此，孩子们不再害怕他。他在教室里已然是个相貌正常的孩子，有小伙伴和他拉手玩，有小伙伴抱抱他。一次，那教师在游泳池遇见他，他怕水，在游泳池里教师拉着他的手，陪着他玩，有一个人问那教师：“你是他的妈妈吗？”那教师笑了笑说：“不是妈妈，但和妈妈一样爱他。”

遵守道德——杜邦公司的一位人力资源负责人在招聘面试的时候曾经遇到过这样一个年轻人，他在初试和复试的时候超过了许多竞争者，可是在最后一轮面试的时候却很遗憾地被淘汰了。当这位负责人告诉他这一结果时，虽然心里十分难受，但面试的年轻人没有像大多数人那样把沮丧的心情表现在脸上，而是非常有礼貌地向每一位面试负责人表示了感谢。就在他起身准备离开的时候，椅子上凸出的一颗小钉子把他的裤子剐了一道小口子，面试负责人并没有发现，可是这个年轻人还是走上前去，拿起办公桌上的镇纸，很小心地把凸出的小钉子给敲了回去，然后放回镇纸，向所有面试负责人深深地鞠了一躬，转身准备离开。这时，那位主要面试负责人叫住他，问："年轻人，你已经知道自己被淘汰了，为什么还会在意椅子上的那一颗小小的钉子呢？"这个年轻人转身微笑着说："我觉得这和面试结果毫无关系。我只不过不想让后来坐这把椅子的人和我一样把裤子划破了，我从不会拒绝举手之劳而能给别人带来方便和好处的事情。"这位面试负责人激动地握着年轻人的手说："小伙子，恭喜你，你被录取了！"年轻人正惊愕的时候，这位面试负责人解释说："任何一个人都不可能是全才，比如你在专业知识方面是有欠缺的，但这并不可怕，相信你是可以通过努力来弥补的，职业道德却是一名员工身上最宝贵的素质，它是一个人骨子里的东西，这才是我们公司最需要的。"工作是我们生活的一部分，人生活就是要讲社会道德，我们工作同样要讲职业道德。职业道德是一种最基本的为人处世之道，也是成就职业的重要条件。

勤能补拙是良训——有个成语叫"韦编三绝"，说的就是孔子认真读书的故事，用今天的话来说，就是废寝忘食。《易经》这本书，很不好懂。孔子是怎么样读懂《易经》的呢？就是不厌其烦、反复研读，遇到不懂的问题，还是那个老办法：问。那时字刻在竹片上，称为简。一部《易经》就是几十斤重，而且书上的很多文字当时已经不再流行，十分难懂。孔子逐字逐句，反复研读。就这样，读过来翻过去，一遍又一遍，到最后，连那穿在竹木简的牛皮带都给磨断了。他不得不重新换上新带子，继续研究。不久，新带子又变成旧带子，最后又断了。他再换上新的。就这样，换三次新带子，终于那部几十斤重的《易经》给读通了，理解透彻了，于是他就把《易经》推荐给别人，并详细地介绍了这部书的内容。

为师之道

韩愈不是潮州乡学的始创者，但对潮州文化教育却有不可磨灭的功绩。韩愈认为，国家治理须“以德礼为先，而辅之以政刑”，用德礼即推行儒家的“仁义”之道，“未有不由学校师弟子者”。为了办好潮州乡校，“刺史出己俸百千，以为举本，收其赢馀，以供学生厨馔”。百千之数，其值几何？唐代币制混乱，很难做出标准。据李翱著《李文公集》所载，元和末年，一斗米合五十钱，故百千钱可折合米两百石，数目不可谓少。如此算来，百千钱相当于韩愈八个多月的俸金。也就是说，韩愈把治潮八个月的俸金，全数捐给了学校。所以，到现在，潮州人民仍然感激韩愈。

古代师生之间的情谊历来是史书记载的情节。例如正史中即有王裒爱徒如子的故事。王裒是西晋的一位学者，因父亲被晋朝开国皇帝司马炎的父亲司马昭所杀，所以坚决不为西晋朝廷效力，避世隐居专心教授学生，门徒众多。《晋书·王裒传》（卷八十八）记载，王裒有个学生，被县里派了额外的差役，向王裒诉说，希望老师能向县官说情，免去劳役。王裒苦笑着说，我说情有什么用啊，这么多年不与官府打交道了，他们哪会听我的？但王裒对学生的难处并不袖手旁观，他用扁担挑着干粮，让儿子背着豆豉和草鞋，送这个门生去县里。王裒的众多学生一看老师亲自去了，都纷纷跟随，队伍居然有上千人。这支特别的“暴走”大军一路浩浩荡荡向县城进发。县令闻讯后，还以为王裒这位隐士是专门来拜访自己，整理衣冠早早出门迎接。王裒对县令说：“是我的学生被县里派了劳役，所以我来为他送行。”然后王裒拉着学生的手洒泪告别，县令立即指示免了此人的劳役，让他回家。王裒爱徒如子，躬身为学生着想之事被广为传颂。

教师不需要溜须拍马——教育是育人的事业，溜须拍马让学生看在眼里会严重影响教师在学生心目中的形象，更会引起同事的鄙视和抵触。在一个小镇的学校里，有位姓李的老师。他非常热爱教学，但总觉得自己在学校的地位不够显赫。于是，他想方设法讨好校长，以期获得更多的关注和支持。一天，校长要召开全校教师会议，李老师提前得知消息，便准备了一份精美的礼物—— 一支高档的钢笔，附上一张卡片，上面写着“感谢您对我们教育事业的付出，您是我们心中的榜样！”会议当天，李老师在会上表现得特别积极，频频赞美校长的决策和管理风格，甚至在校长发言时，时不时点头称是，露出赞同的微笑。他的表现引起了其他教师的侧目，有些人不禁窃窃私语。会后，李老师趁机将礼物递给校长，校长面露惊讶，接过礼物后，笑着说：“谢谢你，李老师，你的支持让我倍感鼓舞！”从那以后，李老师在学校的地位逐渐提高，校长开始更多地关注他的教学和班级管理，甚至在学校活动中给予他更多的机会。不过，李老师的这种“溜须拍马”行为也引起了其他老师的反感，大家开始觉得他并不是真心关心教育，而是想通过讨好来提升自己的地位。李老师虽然短期内获得了一些好处，但真正的尊重和认可还是来自对教育的热爱和对学生的关心。他得到的这点好处远远抵不上别人背后的议论和鄙视。他与同事的关系也渐行渐远。

教育勿失时机——常言道：机不可失，时不再来。一个人事业的成

功，常常离不开善于把握垂青于身边的机遇，失去一次机遇，也许就失去了一回成功。同样之理，教育工作者要取得德育工作的成功，也往往离不开德育机遇，更离不开对德育机遇的艺术把握。一个善于把握德育机遇的教育工作者，他的德育工作充满着朝气与活力，总是富有时代感和预见性，总能事半功倍，成效显著。对于课堂上发生的类似这样的事件，教师只要抓住这个偶然的机会，把它作为一个良好的教育契机，能充分利用偶发事件，开展教育工作，不仅会促使个别学生的转变，而且会对其他学生也能起到良好的教育成效。教育，作为人对人的影响，是教育者为受教育者营造的一个环境。如同那个古老故事讲的，橘子生于南方为橘，生于北方为枳。可见，教育者是受教育者的心灵环境。教育，作为人对人的影响，是以教育者个人人格为基础，对学生施加良性的影响，通过这种影响，实现教育者与受教育者的共同进步与成长。

不要过分依赖小报告——现实中，几乎每个学生和当过学生的人，都曾经或多或少为别的同学打自己的“小报告”而烦恼过。据有的班上的学生反映，“小报告像是跟在自己身后的影子，总是无法摆脱”。它搅得同学关系紧张，班级很不安定，不用说，没有哪个学生不怕“小报告”，而好打“小报告”的人偏偏就在学生之中。孩子毕竟幼稚，受“小报告”牵累的学生自然不愉快，然而打“小报告”的习惯却是大人培养起来的。看来“解铃还须系铃人”，所以，这更是教师应该关注的问题。

1. 一个教师为了教好学生，需要了解班级学生各方面的情况，而单靠亲眼所见便嫌不够，还需要听取学生对班级情况及学生表现的反映。然而，并不是所有学生都愿意主动向教师反映情况。于是，有些经常反映情况的学生就很容易备受教师青睐。这样，一种原本合理的需要，如教师处置失当，就可能制造出许多“小报告”和一些好打“小报告”的学生。

中小学生毕竟不成熟，又特别需要亲近教师。既然知道老师爱听“小报告”，或许还相信“让老师了解同学的情况，是为了帮助同学进步”的借口。于是，一旦知道什么情况，不管是否准确，不管同自己有无关系，都及时去向老师报告。有些小干部或许原本并无打“小报告”的偏好，一旦有某个事件发生，因未及时报告，免不了要挨老师批评：“你是小干部，班级发生这样的事，你为什么不及时向老师报告？”久而久之，也不得不打“小报告”了。其中有些学生，年龄虽小倒也有点心计。为了讨好老师，专门搜罗同学的缺点，作为“小报告”的材料，更有甚者，对于老师喜欢的同学，或者自己不喜欢的同学，唯恐老师不知道他们的缺点，或自以为老师对他们的问题严重性估计不足，便暗暗地把这些同学列入“小报告”的重点对象，“小报告”中或许还会夹杂一些不实之词。打“小报告”的学生尝到打“小报告”的甜头，而被打“小报告”的同学，少不得要吃点苦头。挨教师的批评，倒还是家常便饭。如果怀疑什么东西被某某同学偷了，或者某某男同学和某某女同学亲近，那不管是真是假，都会让人吃不消。受“小报告”牵连的学生不会不想：“我做了一件错事，自己也知道不对，为什么这么快就被老师知道了？到底谁打的小报告？”俗话说，群众的眼睛是雪亮的。某件事是谁告发的，谁爱打“小报告”，在众目睽睽之下，并不难发现。这就难免引起对告发者的怨恨，甚至引发报复动机和产生报复行为。其实，凡是爱打“小报告”的人，没有不在群众中被孤立的。可见，爱打小报告的人，有时也会吃点苦头。如果一个班级“小报告”盛行，这个班级将经常处在“多事之秋”。

2. 学生的“小报告”该怎么评说呢？有一儿童刊物曾以《如果我当老师，我怎样处理小报告》为题，征求小学生的意见。一位四年级小学生的回答是：“如果我当老师，我先看看学生打的‘小报告’是些什么内容，有的‘小报告’事情很小，我就让他们自己处理，锻炼一下他们自己处理事情的能力；如果‘小报告’反映的事情比较大，学生自己不能很好地处理，那么我就帮助他们一起处理。”还有一位五年级学生说：“我们这个年龄的学生，自尊心很强。有时有的同学确实做错了事情，别

的同学向老师打了‘小报告’，老师常常是让做错事的同学写检查，并且当着全班同学宣读。我觉得者这样做太伤害同学的自尊了。所以，如果我当老师，我会找有关同学单独谈话，或者在班上批评的时候，不说当事者的名字。”

3. 教师对“小报告”如何应对呢？对爱打小报告的学生说明，反映同学情况要实事求是。专门注意同学的缺点，不是好习惯。每个同学不光要注意教师对自己的评价，更要注意同学对自己的评价。如果从小爱打小报告，不仅易使自己在同学中被孤立，而且一旦养成这种习惯，长大后将成为一个不受欢迎的人。至于老师本人，不要只顾解决面临的实际问题，孤立学生反映情况，更要珍惜学生之间的真诚和友谊，使自己带领的班级在每个学生一生中留下美好的回忆，不要让“小报告”搅了学生的童年美梦。尤其不应该使有些学生因为迎合教师而成为不受欢迎的孤独者。

教育要讲求技巧——有一个众所周知的案例是：美国一位著名心理学家为了研究母亲对人一生的影响，在全美选出50位成功人士，他们都在各自的行业中获得了卓越的成就，同时又选出50位有犯罪纪录的人，分别写信给他们，请他们谈谈母亲对他们的影响。有两封回信给他的印象最深。一封来自白宫一位著名人士，一封来自监狱一位服刑的犯人。他们谈的都是同一件事：小时候母亲给他们分苹果。那位来自监狱的犯人在信中这样写道：小时候，有一天妈妈拿来几个苹果，红红的，大小各不同。我一眼就看见中间的一个又红又大，十分喜欢，非常想要。这时，妈妈把苹果放在桌上，问我和弟弟：你们想要哪个？我刚想说想要最大最红的一个，这时弟弟抢先说出我想说的话。妈妈听了，瞪了他一眼，责备他说：好孩子要学会把好东西让给别人，不能总想着自己。于是，我灵机一动，改口说：“妈妈，我想要那个最小的，把大的留给弟弟吧。”妈妈听了，非常高兴，在我的脸上亲了一下，并把那个又红又大的苹果奖励给我。我得到了我想要的东西，从此，我学会了说谎。以后，我又学会了打架、偷、抢，为了得到想要得到的东西，我不择手段。直到现在，我被送进监狱。那位来自白宫的著名人士是这样写的：小时候，有一天妈妈拿来几个苹果，红红的，大小各不同。我和弟弟们都争着要大的，妈妈把那个最大最红的苹果举在手中，对我们说："这个苹果最大最红最好吃，谁都想要得到它。很好，现在，让我们来做个比赛，我把门前的草坪分成三块，你们三人一人一块，负责修剪好，谁干得最快最好，谁就有权得到它！"我们三人比赛除草，结果，我赢了那个最大的苹果。我非常感谢母亲，她让我明白一个最简单也最重要的道理：想要得到最好的，就必须努力争第一。她一直都是这样教育我们，也是这样做的。在我们家里，你想要什么好东西要通过比赛来赢得，这很公平，你想要什么，想要多少，就必须为此付出多少努力和代价！推动摇篮的手，就是推动世界的手。母亲是孩子的第一任教师，你可以教他说第一句谎话，也可以教他做一个诚实的、永远努力争第一的人。与此相似，马云在达沃斯演讲里曾说："我们需要学会习惯被拒绝。

漫画家丰子恺曾回忆说，他在浙江省立第一师范求学时，一次上音乐课，有一个学生老看闲书，另一个学生则随地吐痰。执教的李叔同先生早已发觉，却并未当场批评，而是在下课时轻声说："×× 和 ×× 等一下再走。"在其他学生离开教室后，李先生缓缓地说："下次上课你不要看闲书，另外一位也不要随地吐痰。"说完，他"微鞠一躬"。这两个学生一离开教室，看到守候在教室外面的丰子恺等学友，不禁满面飞红。从此以后，全班同学都为李先生的雍容和"爱人以德"的风范所折服，也都改掉了上课时做小动作的习惯。

这不禁使我想起我中学时期的一位老师。这位老师很忌讳同学上课迟

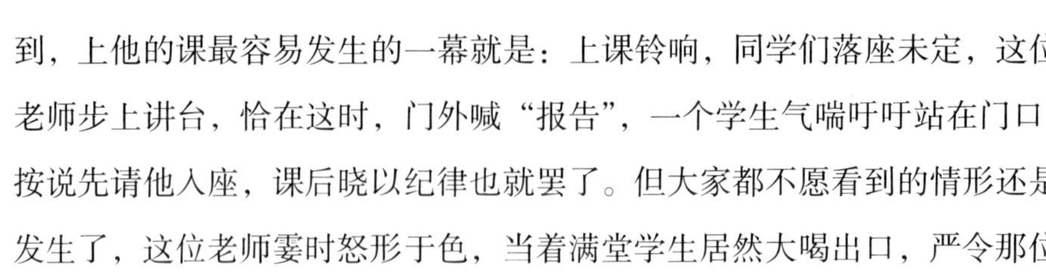

到，上他的课最容易发生的一幕就是：上课铃响，同学们落座未定，这位老师步上讲台，恰在这时，门外喊“报告”，一个学生气喘吁吁站在门口，按说先请他入座，课后晓以纪律也就罢了。但大家都不愿看到的情形还是发生了，这位老师霎时怒形于色，当着满堂学生居然大喝出口，严令那位倒霉的学生退出教室。结果这节课自然为之大煞风景。

为人师者，如此对待学生，不论出于何种动机，何种背景，也不论学生触犯了何种律条，都是令人费解和难以认可的。批评固不可少，因为它是帮助学生认识缺点、错误，改进思想行为的一种教育手段。但是批评学生不能不分场合、不讲方式、不计分寸。李叔同先生的“微鞠一躬”，在有些人看来，似乎是多此一举，也未免有失“师道尊严”。当然不能说批评学生都要温文尔雅，有时“怒形于色”效果反而会更好些。问题在于，不论何种形式或方式的批评，都应建立在师生平等、尊重学生人格的“爱人以德”的基础上。那种“居高临下”的所谓“师道尊严”，是与融洽和谐、相互尊重的新型师生关系格格不入的。

教育方式方法是要随实时事件而变化的。上海教学名师万玮，是上海市平和双语学校的数学教师。1973年出生，1996年毕业于复旦大学数学系。2004年出版《班主任兵法》，万玮老师因此书而迅速成为中国教育界年轻的“知名教师”。他在其后出了系列班主任工作技巧方面的书籍，其中2010年教育科学出版社出版的《班主任兵法3——震撼教育36计》里讲了这么几个案例：

案例1：“怎样对待优秀学生的问题”

大凡成绩好的学生都会有一点傲气，他们从心底里认为好成绩是自己取得的，而与老师的关系不大，因此，即使教师表扬他们，他们也会觉得这是自己应得的，不会很感激老师。反而是那些平时调皮捣蛋的学生，没少挨老师批评，和教师的感情却十分深厚。他们知道自己表现不好，长大

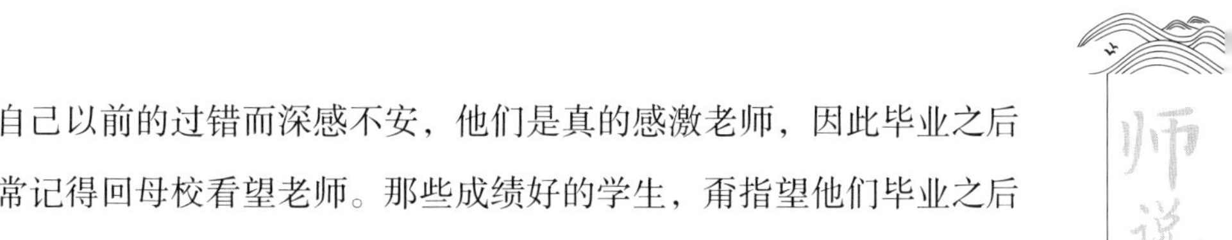

之后为自己以前的过错而深感不安，他们是真的感激老师，因此毕业之后也能时常记得回母校看望老师。那些成绩好的学生，甭指望他们毕业之后还能回来看你。（万玮：《班主任兵法 3——震撼教育 36 计》，教育科学出版社 2010 年，第十二计，第 43 页。）

万玮老师“治理”成绩优秀的学生的办法是：故意冷漠对待，使之孤立。冷漠、孤立之后再给予温暖。于是这样的学生就学会了尊重和感激。说白了就是：先制造痛苦，再出面拯救。

案例 2：“怎样处理班级失窃事件”

对班主任来说，班级里发生失窃事件是极为头疼的。对失窃事件的处理也是对班主任工作能力的巨大考验，稍有不慎，便会陷入尴尬境地。

比较常见的做法是用言语感化。比如说：同学们，今天，某某同学的什么东西丢了，而拿东西的人就在我们当中。在老师的眼中，我们班的每一个孩子都是最纯洁可爱的。我不相信有人会故意做这样的事情。我想，一定是有人觉得某某同学的东西好玩，就借去玩了，但是后来却忘了还等等。言语感化之后，再告诉他们还东西的方式：第一种是规定一个截止时间，在这个时间前希望这位同学来找老师。这个办法比较困难。第二种是让这位同学自己悄悄地把东西放回去。第三种是比较绝的办法：准备一个只开一个小口的大箱子，每名学生在教室外面排队，每个人轮流进去一次。到最后，打开箱子，东西便会在里面。

万玮老师不用这些老办法，他提供了两个案例：

（1）小光的“好译通”被人偷走了。这个“好译通”是他妈妈花 2000 多元买的。晚自习快结束时，老师宣布：我们班的小光同学丢失了一个很贵重的“好译通”，这个“好译通”可能现在还在我们教室里。我们今天晚上要好好地找一下，争取把它找出来。今晚要是不把这个“好译通”找出来，我们大家都甭想回去睡觉。第一，每个同学先把自己的抽屉和书包找一遍。然后，所有的人到教室外面去排队，由老师和几名班干部在教室

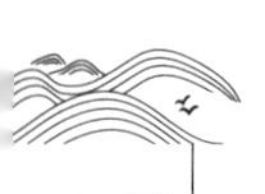

里再找一遍。这一步保证“好译通”会在某个同学的口袋里。第二步，老师再宣布，五分钟后，准备搜身。现在想要上厕所的同学先上厕所。这时候有学生说要去上厕所。老师同意。另一个学生也要去，老师说，等一等，一个个地去，等前面的人回来了，下一个再去。很多学生上厕所之后，突然，有一个从厕所回来的学生大声喊：老师，“好译通”找到了，在厕所的窗台上。

（2）灵灵的 80 元钱被人偷走了。很多同学说班上的旦旦同学翻过，很多证据表明是旦旦偷了钱。目标已经锁定了，但做老师的不能强迫旦旦承认。于是万玮找旦旦谈话，不问他是否偷了同学的钱，而只问他为什么喜欢翻同学的书包。然后引导他承认他翻过灵灵同学的书包。“现在老师不愿意调查是谁拿的钱，也没人说是你拿了灵灵的钱，但是你总该为你做的错事付出一点代价。现在你拿出 80 元先垫给灵灵，这事就算解决了。你也算是花 80 元买个教训，以后别再翻别人的书包了。”

通过这些案例，我们知道，教育是可以有多重方法的。万玮别出心裁的方法确实收到了实效。

教师要慧眼识才——韩愈的伯乐与千里马之说已经深入人心。实际上，每个教师能否慧眼识才确实是考验每位教师的功底所在。叶圣陶先生是我国现代著名的文学家和教育家。自 1923 年起，他先后担任过《小说月报》《中学生》等近 10 个刊物的编辑，许多后来的著名作家的处女作曾得到他的热情指点，在他的帮助和扶持下得以发表或出版。茅盾的处女作《蚀》及其后共同组成的三部曲就是经叶圣陶热心推荐后，在当时的《小说月报》上发表的。叶圣陶还对这部小说作过字斟句酌的修改，并建议作者将笔名“矛盾”改为“茅盾”。后来，“茅盾”成了沈雁冰固定的笔名。中国文坛泰斗巴金的第一部小说《灭亡》，也是由于受到叶圣陶的奖掖而得以问世的。1928 年，当叶圣陶接到巴金从法国辗转寄回的《灭亡》书稿后，亲自撰写了新书预告：“这是一位青年作家的处女作，写一个蕴蓄伟大精神的少年的活动与灭亡。”后来，作品在1929年1月号至4月号的《小说月报》上连载。大革命失败后，丁玲创作了第一篇小说《梦珂》，把它投给《小说月报》。有一次，叶圣陶从积满灰尘的稿件堆中发现了它，觉得写得很好、很有新意，于是给丁玲提了些意见，嘱她修改。后来，小说在1927年12号《小说月报》上发表了。此后，叶圣陶又帮助丁玲发表了著名小说《莎菲女士的日记》，并与茅盾一起热情撰文，对作品作了高度评价。20世纪中国文坛上一位女作家就这样被扶植了起来。“雨巷”诗人戴望舒，青年时代就禀有诗才，但他总是对自己缺乏自信心，把创作的诗稿压了一年，不敢拿出去发表。叶圣陶发现后，当即予以刊发，并写信给他表示赞赏。戴望舒由此逐渐成长为我国自成一派的现代诗人。后来，便有许多人称颂叶圣陶先生是我国现代文学史上的“文坛伯乐”。

无独有偶，徐悲鸿堪称为我国现代画坛上的伯乐。徐悲鸿是我国现代著名的绘画大师和杰出的艺术教育家，在几十年的美术教育中，他发现、培养了数以千计的美术人才，被郭沫若称誉为画坛上“南北二石”的傅抱石和齐白石，也都曾得到徐悲鸿的相助之力。20年代，民间老画师齐白石定居北京，由于生活清贫，他只能以卖画维持生计。面对当时为保守派垄断的北京画坛，齐白石“十载关门”，他大胆突破，艰难探索，勇于创新，终于“扫除凡格”，以独特的艺术风格自成一派，却遭到“正宗画家”的极力诋毁与

徐悲鸿

唾骂。1929年，年仅34岁的徐悲鸿出任北京艺术学院的院长，他慧眼独具，不顾世俗非议，大胆聘请年已66岁的齐白石担任国画系教授，并亲自驾着马车接齐白石到校上课。后来在展览会上，徐悲鸿又率先把“徐悲鸿定”的条子挂在齐白石的画幅之下；还亲自奔走为齐白石编画集、写序言、联系出版社。徐悲鸿用他的真知灼见和无畏呐喊，为齐白石筑起了一堵高大的墙垣，终使齐白石得以成为举世闻名的一代艺术宗师。1933年夏，担任南京中央大学艺术系教授的徐悲鸿，带着学生到庐山写生，归来途经南昌。一天上午，出身贫寒的傅抱石拿着一卷画登门求教。徐悲鸿看了这些出自一个29岁的年轻后生的作品后，非常赏识，便说道：“傅先生的画，顶顶好！”并建议说：“你应该去留学，去深造。你的前途不可限量。经费问题，我给你想办法。”后来，徐悲鸿特意去找当时的国民党江西省主席熊式辉。熊式辉开始对此丝毫不感兴趣。徐悲鸿便拿出自己的一幅画，说：“我的这张画留下来，就算你们买我一张画吧。”熊式辉这才同意资助一笔留学经费。当傅抱石从日本学成归国后，徐悲鸿又推荐他到中央大学艺术系任教。傅抱石后来的成就证明徐悲鸿当初没有看错人。

舍得舍得，有舍才有得——中国历史的长河浩瀚多彩，长达500多年的春秋战国更是一个风起云涌，英才辈出的时期：老子、孔子、孟子、庄子、孙子、墨子、韩非子等思想家，百家争鸣。兵家名将也不乏伍子胥、白起、李牧、廉颇、王翦等人，而政客中管仲、晏婴、蔺相如、李悝、商鞅等也都政绩卓著。在这些闪烁的群星中，有一个很特殊的人，他前半生从政，辅佐一个濒临灭亡的国家成为春秋五霸之一，在政治生涯走到顶峰时又适时隐退，改走从商之路，从商19年中三度富甲天下，财富过千金，在国家危难，百姓流离时又散尽家财，救济苍生，后被世人奉为文财神。这个人就是中国最早的商业学家、经济学家，同时也是政治家、军事家、思想家，被誉为一代商圣的范蠡。尽管历史上对他的撰述并不多，但人们是不会忘记他的，他成为人们信奉的财神，化身民间信仰的一部分，享受后人的敬仰与爱戴，这才是真正的得。在现代社会中，学会分享往往被人奉为圭臬。小时候，父辈经常告诫我们说：“好吃的东西不要一个人独吞，要适当分给大家一些，否则小伙伴就不会跟你一起玩儿，别人就嫉恨你，有了好处也会把你挤到一边。”那个时候，我们对这些话似懂非懂、半信半疑，所以总因小事与人争个你死我活。等我们长大踏入社会，现实的磨砺和复杂的人际关系，让我们彻底明白了这句话的深刻含义。在道路狭窄时，要留一步让别人走；在享受美餐时，要分一些给别人吃。这是立身处世取得成功的最好方法。人与人之间的相处，很多时候并不是单项选择题——有你没他，而是多项选择，可以双赢。有些人不明白，他们只知道鱼死网破，不是你死就是我活。为争名夺利打得头破血流、同归于尽的例子，在我们身边经常上演。这种人永远没能体悟到，在必要时让一步，反而能给自己带来更大的好处。《菜根谭》中有话说：“人情反复，世路崎岖。行不去处，须知退一步之法；行得去处，务加让三分之功。”意思就是，人间世情反复无常，人生之路崎岖不平。在人生之路走不通的地方，要知道退让一步的道理；在走得过去的地方，也一定要给予人家三分的便利，这样才能逢凶化吉、一帆风顺。

范蠡

锋芒太露容易没饭吃——这是跌过跟头的老祖宗们用鲜血和脑浆写下的忠告！可惜很多人就是不明白这个道理。他们认为自己聪明过人、能力超群，看谁都是豆腐渣，唯有自己是朵花，什么都不放在眼里。这种人最

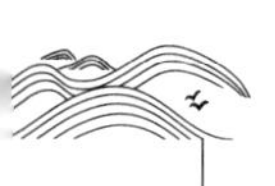

容易没饭吃，甚至会为此丢掉性命。大家都听说过“真人不露相，露相不真人”这句话，意思就是，真正的聪明人身怀绝技而深藏不露，绝不到处炫耀，而是等待时机一鸣惊人。有才华固然好，但是能力再强，也不能整天顶在头上到处去炫耀。就像财富一样，有钱当然是好事，但你会每天都穿金戴银、提着钱箱子到街上去显摆吗？才华是一个人成功的基础，一个有才华的人能得到大把的表现机会，一个无能的人，即使再张扬表现自己也不可能成功。但一个有才华的人过于炫耀自我，压制了他人的表现空间，损害了他人的利益，就必然招致众人的一致嫉恨。如果发展到这一步，他的前途和事业就非常危险，随时可能被人拉下马来！三国晚期的诸葛恪，是诸葛亮的兄长诸葛瑾的儿子。名门之后，家教严格，他在很小的时候就展现出了才思敏捷、天赋过人的特质，大家都认为他的才能超过了其父诸葛瑾。不过，诸葛瑾不为有这么一个好儿子感到高兴，反而觉得诸葛恪会给家族带来不幸。为什么呢？诸葛瑾说：“恪性格急躁、刚愎自用，而且太喜欢表现自己，锋芒过于外露，终将引来祸端。”果不出父亲所料，诸葛恪长大掌权后，独断专行、以才压人，认为自己什么都最好，目中无人，最终引起众怒，被大臣们设计害死，牵连家族也遭到诛灭。在这个世界上，才华出众却被排挤的人随处可见。他们才华在手，就像拥有一把传世名剑，逢人就要吹嘘一番，拿在手中四处挥舞，生怕别人不知道他有惊世之才，傻乎乎地把自己树成人人想打的活靶子。他们看不见自己脚下的火坑，就这样不知不觉掉了进去。才华犹如一把双刃剑，可以刺伤别人，也会刺伤自己，所以运用起来应当小心翼翼，平时应插在剑鞘里。很多时候，锋芒太露都会招致小人的嫉恨和陷害。凡是做大事业的人，都应该修炼“藏露”之功。洪应明在《菜根谭》中说：“文章做到好处，无有他奇，只是恰好。”才智的使用也应如此，用至好处，只是恰好。当智则智，当愚则愚，愚也是一种智。必要时，装一装“低能儿”，做一做“糊涂人”，都是明智之举。当一个人遭遇挫折的时候，或许会抱怨呐喊——我这么有才华，为什么却落了个穷困潦倒、一事无成的下场？苍天真是不公！苍天真的不公吗？非也，是人不懂基本的人情世故的缘故。这一切都是人自己造成的。当人们面临人生败局时，是否应该自我反思一下呢？是否做得太过分了？是否目中无人，过于突出自己，忽视了众人的感受？是否自以为聪明绝顶，别人都愚不可及？一个人如果这样反思一番，就能找到问题的症结，然后对症治疗，等顿悟明澈之后，也就真正成熟起来了！

正确处理会哭的孩子有奶吃——社会普遍存在会哭的孩子有奶吃的恶习，作为教师对待这类事情要十分的小心。有位老师举例来说：我侄子今年 8 岁，暑假在我家住，因为受综艺节目和同学的影响，他很想去体验一下玻璃栈道。我告诉他，只要他在一个月内，认真地把暑假作业做完，且保证 85% 以上的正确率。我就带他去。我的要求很明确，怕他耍小花招。侄子的学习成绩一般般，要达到高正确率，必须很仔细很认真地去做每一个题。那一阵他电视也不看，iPad 也不玩，起床后就认真写作业。每一道题都做得工工整整，无刺可挑。他似乎生怕我会以其他理由取消这次的计划。这一切在表姐的孩子来我家后被打破了。在饭桌上表侄听说了我们的“玻璃栈道约定”，就嚷着要妈妈带他去。表姐告诉他，想去的话就要像弟弟一样认真完成作业，作业做好了我就带你去。表侄一听就不高兴了，直接把筷子拍在桌上。他马上整个人躺到地板上，哭着滚来滚去，嚷着就是要去玻璃栈道，就是要去，马上就去。任我们怎么劝都无动于衷，他一边蹬腿，一边哀嚎。表姐无奈，只好答应带他去，明天就去，作业先不写。侄子看到这些，默默地走进了自己的房间。过一会儿我进去的时候，发现他正坐在床头伤心地哭泣。那一刻他虽然没说什么，但我懂他伤心的原因。因为我从小也是一个试图以懂事来讨好成人世界的孩子，我明白他那一刻的委屈和嫉妒。会哭的孩子有糖吃，而懂事的孩子只能认真完成任务，遵守规则，用完美的表现来争取糖。他们压抑自己的欲望，小心翼翼地去讨好大人，却完全没有哭闹的孩子“嚷一下”效果好。懂事的孩子，

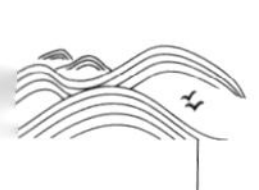

总是乖得让人心疼。

作为教师应该怎样对待这件事呢？我们可以看看美国教育史上发生的一个例子：1947 年，有一位叫玛莉・班尼的女孩写信给《芝加哥论坛报》，因为她实在搞不明白，为什么她帮妈妈把烤好的甜饼送到餐桌上，得到的只是一句“好孩子”的夸奖；而那个什么都不干，只知捣蛋的戴维（她的弟弟），得到的却是一个甜饼。她想问一问无所不知的西勒・库斯特先生：老天真的是公平的吗？为什么她在家和学校常看到一些像她这样的好孩子被上天遗忘了。西勒・库斯特是《芝加哥论坛报》儿童版栏目的主持人，十多年来，孩子们有关“上天为什么不奖赏好人，为什么不惩罚坏人”之类的来信，他收到不下千封。每当拆阅这样的信件，他心里就非常沉重，因为他不知该怎样回答这些提问。正当他对玛莉小姑娘的来信不知如何回答时，恰好一位朋友邀请他参加婚礼。也许他一生都该感谢这次婚礼，因为就是在这次婚礼上，他找到了答案，并且这个答案让他一夜之间名扬天下。牧师看到这一情节，幽默地提醒：右手已经够完美了，我想你们最好还是用它来装扮左手吧。西勒・库斯特说，正是牧师的这一幽默，让他茅塞顿开。右手成为右手，本身就非常完美了，是没有必要把饰物再戴在右手上了。那些有道德的人，之所以常常被忽略，不就是因为他们已经非常完美了吗？后来，西勒・库斯特得出结论：老天让右手成为右手，就是对右手最高的奖赏，同理，上天让善人成为善人，也就是对善人的最高奖赏。西勒・库斯特发现这一真理后，兴奋不已，他以“上天让你成为好孩子，就是对你的最高奖赏”为题，立即给玛莉・班尼回了一封信，这封信在《芝加哥论坛报》刊登之后，在不长的时间内，被美国及欧洲一千多家报刊转载，并且每年的儿童节他们都要重新刊载一次。很多人可能认为这样的想法是迂腐、无能人的自嘲。实际上，这是一种修养，一种境界，真正不为外部奖赏而生存的境界。

教会学生学习方法——在学习活动中，我们常常发现一些不是特别勤奋的人却也能取得好的成绩，而一些似乎十分用功熬时间的人成绩却平平。前面的讨论使我们知道，用智力的观点来解释这类现象是不充分的。调查研究表明，这些人都自觉或不自觉地知道一些学习规律性的知识，能根据不同类型的知识科目运用不同的学习方式，能自觉根据自己对知识的掌握程度使用不同的复习方法，能根据生物钟安排自己的作息，所以他们的学习效率是极高的。人们的学习认识活动是有规律的，如对新学知识记忆的遗忘先快后慢，这就要求对这些知识内容及时复习；不同学科知识系统本身是各有一些特点的，如数理知识前后逻辑关系极其严密，对前面知识体系掌握不彻底，对后面知识的学习就比较吃力，而文史语言类知识的逻辑关系就差一些，应根据不同的学科来分配运用自己的记忆和理解时间；对一些自己掌握比较好的知识和科目，要集中复习，有利于掌握整个知识体系，对自己不熟悉的知识科目要分散复习，有利于理解各知识难点。总之，根据自己的学习体验，有针对性地控制、监督自己的学习活动，合理地分配学习时间，有选择地采用适合自己的学习和复习方法，制定目标，明确学习计划，合理安排生活作息，循序渐进，就一定能提高学习效率。有笑话说，老师经常说："这孩子不是笨，就是学习方法不对。"家长马上反问说："学习方法都找不对还不是笨啊？"学习方法的根本是学会反思自己的学习方法，能及时调整自己的学习方法。也可以换个角度说，学习成绩的取得与学习方法直接相关，而学习方法的本质是学习习惯的养成。所以，每个人养成良好的学习习惯才是学习的根本所在。

总之，为师之道有多种途径或解释，以德为先，因材施教，关爱学生，终身学习，教学相关等已写入国家法典，但在具体操作层面，又有太多的技能技巧需要掌握。我们应时刻警醒，教师不仅是知识的传授者，更是学生成长道路上的引导者和支持者。教无定法、学无常法，教师成功的关键在于灵活运用各种策略和方法，不断探索和创新，以达到最佳的教学效果。

第三节 作为俗人的韩愈

本文主要讲三点：

第一点，一个文化人物在历史上的定位，除了他自己的才华，时代的要求，众人的追捧，还有一个很关键的因素，就是要有一个有分量、有眼光的人，能为其做一个经典权威的定位。说起韩愈，我们耳熟能详，唐宋八大家他占有首席，说文章，必定少不了韩愈。然而，韩愈的大红大紫，除了他个人的才华和时代的需求之外，苏轼的大力推荐和“刷屏”也是极其关键的。宋哲宗元祐七年（1092 年），苏轼仰望着潮州人世代瞻仰的韩愈雕像，提笔写下了一行令所有人都心潮澎湃的大字：“文起八代之衰，而道济天下之溺，忠犯人主之怒，而勇夺三军之帅！”这个定位一下把韩愈抬到很高的高度，也成为千百年来评论韩愈时引用最多的语词。其实，韩愈之所以成为一代文宗，除了“险怪”“以文为诗”的手法促进了文体的改弦更张，还因为他不遗余力地奖掖提拔了孟郊、张籍、贾岛、卢仝、樊宗师、李贺等一众学生，而这些人也诸星拱北辰似的使他成了诗坛文坛盟主。当时的韩愈任四门博士，官从七品，官阶不高，但其在文坛上的名气早已建立，他所倡导的古文运动正如火如荼地展开。在当时的社会，士大夫阶层普遍存在着从师“位卑则足羞，官盛则近谀”的心理。韩愈在这种背景下，著《师说》，其内容旨在说明教师的重要作用、从师学习的必要性以及择师的原则。同时抨击了当时士大夫阶层耻于从师的错误观念，倡导从良师而学的社会风气，这也是对那些诽谤者的一些公开答复和严正的驳斥。

韩愈与柳宗元共同倡导的古文运动，开辟了唐朝以来古文的发展新道路。韩愈的诗文力求新奇，极重气势，富有独创能力。同时，以文为诗也成了韩诗又一亮点，把新的古文语言、章法、技巧引入诗坛，增强了诗的表达能力，扩大了诗的情感领域，纠正了历年以来的平庸诗风。在韩愈的众多诗作中，以长篇古诗为主，其表达的主要内容大都为揭露现实矛盾、表现个人失意的佳作，这类文章行文平实顺畅，以写实为主。还有一部分的诗作文风大为不同，以清新、富于神韵的特点为主，近似盛唐时期的诗风。虽然韩愈在揭露现实矛盾与追求神韵的诗作风格上极有建树，但真正能代表其诗文成就的则是那些以雄大气势见长和有怪奇意象的诗作。这可能与韩愈本人的性格特征有关，韩愈天生就有一种雄强豪放的资质，性格中充溢着对新鲜奇异、雄奇壮美之事物、景物、情感的追求，并且他一再提倡的“养气”之说，更使他在提高自我的修养的同时增添了一股敢作敢为、睥睨万物的气概，发而为诗，便是气豪势猛，声宏调激，宛如江河破堤，一泻

韩愈

千里。

但是，最最重要的一点还是——“文以载道”！文章写得再好，没有中心是不行的，中心是一篇文章的灵魂。决定中心的是写文章的人的道德，文如其人，道德高尚才是根本。对一篇文章而言，语言形成气势，人品决定高度。根之茂者其实遂，膏之沃者其光晔（《答李翊书》）。这就好比文章是果实，那么道德就是根；文章是灯光，而道德就是灯油。

韩愈这样不断地同青年后学交往，给他们奖励和指示，这是魏晋以后所没有的现象，当然要让人们感到奇怪，以至纷纷议论和责难。一切向韩愈投书请益的青年便自然地被目为韩门弟子，因而韩愈“好为人师”的古怪面貌也就非常突出了。但韩愈是早有自信的，他不管人们怎样诽谤，依然大胆地回答青年们的来信。他在《答胡生书》中说：“夫别是非，分贤与不肖，公卿贵位者之任也，愈不敢有意于是。如生之徒，于我厚者，知其贤，时或道之，于生未有益也。不知者乃用是为谤。不敢自爱，惧生之无益而有伤也，如之何？”他对那些恶意中伤的诽谤，表示愤慨，也为向他请教的青年担忧。《师说》的最后一段，声明写作的由来，说这是为了一个“好古文”“能行古道”，跟他学习的青年李蟠而作的。实际上他是借此对那些诽谤者来一个公开的答复和严正的驳斥。他是有的放矢的。韩愈高举“古文运动”的大旗已颇见成效，越来越多的人围在他的身边，和他探讨文章的写法，拜他为师。韩愈也乐意指点他们，“得天下英才而教育之”，何乐而不为呢？个性耿直、无所避忌的李翱一生追随韩愈，学习先秦散文。韩愈还为他做媒，把侄女嫁给了他。和韩愈亦师亦友的皇甫湜更是忠心实践他所提出的每一种文学主张。韩愈曾帮助在驴背上苦苦思索是“推”好还是“敲”好的贾岛，才有了后人所津津乐道的“鸟宿池边树，僧敲月下门”的“推敲”故事。比韩愈大 17 岁的孟郊风格内敛，他写下的《游子吟》家喻户晓，然而他非常欣赏韩愈奔放的文风，常常称呼韩愈为老师。而比韩愈小 22 岁的李贺更是对韩愈佩服得五体投地，这个被称为“诗鬼”的青年，应试不第，而当时已是“文章巨公”的韩愈亲自前来安慰。

柳宗元在《答韦中立·论师道书》中说“孟子称‘人之患在好为人师’。由魏晋氏以下人益不事师。今之世不闻有师，有辄哗笑之以为狂人。”韩愈也意识到这一点。他在《进士策问》中说：“由汉氏已来，师道日微，然犹时有授经传业者。及于今则无闻矣。”然而，就是在这种社会氛围中，他奋不顾流俗，犯笑侮，抗颜为师，收招后学，培养了大批青年学子，向沿袭了五六百年的陋习发出挑战。他将矛头指向孟子“人生而知之”的唯心主义先验论。他说：“人非生而知之，孰能无惑，惑而不从师，其为惑也，终不解矣。”他又将师道与儒家理想人格联系起来说：“有其道而不以教之，不仁。其道虽有而未知之，不智。仁与智且不能，又乌为圣人乎？”（《进士策问·其十三》）进而韩愈又提出了儒道的渊源关系，以儒家继承人自居，并自觉地承担起振兴儒学的责任。他说：“天不欲使兹人有知乎？则吾之命不可期，如使兹人有知乎，非我其谁哉。”（《重答张籍书》）在宣扬儒道正统地位、传承儒道的过程中，韩愈的地位无疑抬高了儒学地位，慕道者闻风而至。他指导他们研究儒经、修养自身、增长文才同时又多次将品学兼优的学生推荐给有司。

韩愈举荐人才的态度是非常审慎的，他所举荐的人才都是经过他长期考察或仔细考核而证明确有才华者。在《与凤翔邢尚书书》中韩愈提出了“精鉴博采”的识鉴原则。他说“欲求士之贤愚在精鉴博采之而已。精鉴于己，固已德其十七八矣，又博采于人，百无一二遗者焉”。在《答杨子书》和《送陈秀才彤序》中，他详细地记叙了这一原则的具体操作过程。在鉴识陈彤时，他首先“目其貌其言”，又留意到素“不轻以事接”的杨凭，时为湖南观察使，对其礼敬有加，同进之士交其称誉，但仍未全信。又“问焉以质其学，策焉以考其文”。可见韩愈识鉴人才态度之谨慎，工作之细致，已远远超出人们常说的“听其言而观其行”的识鉴方法。事实

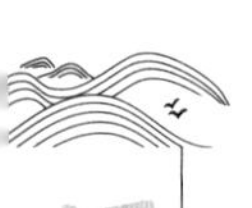

证明经过韩愈鉴识而举荐的人才绝少虚枉盗名之辈。

第二点，如何认识韩愈的俗。韩愈是历史上争议比较大的一个人，尤其是他俗的一面，历来被一些大家诟病，也是争议的核心议题。体现其俗的一面最著名的大概就是他的两首示儿诗了。首先我们来看这两首诗：

《示儿》

始我来京师，止携一束书。
辛勤三十年，以有此屋庐。
此屋岂为华，于我自有余。
中堂高且新，四时登牢蔬。
前荣馔宾亲，冠婚之所于。
庭内无所有，高树八九株。
有藤娄络之，春华夏阴敷。
东堂坐见山，云风相吹嘘。
松果连南亭，外有瓜芋区。
西偏屋不多，槐榆翳空虚。
山鸟旦夕鸣，有类涧谷居。
主妇治北堂，膳服适戚疏。
恩封高平君，子孙从朝裾。
开门问谁来，无非卿大夫。
不知官高卑，玉带悬金鱼。
问客之所为，峨冠讲唐虞。
酒食罢无为，棋槊以相娱。
凡此座中人，十九持钧枢。
又问谁与频，莫与张樊如。
来过亦无事，考评道精粗。

踬踬媚学子，墙屏日有徒。
以能问不能，其蔽岂可祛。
嗟我不修饰，事与庸人俱。
安能坐如此，比肩于朝儒。
诗以示儿曹，其无迷厥初。

此后不久，又写了《符读书城南》，所谓“符”，是他的一个儿子的名字，“读书城南”，是指在城南韩宅里读书。也是教育儿子读书的诗篇。

《符读书城南》

木之就规矩，在梓匠轮舆。
人之能为人，由腹有诗书。
诗书勤乃有，不勤腹空虚。
欲知学之力，贤愚同一初。
由其不能学，所入遂异闾。
两家各生子，提孩巧相如。
少长聚嬉戏，不殊同队鱼。
年至十二三，头角稍相疏。
二十渐乖张，清沟映污渠。
三十骨骼成，乃一龙一猪。
飞黄腾踏去，不能顾蟾蜍。
一为马前卒，鞭背生虫蛆。
一为公与相，潭潭府中居。
问之何因尔，学与不学欤。
金璧虽重宝，费用难贮储。
学问藏之身，身在则有余。

君子与小人，不系父母且。
不见公与相，起身自犁鉏。
不见三公后，寒饥出无驴。
文章岂不贵，经训乃菑畲。
潢潦无根源，朝满夕已除。
人不通古今，马牛而襟裾。
行身陷不义，况望多名誉。
时秋积雨霁，新凉入郊墟。
灯火稍可亲，简编可卷舒。
岂不旦夕念，为尔惜居诸。
恩义有相夺，作诗劝踌躇。

两首诗的写作时间约在元和十、十一年（815、816年）间，此时韩愈在朝中做官，其经济状况明显好转，不再有“倏忽十六年，终朝苦饥寒”（《将归赠孟东野房蜀客》）的感叹。元和十年的冬天，韩愈在长安靖安里购置宅第，并于城南购买别墅——韩庄，好像一下子阔气了起来。此时的韩愈，不仅工作稳定，有较为优厚的俸禄，亦有大笔润金之收入，正如刘禹锡《祭韩吏部文》中云：“公鼎侯碑，志隧表阡。一字之价，辇金如山。”志得意盈的韩愈对下一代的教育十分上心，接连写了两首训子诗《示儿》与《符读书城南》。这两首诗，一

朱熹

般读者不太熟悉，但在韩愈教育史上，却并不是可以熟视无睹的作品。苏轼、朱熹等人纷纷表示出对韩愈二诗不同程度的不屑。奉韩愈为“百世师”的苏东坡读到《示儿》诗时，不禁想到了杜甫的训子诗。他说：“退之《示儿》诗云……所示皆利禄事也。至老杜则不然，其《又示宗武》云：‘试吟青玉案，莫羡紫罗囊。假日从时饮，明年共我长。应须饱经术，已似爱文章。十五男儿志，三千弟子行。曾参与游夏，达者得升堂。’所示皆圣贤事也。”东坡将两位诗人相同题材的作品置于同一处稍作对比，得出结论：韩诗训子追禄逐利，杜诗教子则立志于圣贤之事，似乎“诗品”之高下立刻判然。朱熹是宋代的韩愈研究专家，曾自称“自少喜读韩文”，其《昌黎先生考异》历时四十五年之久，乃重要的校勘著作，因而他对韩愈诗文非常熟悉。他读到《示儿》诗时，联想到的是韩愈自己的作品，他说：“此篇所夸，《感二鸟赋》《符读书城南》之成效极致，而《上宰相书》所谓行道忧世者，则已不复言矣。其本心何如哉？”朱熹虽曾倾力研究过韩愈，但对韩愈多有微辞。这句话的意思是，《感二鸟赋》《符读书城南》《示儿》三首诗（赋）是一路货色，尤其是《示儿》诗，最能体现韩愈的功名富贵思想，而在长安求仕时写的《三上宰相书》（这三次上书亦备受后世讥讽）中所提到的“行道忧世”思想，在韩愈身上悄然退却了。对韩愈品格的批评是朱熹一贯的态度，朱熹曾说韩愈“终不免于文士浮华放浪之习，时俗富贵利达之求”，“他当初本只是要讨官职做，始终只是这心”。批评韩愈《示儿》《符读书城南》二诗的意见还有很多，如陆九渊说：“韩退之不合初头俗了，如《符读书城南》《三上宰相书》是矣。”朱熹等人的言论其实可以归纳为一句话，即对韩愈的功名富贵思想不满。那么，这些意见究竟可取不可取呢？韩愈如此教子是否应受后人的指责呢？

首先，我们必须承认朱熹们的指责并非无稽之谈。《示儿》，“开门问谁来，无非卿大夫。不知官高卑，玉带悬金鱼。……凡此座中人，十九持

钩枢”，此时的韩愈高官得做，骏马得骑，自己的朋友圈中也大多为朝廷势要，想必那种幸福感是沛然而生的。《符读书城南》，为激发儿子勤学，渲染学成与否的巨大差异，列出或为公相，端居深宅高第，或为马前隶卒，遭人鞭笞的两种结果，也确实过于世俗了一些。不过，当我们反复咀嚼文本之时，会发现这俗透了的语言包裹着的其实是再简单不过的动机与目的——劝学。如果我们于此着眼，那么这两首诗不仅不应该受到过多的指责，反而应该倍加珍惜。

正是鉴于“劝学”的重要意义，不少文人在给自己的书斋命名时化用了这两首韩诗的典故——“诗书勤乃有”，本意还是劝人勤读圣贤书。宋人方逢辰、姚勉，元人刘将孙，明人贝琼、梁潜的文集中皆有一篇《勤有堂记》，乃应朋友之请为其书屋作记。杨万里《诚斋集》中有诗《题东江刘长元勤有斋》，元人刘诜集中有《寄题吉水程州判勤有堂》等。南宋理宗的女婿、书法家杨镇亦以“勤有”命名书斋，明代藩王朱孟烷著《勤有堂诗文集》，著名史学家钱大昕的侄子钱东垣著《勤有堂文集》。其实的“勤有”之名，皆来自韩愈《符读书城南》“诗书勤乃有”之句。

由此可见，如果以积极的眼光来审视《示儿》《符读书城南》两首诗，将注意力集中在“勤”“学”之上，其中蕴积的“正能量”即得到人们的同情与理解，并会为之发扬光大。黄庭坚就是一个曾经如此传递“正能量”的人，他在一个炎热的夏天曾经手书《符读书城南》诗赠给一个叫陈德之的人，还曾应石介之请书此诗刻于家学。清代乾隆年间的学者陆锡熊也曾在儿子到永乐禅院读书时书写《符读书城南》以勖勉。乾隆时期的大才子袁枚在教育堂弟与外甥时，仿《符读书城南》作了两首诗《示香亭》《示豫庭》。从韩诗中发掘出积极意义以命室名、以训后辈、以赠朋侪，无疑显示了后世读者对二诗之能激发出积极向上力量的赞赏，正如明初宋濂《题危云林训子诗后》所云：“韩昌黎之子符读书城南，尝作诗送之，曲尽其意。至今读者犹蹶然兴起，岂曰小补之哉？”

两首训子诗在后世引起如此反差巨大的影响，估计韩愈本人是始料未及的。作为后来之后来者，我们是不是应该仔细分析一下，韩愈是不是如王夫之所说，确实是“利欲熏心”呢？其实，早在清代，学者赵翼就提出，《示儿》诗自言辛勤三十年始有此屋，而备述屋宇之垲爽，妻受诰封，所往还无非卿大夫，以诱其勤学。虽然眼界不够宽广，但也是父爱真情。《符读书城南》一首，亦以两家生子，孩提时朝夕相同，无甚差等，及长而一龙一猪，或为公相，势位显赫，或为马卒，日受鞭笞，皆由学与不学之故。这也是利禄诱子，这些都是宋人之议，远在其后。舍利禄而专言品行，宋代之前是没有这样的说法的。我们可以从《颜氏家训》《柳氏家训》看出，哪些不是以荣辱为劝诫？只是从宋代理学兴起以后，士人对自身修养开始着意粹炼，故而在评价历史人物时不免沾染了时代的色彩。这种以今天的标准衡量昨天的人事，钱穆先生称为“时代意见”。“时代意见”自有合理之处，我们今天教育下一代当然不能再像韩愈那样将富贵高高地悬为标的，但如果要求古人也严格遵守今天的道德，似乎是一件勉为其难的事。我们看苏东坡所标榜的“所言皆圣贤事”的杜甫，他不是也曾吟出“富贵必从勤苦出，男儿须读五车书”（《柏学士茅屋》）？则毫无疑问，是属于正面教导的。再看杜牧，其《冬至日寄小侄阿宜诗》云：“祝尔愿尔贵，仍且寿命长……愿尔一祝后，读书日日忙。一日读十纸，一月读一箱。朝廷用文治，大开官职场。愿尔出门去，取官如驱羊。”这首诗用意如何，是不是与韩愈无异呢？可见，在唐人看来，追求富贵是再正常不过的事情，教育后辈求取功名也可以堂而皇之地写在诗里，丝毫无须避讳。

更进一步说，尽管隋唐之科举，已为广大的下层士人打开入仕之门，但韩愈生活的中唐时期，社会上门户等第的观念依然根深蒂固。凭借门荫入仕者，不仅数量远远超出科举，而且得官易，权势重。为了使更多的身

处下位之“智能谋力能任者”参与到国家管理事业中来，韩愈付出了艰辛的努力。一方面，他从理论上为富贵张目，提出“汲汲于富贵以救世为事者，皆圣贤之事业也”(《与卫中行书》)，批评独善其身是不肯利天下的杨朱之道。另一方面，他不仅自己锐身求取功名，亦广为招徕，鼓励寒庶之士参加科举考试。最著名的例子就是劝说贾岛还俗多次参加科举考试，以及为李贺因避讳不得举进士而作《讳辩》这篇名作。

韩愈的文章集中表述了一个鲜明的主导思想，那就是反复强调国家的用人标准应是道德才学而不是门第出身。他主张朝廷应大力提拔寒门秀士，将“纯信之士，骨鲠之臣，忧国如家，忘身奉上者，超其爵位，置在左右”(《论今年权停举选状》)。在韩愈的时代，与传统的门第贵贱观念奋战的并非昌黎一人，柳宗元、刘禹锡、李宗闵、皇甫湜、欧阳詹等人皆参与其中。由于韩愈的疾呼能够更好地通过文学的形式加以富于感染力的表现，因而有更为广泛的传播与接受，正如这两首训子诗一样，引起持久的影响。

回过头再说这两首诗，其中的功名富贵思想在韩文中也多有表现，并且都伴随着“道”“贤”“才”之类的概念，亦即道德贤达之士方能谋得高位，取得富贵，这是韩愈及其追随者们的共同理想与追求。所以我们认为韩愈在诗中追求富贵是在表达一种严肃的信念，即“坚持认为一个人通过学，而不是高贵的出身，成为一个道德的人”。也就是，富贵是要求的，道也是要讲的，“学习不仅仅是为了获取官职，也是为了成为一个人”，这才是真正的韩愈——既要追求高尚的道，又能在道的框架内达到合理的富贵。孔子是说过“不义富且贵，于我如浮云”，但如果通过正当的手段得到的财富，理应推崇和享用，这才是儒家真正的观点。

当然，真正的贵族教育不是让孩子住别墅、开豪车，对下人呼之即来，挥之即去。真正的贵族教育是培养孩子坚韧不拔的精神和奋发向上的意志，要知道，富与贵根本就不是一回事！著名作家小霍丁·卡特曾经说过希望自己留给后代们的东西：“我们希望有两份永久的遗产能够留给我们的孩子，一个是根，另一个是翅膀。”根是什么？那就是信仰，你永远都要明白你们家族的根在哪里、信仰是什么。还有一个是翅膀，家长对孩子最好的教育就是言传身教，带着孩子飞翔，让孩子学会飞翔，送给他们一对会飞翔的翅膀。就像德国著名哲学家雅思贝尔斯名言：教育的本质就是一棵树摇动另一棵树，一朵云推动另一朵云，一个灵魂召唤另一个灵魂。给孩子传递一种信仰，再加上父母的言传身教，这种家庭出来的孩子想不优秀都很难。林则徐说，“子若比我强，留钱有何用？子若不如我，留钱有何用？”这句话细细品味，始终觉得精妙极了。你若真想为孩子好，不是留给他一座金山或银山，而是把创造的权利交给他。让他去流汗、流泪、流血，让他在无人撑伞的雨中奔跑，让他拼命追求那个“最好的自己”。你只需要传递给他一种坚韧不拔的信仰，让他用自己的“金汤匙”喝到人间至美的羹汤！

包括后来韩愈登华山，在华山上留下的“韩愈投书处”，也是人们经常提及的话题，其实，跟上边谈到《示儿》诗是一样的，是韩愈真性情的表现。众所周知，西岳华山以险峻著称，唐代韩愈曾经登过华山，留下了一段上得去却下不来的逸闻。关于韩愈这次攀登华山，他自己在担任四门博士后的长诗《答张彻》中说：“洛邑得休告，华山穷绝陉。倚岩睨海浪，引袖拂天星。日驾此回辖，金神所司刑。泉绅拖修白，石剑攒高青。磴藓澾拳跼，梯飚飐伶俜。悔狂已咋指，垂诫仍镌铭。”（《全唐诗》卷 338）记载了华山之险给他留下的深刻印象，而且坦诚自己“悔狂”，并在山上镌刻有诫铭。

那么，韩愈是如何“悔狂”的？同时代的李肇写有《国史补》，卷中“韩愈登华山”一条，用寥寥数语形象地说明了当时的情境。“韩愈好奇，与客登华山绝峰，度不可返，乃作遗书，发狂恸哭。华阴令百计取之，乃下。”华山的其他景点，不管是“鹞子翻身”，还是“长空栈道”，险归险

矣，却都有可以手攀的依托。而唯有苍龙岭的山道在岭脊的最高线上，两面都是向下的陡峭山崖，明清之前，这里既无护栏扶手又石阶梯级，光溜溜的山脊，上山尚可，下山则心惊胆战。设身处地换作韩愈，在此投书完全可以理解。

问题在于：韩愈所投之书是不是遗书？是否发狂恸哭？《全唐诗》在“垂诫仍镌铭”下注曰：“沈颜遗李肇书，谓退之托此以悲世人登高而不知止，且示戒焉。”可见，李肇的记载是有所本的，并非道听途说。然而，如果是遗书，则对韩愈的形象不利。你想想，乘兴登山，却因为下山之难而心生绝望，鼻涕一把眼泪一把，口口声声不得活，困顿之中无计可施，写下遗书投掷悬崖之下，如同遇到海难之人投掷漂流瓶差不多。这样一幅场景，让声名远播的韩愈情何以堪？韩愈本人对此倒不讳言，坦陈自己的“悔狂”并让人镌石为铭以告诫后人。他刻石是悔自己的狂，而不是想当然地以为是他向山下扔求救信。傻瓜也应该知道在那里扔求救信等于白扯。

但后人在对此事的解释上，则有了微妙的变化。韩愈投书，有自己的回忆为证；刻石垂诫，更留下了不可磨灭的资料。同时代的李肇说其“度不可返，乃作遗书，发狂恸哭”，也不过是以名人逸闻趣事的方式实录，既不拔高也不贬低。因为经过生死考验的人都清楚，遗书和求救文书，本来就是二而一的。然而，《全唐诗》的注释，就已经在拔高韩愈，“悲世人登高而不知止”，形象一下子就高大上了。假定韩愈是个恶人，这条注释就很有可能是“胆小怕死而尽显丑态”。这同样是立足于事实，不能说这就是谣言。

假定有人编写励志教材，韩愈的这一事例，完全可以编撰出两种截然相反的说教来。正面的说教，可以写出韩愈身临绝境还心怀天下，以自己的遭际告诫后人“知足者常乐”的道理。反面的说教可以写出韩愈不知进退而身陷绝境，不能临危不惧而留下供后人嘲讽的笑谈。当然，由于韩愈在历史上是“正面人物”，所以后一种说教并未载入史籍，但也不能认为完全绝迹。在批林批孔时期，韩愈作为“开历史倒车”的儒学传人，以此事为反例的训诫，就在声讨儒家的讲演中出现过。所以，说韩愈是俗人一个，也不是没有道理的。前提是认识到韩愈的俗是在遵循儒家认可的天道基础上的，是对社会生活适应的、鼓励人积极向上向前的俗。

第三点，如何认识学校对个体成长的影响。我们知道，任何学校都有自己的传统，而这些传统往往是由各种故事组成，其实，现编的故事也好，流传久远的传说也好，学生们听了，明白其中的奥秘，这就达到目的了。有趣，耐读，让人浮想联翩，虽然不能完全证实，但这样的故事和传说，对于一所学校来说，不是可有可无，而是很重要的文化财产。当然，讲述任何一个学校的故事，必须经得起听众的考验，不能做成纯粹的广告。在这一点上，我相信“群众的眼睛是雪亮的”。不是所有的学校都能编出有趣而且传神的故事。对于学校教育而言，积累资产，积累大楼，积累图书，同时也积累故事。对于一所历史悠久的学校来说，“积累故事”其实很重要。因为，这是一代代学生记忆里最难忘怀的。几十年后，诸位重新聚会，记得的，很可能是一些无关紧要的琐事，以及校园里有趣的人物，而不是老师们讲授的具体课程。

清华校长梅贻琦

在《关于太炎先生二三事》里，鲁迅回忆当年在东京听章太炎讲学：所讲的《说文解字》，一句也记不得了，但“先生的音容笑貌，还在目前”。我想，关于教育、关于学校生活，日后大家记住的，很可能都是你们喜欢的故事，以及学生热爱的老师的音容笑貌，而不是具体的课程知识。20 世纪 40 年代，梅贻琦写了一篇很好的文章，叫《大学一解》，其中有这么一段话：“古者学子从师受业，谓之从游。孟子曰：‘游于圣人之门者难为言’，间尝思之，游之时义大矣哉。学校犹水也，师生犹鱼也，其行动犹游泳也，大鱼前导，小鱼尾随，是从游也，从游既久，其濡染观摩之效，自不求而至，不为而成。反观今日师生之关系，直一奏技者与看客之关系耳，去从游之义不綦远哉！”（此文实由梅贻琦熬夜写的大纲，教务长潘光旦执笔，发表在《清华学报》1941 年第 1 期）他认为，学校就像大海，老师和学生都是水里的鱼，小鱼跟着大鱼游，游着游着，也就变成了大鱼。正是在从游的过程中，学生们通过借鉴，理解，模仿，而最终成才。

结　语

尽管对教师的研究比较复杂，有些研究说教师是心理健康最欠缺的人群之一，有些却说教师是职业幸福感最高的人群之一。无论怎么说，增强职业认同显然是增加个体幸福感的重要一环。有人对教师与学校的感情做了这样一个比喻："这就好像生活在一个小区里。这里有一个物业公司为大家服务。生活在这里的人都很爱这个小区，但不是每个人都对物业公司做的每项工作满意。有一天小区里来了一条狗，见人就咬。物业就组织大家一起去打狗，将狗打跑。当小区出现问题，只有靠物业去带领大家解决问题，不会有人说：物业不好，就让狗咬咱们吧，之后会有更好的物业来的。"所以，"你可以抱怨物业公司，但不要骂小区；你如果选择生活在这里，那么除了抱怨，你能做的还有很多。"做教师也是这个道理，尽管人们对本职工作往往有很多的抱怨，但实际上，对教师职业的认同仍然是增强人们幸福感的重要一环。

第一，追求幸福是教师必备的技能。你幸福地工作着吗？"工作着是幸福的"，曾经是很多人的口头禅。然而，从2012年中国人力资源开发网对5350位职场人士开展的"工作幸福指数调查"结果来看，只有9.79%

的被调查者感觉自己正幸福地工作着，也就是说基本上每10个在职人士中只有1个人的工作幸福感较强。看来，职场还需要更多幸福的阳光。数据显示，有52.1%的被调查者认为自己的工资待遇与对单位的贡献不成正比，这也是导致在职人员“不幸福”的直接原因之一。有47.5%的被调查者对自己在单位的发展前途缺乏信心。只有36.5%的被调查者喜欢自己的工作；而34.2%的被调查者不喜欢自己的工作。有62.2%的被调查者觉得自己所在单位的管理制度与流程不合理。有52%的被调查者对自己直接上级的管理方法和风格感到不满意。有40.4%的被调查者对工作环境和工作条件不满意。还是有26.3%的被调查者认为他们的工作与生活之间经常发生冲突。工作不愉快，与同事的交往有很大关系，有16.4%的被调查者与同事的关系不融洽。众所周知，幸福感源于心里的体验，如果一个人感觉自己的付出与得到不成正比，或者一直处于毫无新鲜感的重复工作中，就会导致心理疲劳，甚至造成抑郁，影响生活的方方面面。在职人员对于成功的追求各不相同，有的人看重业绩，有的人看重薪水，有的人则看重地位，这说明大家对幸福的体验不同。要提高工作的幸福感，就要留心、留意、珍惜自己所拥有的，对生活有所感恩。对每一件事认真地去做，去体验，你所经历的各种感情元素，甚至包括愤怒、悲伤、委屈等等，应体会到这一切可以丰富你的人生，这就是幸福。

每年新学期开始，和以前一样，不少教师和学生开始了新的学习征程，然而，以我们的经验来看，多数人很难坚持到最后，一开始的热血沸腾，很快会被平日散漫、琐碎的学校生活消解，最后只能“啪啪打脸”，实现目标的是少数。作为教师，我们都会不厌其烦地给学生一些建议，比如，要做好计划、管理好时间；要严格要求自己、加强自律；要坚持到底、永不放弃……这些社会上普遍泛滥的“成功学”道理，从老师的嘴里说出来，就跟真理似的，一试就灵。但是，对很多信誓旦旦的学生而言，这些“成功法则”他们压根儿做不到，因为自我约束能力太差而败下阵来的学生太多。我们似乎都忽略了一个真正的逻辑起点，即，你是随大流儿而去，还是打心底真的想要通过考试？你要考过的愿望有多强烈，是否每天都有没吃饭的那种“饥饿感”？其实，学校里有不少人都在盲目地过着自己可能并不是真正想要的生活。有些学生开口就说，“我妈让我好好学习，打好英语基础，将来考研或出国”，“我爸说了，如果这次考试怎样怎样，就怎么怎么样”。那些张口闭口夹带着“我爸”“我妈”的学生，总给人一种还没“断奶”的感觉。当然，有目标总比没有好，只是，并非发自内心想要的目标，能否坚持到底，也要打个大大的问号。从热爱出发，听起来感觉是一碗“鸡汤”。但事实的确如此。我们习惯性地将自己的失败归结为努力不够、坚持不够，却忘了我们对这件事本身的热爱还不够，还没有达到望眼欲穿的痴迷程度。当你的热爱、欲望足够强烈，那些所谓的时间规划和管理、自我监督等，根本就不是问题。“一万小时定律”是这样说的：人们眼中的天才之所以卓越非凡，并非天资超人一等，而是付出了持续不断的努力，一万小时的锤炼是任何人从平凡变成世界级大师的必要条件。我们倒觉得，有必要加个前提条件——始终拥有万分想要做成一件事的“饥饿感”。这才是你坚持下去的根本动力。多年的经历让我们应该清楚，一个人如果对他从事的工作没兴趣、无激情，尤其当他做的是学术研究时，要他做好、要他做出别人想不到的创造性成绩，那等于是赶鸭子上架，难！每天做自己没兴趣的事情，只会是应付，不会钻进去的，那样他自己也会痛苦、很累。我们做教师的见过的很多父母可能从来没有问过，更没有想过“什么是最好的学校”“什么是最好的教育”。学过优化理论的人都知道，“好”“不好”“较好”“最好”这些价值判断都只能是相对的，必须首先搞清楚的是“相对于谁”“相对于什么”，因为不存在没有度量指标、没有参照系的“好”和“最好”。我们想象一下：一个社会中，每个人都在做自己并没有兴趣但为了养家糊口

又不得不做的事，而且每件工作都是由那些并没有兴趣的人在做；在另一个社会里，每个人都选择做自己有激情的事情，而且每份工作都是由对其有兴趣的人在做。那么，这两个社会中，哪个社会的整体幸福感更高、效率和创造力也更高呢?

当然，看问题不能只看自己，还要看别人，关注社会中的其他人是如何想如何做的，人的幸福来源之一就是跟别人比怎样怎样。教师职业幸福度与各种收入、排名、社会舆论、同行比较等等，都有关联。举例来说，职称成为很多教师一辈子不断追求不断奋斗的目标，也因此成为很多主管领导权力寻租的工具，滋生了很多腐败，也因此有了很多“悲欢离合”的有关职称评定的种种故事，每个人都可能为此吐槽一大堆。正是因为职称评定中的种种弊端，教育主管部门甚至有了取消职称评定的想法。但是不是有了这种种的弊端，只要一取消就万事大吉了呢？显然不可能，更大的可能是摁倒葫芦起来瓢。看那些已经评上高级职称的老师，确实有很多“革命到头”的想法，混日子、职业倦怠、职业枯竭都时有发生。而那些还没评选上的老师，则为此孜孜以求，想方设法乃至投机钻营，哀声叹气。甚至很有可能一旦评上之后，也成为他现在所不满的那些老师的样子。怎么解决这个问题？职业中所获取的快乐与尊重，不是靠喊口号得来的，人当然不能靠喝西北风活着，要大幅提高教师的待遇，吸引优秀人才加入教师队伍，使得他们在物质上即使不能大富大贵，但至少无后顾之忧。然后改革相应的酬金发放标准，不是根据职称发放酬劳，而是根据岗位发放酬金，通过这样的方式，调动工作的积极性，最大限度地促进教育的进步。现在很多地方职称成为管理部门敛财的工具，很多评审附带了众多条件，比如是否参加过创新技能培训，而评聘分开也让人感到多了层扒皮的机会。所以，师德说得很多，做来只能两方面，一方面是社会能给教师提高师德提供相应的土壤，另一方面是教师自身能切实认识到自身的职业价值和社会担当，努力发掘出职业的乐趣与意义，从而提高自身的职业幸福感。

第二，如何进一步提高教师队伍的素质？这个问题本不难回答。然而官方和民间给出的答案却让人大跌眼镜，他们都把如炬的目光聚到了“师德”上面。

先是湖南于2009年9月推出首个师德量化标准，将师德纳入绩效考核；接着，教育部党组成员、部长助理吴德刚就在2010年初强调，要进一步加强和改进师德师风建设，坚持用科学发展观指导和推动工作，突出爱与责任这个核心……把实践证明可行、管用的做法制度化，建立和完善师德考评制度和具体实施办法，还要将师德师风建设与教师培养培训、资格准入、职务聘任和绩效考核等方面的制度建设有机结合起来，推动形成长效机制。（本报评价是：《更加重视师德师风建设》；《中国教育报》2010年2月1日第一版）好像是为了给以上事实寻找舆论支持，10月28日的新闻里就出现了中国青年报社会调查中心不久前发布的一项调查，说是74.4%的人期待将“师德”列入教师绩效工资考核标准。但片面强调“师德”，往往会成为制约教师的枷锁。

第三，教师能改变社会多少？从古到今，人们对教师寄予了太多的厚望，以为真的教师手下就是祖国的未来，教师的责任大于天。其实这真的高估了教师。我不赞成教师做学生“灵魂的工程师”。因为到底什么样的“灵魂”最有利于他将来在社会上发展，你并不一定清楚。再说，你对自己的“灵魂”就那么自信吗？人们给予教师许许多多荣耀的称誉。“教师是太阳底下最光辉的职业。”“教师是人类灵魂的工程师。”等等，尤其是中国儒家将“尊师敬孔”的思想发挥到极致，“天地君亲师”“一日为师，终身为父”影响浸润了中华文明几千年。然而今天教师也不再拥有令人真正崇敬的荣耀和光环。重塑教师形象，还教师与教育最本真的面目，是我们每一个人民教师神圣的职责和不可推卸的义务。那么站在21世纪的今天，尤其是在新课改背景下的今天，我们理想中的教师应

该是怎样？

“有人说，教师的生命像一个长长的句子，艰辛是定语，耐心是状语，热情是补语；又有人说，教师的生命像一个根号，一叠叠作业本为他的青春无数次开平方。”其实这些都只说了一半。因为，对于幸福教育的教师来说，教育不是牺牲，而是享受；教育不是重复，而是创造；教育不是谋生的手段，而是生活本身。“我则认为：教育首先是一种服务，教师是一种带有浓厚服务性质的职业。一种为每一个学生健康成长提供帮助的服务，一种为社会培养健康健全的人类的服务。也唯有如此，作为教师心怀一种服务思想，才可能从过去高高在上，不可一世的误区中走出来，走进学生，亲近学生，关心爱护学生，蹲下来悉心聆听他们的心声，熟悉他们的呼吸，也只有这样才能为他们提供最切合实际的东西，才能为他们铺设好最适合他们的道路，让他们能够在及时的肯定和鼓励声中得到他们张扬个性、茁壮成长的机会。其次，当代的教师还要树立这样的观念：“弟子不必不如师，师不必贤于弟子”。一名好教师，一名爱学生的教师，会将学生放在平等地位，信任他们，尊重他们，视他们为自己的朋友和共同探求真理的伙伴。只有这样才能达到真正的教学相长。最后，作为当代的教师还应该“善思”。帕斯卡尔说：“人是一根思想的芦苇。”笛卡儿说：“我思故我在。”教师应该是个思想者。我们在教育教学工作中，要做个有心人，去认真总结教育的得与失。

正如余秋雨在《千年庭院》中所说：“我到很晚才知道，教育固然不无神圣，但并不是一项理想主义、英雄主义的事业，一个教师所能做到的事情十分有限。我们无力与各种力量抗争，至多在精力许可的年月里守住那个被称作学校的庭院，带着为数不多的学生参与一场陶冶人性、人格的文化传递，目的无非是让参与者变得更像一个真正意义的人，而对这个目的达到的程度，又不能企望过高。突然想起了一条新闻，外国有个匪徒闯进了一家幼儿园，以要引爆炸药为威胁向政府勒索钱财，全世界都在为幼儿园里孩子们的安全担心，而幼儿园的一位年轻的保育员却告诉孩子们这是一个没有预告的游戏，她甚至把那个匪徒也描绘成游戏中的人物，结果，直到事件结束，孩子们都玩得很高兴。保育员无力与匪徒抗争，也没有办法阻止这场灾难，她所能做的，只是在一个庭院里铺展一场温馨的游戏。孩子们也许永远不知道这场游戏的意义，也许长大以后会约略领悟到其中的人格内涵。我想，这就是教育工作的一个缩影。面对社会历史的风霜雨雪，教师掌握不了什么，只能暂时地掌握这个庭院，这间教室，这些学生。”

所以，教师自己应该能自得其乐，能在有限的空间与时间内找到自身心理平衡的乐趣。记得华中师范大学王道俊教授自己在九十大寿时说过，我得到的远比我付出的多。其实南京师范大学鲁洁教授也表达过类似的说法，在学生身上，我得到的远比我教给他们的多。透过这些话语，我们可以知道，教师是可以从学生的成长过程中得到乐趣与幸福的。即使那些淘气的孩子，若干年回顾下来，仍然是满满的快乐。就像已经广为流传的各类校园笑话、各类传闻轶事，都会成为我们生命中的一部分，是我们生活快乐的源泉，乃至社会生活快乐的源泉之一。像“造句：我家门前小溪真难过。”“语言课老师布置个作业，用‘老’字组词，比比谁的多，就有学生说：‘把《百家姓》拿来，老张、老王、老李……100个、200个，让老师自己数去！’”“老师布置家庭作业，让记录下自己每天做的好人好事。就有学生日记本上写着：‘昨天我捡了一个大大的金元宝，足有二十斤重，我把它交给警察叔叔了。’老师批语是：请务必写清是‘做梦捡的’，那样让人读起来就更加真实些。”类似的笑话举不胜举。这些已经成为人们生命中的重要组成部分，也是生活幸福的源泉之一。而老师讲课的形象也会成为学生后来追忆的话题，各类师生轶事成为人类精神遗产的重要组成部分。比如人们追忆历史文化名人，往往追溯到他上课的情景：马寅初讲课很少翻课本、读讲义，

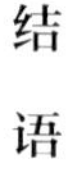

讲得激动时往往走下讲台，挥动胳膊，言词密集，一些坐在前排的学生说，听马先生上课，要撑雨伞。胡适讲课在黑板上写下“某某说”“某某说”，等到写自己说的时候，就写“胡说”。朱自清写文章，审慎而细推敲，在清华大学任教时，每天只能写500字；而李长之有一天曾写过15000字的论文，还外加两篇杂文。赵缭（负沉老人）在上海编《数学辞典》，交群益书局出版，老板给了他一笔钱。他把这钱为儿女买玩具，说：“人世间的事，原来是玩玩而已，玩来的尽可玩去。”金岳霖十几岁的时候，就觉得中国俗语“金钱如粪土、朋友值千金”有问题，他说，如果把这两句话作为前提，得出逻辑结论应该是“朋友如粪土”。张伯苓一向强调要培养健康的民族精神和个人坚强意志，无论个人还是民族都应保持饱满的“精气神”。他总讲“勤梳头、勤洗脸，就是倒霉也不显”。

回归正题，韩愈作为中国历史上伟大的思想家、教育家，他的《师说》名篇也是千古佳作。透过他的《师说》我们可以看到、想到很多。既有教师的责任，也有教师的权利，既有为师之道，也有为师之学；既有力透纸背的艰辛，也有园丁看到春花满园的喜悦。

我们做教师可以有千百万思路想法，但其本职工作的核心——“传道受业解惑”不能改变。尽管可以“弟子不必不如师”“师未必贤于弟子”，但在知识普及、技能传承、文化弘扬等方面教师的作用从来不可否认。尽管有现代网络和技术支撑下的知识传播迅速且全面，但这种碎片化的知识能在多大程度上改变现在的学校教育状况还是未知数。而防疫期间的接近三年网课更让人们看清了网络平台教育的短板，教师不可缺失之须臾也成为共识。

在知识碎片化时代如何做教师是这个时代严肃的课题，也不是几句话就能说明的，但我们应该记住：一是知识碎片化是大势所趋，任何人都无力改变。某一个知识点之所以能迅速普及，往往得益于该知识点用了更灵活的方式传播。二是面对网络的发达、面对浩若烟海的无限知识，教师能做的是一方面克服自己的固有知识观，努力汲取新知识，与时代同步；另一方是引导学生注意克服自己知识的信息茧房，尽量做到全面发展。

当然，有些人强调“人是利益的动物”，以为任何人在利益面前都会一败涂地，现在还在谈师德是不切实际的虚伪或虚无。其实这是错误的。实际上，儒家思想尽管在本质上是强调当下、现世的，但其对人存在意义的探寻至今仍有启发意义。在儒家那里，人是社会群体的动物，儒家从来不鼓励远离世俗的清修或“鸡犬之声相闻，民至老死不相往来”，而是鼓励“人能群”。每一个个体的出现都是一个社会性事件，因为一个人的出生，一对男女成了父母，一个家庭多了一份亲情，一份快乐和幸福。同样，社会各类机构都有了存在的价值：婴儿出生的医院完成了它的使命，学校自觉承担了相应教育的责任。种种社会关系网络，既是我们生命成长的平台，也是生命成长中必须面对的责任。慎终追远，民德归厚，也正是在这种种社会关系中，人的价值得以实现。用俗语说：“把我生的养大、把生我的人养老”，恰恰是儒家人生价值观的核心体现。

我们通常讲韩愈提倡以文载道，而对以文化人有所忽视，其实两者是相通的。韩愈的文以载道针对的是骈体文的那种忽视文的本意，片面追求辞藻华丽。而以文化人显然是指通过人类所创造的文化的学习，以人文之道引导人的行为，使其人摆脱动物本能，自觉以文化生命充实自己的人生。换一种说法就是，将社会所需的道德规范隐于共识的文化之中，悄然地改变着人们的思维方式、行为习惯，以达到普及教化、软化社会管理中的刚性的目的。

韩愈长安求仕，前后蹉跎近10年，但他从不认命，永不服输，最终凭一己之力扫荡颓唐气息，把堆砌辞藻的华靡之音排除在外，为古文运动竖起标杆，也影响了其后数千年的文风学风。其文辞优美、诗意清新，对人生意义的探寻也包含在这些语词新颖的诗篇中。

最后，就以他的《早春呈水部张十八员外》作为结束！

天街小雨润如酥，草色遥看近却无；
最是一年春好处，绝胜烟柳满皇都。

附录一

师　说

韩愈

古之学者必有师。师者，所以传道受业解惑也。人非生而知之者，孰能无惑？惑而不从师，其为惑也，终不解矣。生乎吾前，其闻道也固先乎吾，吾从而师之；生乎吾后，其闻道也亦先乎吾，吾从而师之。吾师道也，夫庸知其年之先后生于吾乎？是故无贵无贱，无长无少，道之所存，师之所存也。

嗟乎！师道之不传也久矣！欲人之无惑也难矣！古之圣人，其出人也远矣，犹且从师而问焉；今之众人，其下圣人也亦远矣，而耻学于师。是故圣益圣，愚益愚。圣人之所以为圣，愚人之所以为愚，其皆出于此乎？爱其子，择师而教之；于其身也，则耻师焉，惑矣。彼童子之师，授之书而习其句读者，非吾所谓传其道解其惑者也。句读之不知，惑之不解，或师焉，或不焉，小学而大遗，吾未见其明也。巫医乐师百工之人，不耻相师。士大夫之族，曰师曰弟子云者，则群聚而笑之。问之，则曰："彼与彼年相若也，道相似也。位卑则足羞，官盛则近谀。"呜呼！师道之不复，可知矣。巫医乐师百工之人，君子不齿，今其智乃反不能及，其可怪

也欤！

圣人无常师。孔子师郯子、苌弘、师襄、老聃。郯子之徒，其贤不及孔子。孔子曰：三人行，则必有我师。是故弟子不必不如师，师不必贤于弟子，闻道有先后，术业有专攻，如是而已。

李氏子蟠，年十七，好古文，六艺经传皆通习之，不拘于时，学于余。余嘉其能行古道，作《师说》以贻之。

我国《中小学教师职业道德规范》（2008年修订）

教育部、中国教科文卫体工会全国委员会1日发布重新修订的《中小学教师职业道德规范》。

《中小学教师职业道德规范》（2008年修订）全文如下：

一、爱国守法。热爱祖国，热爱人民，拥护中国共产党领导，拥护社会主义。全面贯彻国家教育方针，自觉遵守教育法律法规，依法履行教师职责权利。不得有违背党和国家方针政策的言行。

二、爱岗敬业。忠诚于人民教育事业，志存高远，勤恳敬业，甘为人梯，乐于奉献。对工作高度负责，认真备课上课，认真批改作业，认真辅导学生。不得敷衍塞责。

三、关爱学生。关心爱护全体学生，尊重学生人格，平等公正对待学生。对学生严慈相济，做学生良师益友。保护学生安全，关心学生健康，维护学生权益。不讽刺、挖苦、歧视学生，不体罚或变相体罚学生。

四、教书育人。遵循教育规律，实施素质教育。循循善诱，诲人不倦，因材施教。培养学生良好品行，激发学生创新精神，促进学生全面发展。不以分数作为评价学生的唯一标准。

五、为人师表。坚守高尚情操，知荣明耻，严于律己，以身作则。衣

着得体，语言规范，举止文明。关心集体，团结协作，尊重同事，尊重家长。作风正派，廉洁奉公。自觉抵制有偿家教，不利用职务之便谋取私利。

六、终身学习。崇尚科学精神，树立终身学习理念，拓宽知识视野，更新知识结构。潜心钻研业务，勇于探索创新，不断提高专业素养和教育教学水平。

《美国全国教育学会教师职业道德规范》

导言

教育工作者坚信并维护每一个人的价值与尊严，认同追求真理、力争卓越、培养学生民主精神的重要性。要达到这些目标，根本在于保护学习与教学的自由，确保所有人的平等受教育机会。教育工作者承担着遵守最高道德准则的责任。

教育工作者认识到内在于教学过程中的责任之重大。渴望获得同事、学生、家长以及社会成员的尊重与信任，是教育工作者保持最高水准的道德行为的内在动力。《教育职业道德规范》既是所有教育工作者的理想，也为其行为提供了评判的标准。

原则一　对学生的责任

教育工作者努力帮助每一个学生实现其潜能，使之成为一名有价值、有能力的社会成员。因此，教育工作者致力于激发学生的探究精神、求知与理解欲望，以及成熟的价值目标的形成。

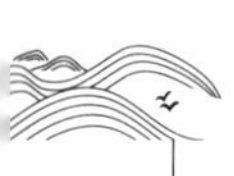

为了履行对学生的职责，教育工作者：

· 在学生的求学过程中不应无理限制学生的独立行动。

· 不应该无理阻止学生接触各种不同的观点。

· 不应故意隐瞒或歪曲有关学生进步的主题内容。

· 当学生的学习、健康及安全受到危害时，应为保护学生做出恰当努力。

· 不应故意使学生处于尴尬或受贬低的处境中。

· 不应基于种族、肤色、宗派、性别、原国籍、婚姻状况、政治或宗教信仰、家庭状况、社会或文化背景、性倾向不公正地——

a. 不让学生参加某活动

b. 剥夺学生获得某项好处

c. 让学生获得优待

· 不应利用与学生的职业关系谋取私人利益。

· 不应透露在职业服务过程中获得的有关学生的信息，除非完全用于职业目的，或法律要求。

原则二　对本职业的责任

公众赋予教育职业以信任与责任，对其职业服务提出了至高要求。

教育职业服务的质量对国家及其公民有着直接的影响，在此信念下，教育工作者应该不遗余力地提高职业水准，努力营造一个鼓励运用专业判断能力的氛围，创造条件吸引值得信赖的人从教，帮助避免不合格人员从事教育。

· 为了履行对职业的职责，教育工作者——

· 不应在求职的申请资料中故意作出错误陈述，或未能透露有关其能力与资格的事实材料。

· 不应瞒报或歪曲自己的职业资格。

· 不应帮助在道德、教育背景以及其他有关特征方面不够格的人进入教育职业。

· 不应有意对某职业岗位申请者的资格作出错误陈述。

· 不应帮助一个非教育工作者实施未经授权的教学实践。

· 不应透露在职业服务过程中获得的有关同事的信息，除非完全用于职业目的，或法律要求。

· 不应故意对同事作出不实或恶意的陈述。

· 不应接受任何可能损害或影响职业决定或行为的酬金、礼品或好处。

本职业道德规范于 1975 年由该组织代表大会通过。

（资料来源：美国全国教育协会官方网站）

参考文献

[1] 卞孝萱、张清华、阎琦 . 韩愈评传 [M]. 南京：南京大学出版社，1998.

[2] 陈平原，夏晓虹编 . 北大旧事（第三版）[M]. 北京：北京大学出版社，2018.

[3] 陈徒手 . 故国人民有所思 [M]. 北京：生活 . 读书 . 新知三联书店，2013.

[4] 邓潭州 . 韩愈研究 [M]，长沙：湖南教育出版社，1991.

[5] 傅林 . 民国心史 [M]. 北京：中国华侨出版社，2012.

[6] 韩愈 . 韩愈集 [C]. 北京：国家图书馆出版社，2019.

[7] 韩愈学术讨论会组织委员会编 . 韩愈研究论文集 [C]. 广州：广东人民出版社，1988.

[8] 何仁富，等 . 大学生命教育的理论与实践 [M]. 北京：中国广播电视出版社，2012.

[9] 何仁富，王丽华 . 生命教育的思与行 [M]. 北京：现代教育出版社，2016.

[10] 金文明 . 石破天惊逗秋雨——余秋雨散文文史差错百例考辨 [M]. 太原：书海出版社，2003.

[11] 李春秋，王引兰 主编 . 中小学教师职业道德修养 [M]. 北京：北京师范大学出版社，2012.

[12] 梁海燕 . 韩愈：敢向皇上说声不 [M]. 北京：中国发展出版社，2008.

[13][宋] 吕大防等撰，徐敏霞校辑 . 韩愈年谱 [M]. 北京：中华书局，1991.

[14] 钱冬父 . 韩愈 [M]. 北京：中华书局，1980.

[15] 任士英主编 . 学苑春秋：20 世纪国学大师档案 [M]. 郑州：河南人民出版社，2006.

[16] 施铁如 . 教育怎么了 [M]. 广州：广东高等教育出版社，2013.

[17] [宋] 司马光编纂 . 资治通鉴 [M]. 郑州：中州古籍出版社，1991.

[18] 孙志毅 . 做有策略的教师 [M]. 重庆：西南师范大学出版社，2010.

[19] 孙宗民 . 纪晓岚笔下的儒佛道 [M]. 北京：生活 · 读书 · 新知三联书店，2015.

[20] 童第德选注 . 韩愈文选 [M]. 北京：人民文学出版社，1980.

[21] 王炳照，阎国华主编 . 中国教育思想通史 [M]. 长沙：湖南教育出版社，1994.

[22] 王大鹏编著 . 百年国士 [M]. 北京：商务印书馆，2010.

[23] 王嘉毅主编 . 多维视角中的农村教师 [M]. 北京：北京师范大学出版社，2011.

[24] 汪中求 . 细节决定成败 [M]. 北京：北京理工大学出版社，2013.

[25] 吴甘霖 . 心不难，事就不难 [M]. 天津：天津出版传媒集团，2012.

[26] 吴文治 . 韩愈资料汇编 . 第一册 [M]. 北京：中华书局，1983.

[27] 吴中杰 . 吴中杰评点鲁迅书信 [M]. 上海：复旦大学出版社，2006.

[28] 雪漠 . 参透生死 [M]. 北京：中央编译出版社，2012.

[29] 余秋雨 . 文化苦旅 [M]. 武汉：长江文艺出版社，2014.

[30] 郑贞铭，丁士轩编著 . 大师巨匠 [M]. 北京：北京联合出版社，2019.

[31] 钟启泉，崔允漷，张华主编 . 为了中华民族的复兴，为了每位学生的发展 [M]. 上海：华东师范大学出版社，2001.

[32] 朱智贤主编 . 心理学大词典 [Z]. 北京：北京师范大学出版社，1989.

本书编写还参阅了各大门户网站：百度、网易、搜狐、知网、知乎、及地方官网等等，一并感谢！

后 记

在书将要成稿之际，作为编著者有很多话要说。在这里稍作说明，以示标记。

本书的源起应该是我接触到新入职教师的师德培训，当前的社会发展与变革加快、功利主义增强带来的利益调整和道德评价紊乱，使新教师道德的培训面临着种种新课题。特别是当前，主动躺平的“佛系”教师普遍增加，如何引导新入职教师克服佛系思想成为师德教育的一大难题。我们在师德培训的实践过程中，加进积极作为的因素，强调“有作为才能有地位”“手心向上的乞讨总不如手足胼胝地实干”等，但似乎总不如心灵鸡汤文“方向不对努力白费”“选择大于努力”等等影响更深广。如何真正重振教师的信心，扬弃当前流行的佛系思想，是我们考虑很多的话题。恰恰韩愈是排佛的，外部显示似乎是很偶然的联系也许就是事物本身内在的必然，韩愈强调的“业精于勤，荒于嬉；行成于思，毁于随”是解决当前佛系的一把钥匙。

韩愈在中国文学史、思想史上的地位不用我说，但作为长期从事中国教育史教学的人，对韩愈在中国教育史上的地位却一直有一种疑惑：我们的教育史，多少人还在学韩愈、用韩愈？虽然人们对韩愈都不陌生，《师说》仍然在中学语文课本中，一句“师者，传道受业解惑”也是教师行业引用率最高的语句，但真正懂得他的教育思想的又有几人？笔者曾到潮州参观，印象最深的还是“不虚南谪八千里，赢得江山都姓韩”。他在潮州驱逐鳄鱼、兴修水利、赎取奴婢、兴办教育、摈除弊政陋习、传播中原文化，很快改善了当地的社会风气。但我们的中国古代教育史只是从教育史的角度，不咸不淡地讲一节他的《师说》或他的性情配合的性三品而已。正是通过本书的编写，让我们重新阅读韩愈，更领会了他人格的伟大。无论顺境逆境，他都能以国为任、以民为本，立足实际、奋力前行，为主分忧、为民造福，忠心爱国、勤勉奉献。写作的过程也是学习的过程，更是人生思想境界提升的过程。通过学习韩愈，我们对传统文化，尤其是儒家在社会生活中的实用有了更深刻的认识，也对如何理解教师与学生之间的关系，如何成为一名优秀的教师有了更多的期待。

感谢曲阜师范大学教育学院致力于学术建设，用山东省高峰学科（现更名为“811”工程）资助出版教师手里的著作。感谢张靖、王颖鑫两位同学的合作，感谢中国文史出版社戴小璇女士为本书的出版付出的辛勤劳动，更感谢出版社对我们慵懒拖拉的宽容。

书稿的完成只是一个阶段的结束，也预示着下一个阶段的开始，在弘扬中华传统文化道路上我们仍然任重道远。

庞守兴　谨识于曲园

2024.5.31